HOLOCAUSTO ZOMBI

David Flint

Grupo ROBIN BOOK
Barcelona - México
Buenos Aires

HOLOCAUSTO ZOMBI

Los muertos vivientes devoraron la cultura pop

David Flint

Traducción de María Fernández Gutiérrez

MA NON TROPPO

MA
NON
TROPPO

UN SELLO DE EDICIONES ROBINBOOK
información bibliográfica
Industria 11 (Pol. Ind. Buvisa)
08329 - Teià (Barcelona)
e-mail: info@robinbook.com
www.robinbook.com

Título original: *Zombie Holocaust: How The Living Dead Devoured Pop culture*

Diseño de cubierta e interior: Cifra

ISBN: 978-84-96924-79-6
Depósito legal: B-23.671-2010

Impreso por S.A. DE LITOGRAFIA, Ramón Casas, 2 esq. Torrent Vallmajor,
08911 Badalona (Barcelona).

Impreso en España - *Printed in Spain*

ÍNDICE

Introducción 9

1. **La isla mágica** 13
Los aplicados trabajadores muertos de Haití

2. **Tambores de vudú** 21
Magia negra en las películas

3. **El terror sale de las tumbas** 55
Momias, demonios necrófagos, víctimas de lavados de cerebro y otros cuasi zombis

4. **«Escenas relacionadas con, o instrumentos asociados a, los muertos vivientes...»** 85
Cómics de zombis británicos y estadounidenses

5. **«Están muertos. Están completamente descompuestos»** 107
George A. Romero reinventa las películas de zombis

6. **«Cuando no queda espacio en el infierno, los muertos permanecen en la Tierra»** 139
Holocaustos zombis europeos

7. **«¡Cereeeebrooos!»** 167
La resurrección americana de los zombis y la industria casera del gore mundial

8. **Libros de muertos** 195
Los zombis en la literatura

9. **Videojuegos de muertos** 203
El ascenso de los zombis virtuales

10. **Vuelven los muertos vivientes... otra vez** 213
Los zombis invaden las taquillas

11. **Los zombis invaden los hogares** 239
Los muertos vivientes en televisión e internet

12. **El renacimiento de los zombis** 247
Los muertos vivientes devoran la cultura pop

INTRODUCCIÓN

Zombis. Muertos vivientes. Demonios necrófagos sedientos de carne que deben ser destruidos. Estas abominaciones torpes y sin sentimientos tal vez sean la representación más reciente del terror. Todo el mundo sabe imitar a un zombi: se arrastran los pies, se extienden los brazos y se buscan cerebros desesperadamente. Todo el mundo sabe que para matar a un zombi hay que dispararle en la cabeza. El zombi se ha convertido en el arquetipo del terror, la estrella de innumerables películas de bajo presupuesto, cómics, juegos y juguetes, desde la multimillonaria franquicia de *Resident Evil* hasta títulos deliberadamente desastrosos como *Zombie Strippers*. Tal y como sugieren muchas de esas películas, los zombis nos están invadiendo en masa.

Sin embargo, no siempre fue así. Durante años, los zombis fueron marginados y sus trabajos de serie B ignorados. Desgraciados, sin infundir especialmente temor ni amenaza y a menudo lacayos de ricos y enloquecidos villanos, los zombis estaban en el peldaño más bajo de la jerarquía del miedo. El público se horrorizaba con Drácula, Frankenstein y el hombre lobo. Los zombis no lograban igualarles.

No es que los muertos vivientes no participaran en el género de terror, al fin y al cabo, los vampiros, el monstruo de Frankenstein, la momia y otras criaturas varias procedían en realidad de los muertos, y los seudo-zombis escalofriaban al público cuando los siniestros invasores alienígenas controlaban la mente de los vivos y resucitaban a los muertos en películas tan diversas como *Invasores de Marte* (*Invaders from Mars*) y *Vampiros del espacio* (*Plan 9 from Outer Space*).

Pero el zombi tradicional estaba considerado como el perdedor del mundo terrorífico y estaba relegado a películas de serie B de bajísimo presupuesto y a cómics sangrientos de terror de editoriales como EC, la cual ahora goza de gran prestigio, pero por entonces estaba considerada como lo peor de lo peor. En general, el género de terror rara vez ha sido la principal elección del público, pero los zombis en particular parecían carecer de cualquier mérito, incluso para los fans del género.

El resurgimiento del zombi, que empezó en 1968 con *La noche de los muertos vivientes* (*Night of the Living Dead*), reflejó cambios en la sociedad. Después de todo, 1968 fue un año revolucionario: revueltas estudiantiles en París y protestas en contra de la guerra en los Estados Unidos y Reino Unido, al tiempo que la cultura juvenil empezaba a renovar las viejas actitudes. La ola de asesinatos políticos en América (tanto Robert Kennedy como Martin Luther King fueron asesinados en 1968), la brutal guerra de Vietnam transmitida a todos los hogares del mundo y el aumento de francotiradores y de asesinos en masa a finales de la década favorecieron la reaparición de los viejos monstruos. Los personajes de terror tradicionales empezaron a parecer tan

fuera de lugar en el *zeitgeist* como en el sistema político y social. Al fin y al cabo, ¿cómo podía un aristócrata de Transilvania o un científico chalado significar un problema cuando estaban explotando cócteles molotov en la calle o había locos disparando a la gente desde rascacielos?

El zombi cobró importancia durante esta época agitada porque los zombis —al menos los zombis de Romero— representaban temores modernos. Convertido en una figura auténtica de terror del siglo XX, el zombi —junto con el asesino psicópata— hablaba directamente con un público que sentía que la civilización se estaba derrumbando a su alrededor. El apocalipsis parecía estar cerca, y las películas de zombis, con sus ejércitos imparables, cada vez mayores, incapaces de razonar y carentes de sentimientos y emociones, parecían infundir un sentimiento de impotencia en masa.

Con toda certeza, el resurgir de las películas de zombis a finales de los setenta reflejaba el declive de los personajes más tradicionales de terror. Demasiado sobreexpuestos y cursis como para asustar a nadie, el conde Drácula y el doctor Frankenstein han pasado por una mala racha durante aproximadamente los últimos treinta años, al menos dramáticamente.

El vampiro suele conservar su papel literario de figura romántica, pero las películas de Drácula en la misma línea que los libros por lo general no han tenido éxito ni económico ni creativo, y solo reinvenciones de la cultura pop como *Buffy, la cazavampiros*

(*Buffy the Vampire Slayer*) han conseguido aportar algo nuevo al género. A pesar de los intentos periódicos de resurgimiento, parece que ha pasado la época del tradicional icono del terror gótico. La influencia de los zombis está especialmente presente en películas recientes como *30 Días de oscuridad* (*30 Days of Night*), donde vampiros con aspecto de animal vagan en grupo y en absoluto presentan el estilo de sus nobles antepasados.

Por supuesto, los espectadores corren el peligro de acostumbrarse a la amenaza zombi. En la actualidad, cada vez se recurre más a los zombis con el fin de crear un efecto cómico, y el subgénero se ha devaluado debido a la gran cantidad de vídeo producciones chapuceras existentes. Aun así, los últimos éxitos de películas revisionistas como la serie *Resident Evil*, *28 Días después* (*28 Days Later*), *Zombie de George A. Romero* (*Dawn of the Dead*) y *Soy leyenda* (*I am Legend*) indican que el holocausto zombi es algo que todavía conecta con el espectador a un nivel muy primitivo. Incluso la parodia *Zombies Party* (*Shaun of the Dead*) consiguió ofrecer momentos de verdadero pánico, a diferencia de producciones supuestamente «serias» como *Zombie Chronicles* (por escoger una entre los cientos de intentos que ha habido) que amenazan con hundir el género en un mar de mediocridad, humor pueril y gore barato.

Desde un punto de vista más personal, tanto mío como de casi todos los fanáticos del cine de terror que vivieron su adolescencia a finales de la década de los setenta, las películas de zombis jugaron un papel esencial en nuestra madurez. Los estrenos cinematográficos en Reino Unido de *Zombie de George A. Romero* y *Nueva York bajo el terror de los zombies* (*Zombie Flesh Eaters*) —y un oportuno reestreno de *La noche de los muertos vivientes*— aparecieron junto con la puesta en marcha de la revista *Fangoria* y el inicio de fanzines como *Gore Gazette* y *Splatter Times*, aportando un componente nuevo y visceral al subgénero. Puede que los fans más jóvenes de los zombis no pudieran ver tales películas, pero al menos podían leer sobre esas criaturas y quedarse boquiabierto con las sangrientas ilustraciones que *Fangoria* retrataba. La vieja escuela de críticos, la cual despreciaba las películas de explotación y descartaba las cintas del estilo de *La noche de los muertos vivientes* como meras «películas menores», parecía sentirse totalmente desubicada.

El desarrollo de un mercado de masas para videoaficionados abrió las puertas al subgénero aproximadamente un año después. Todas esas películas que creímos que nunca veríamos —las que eran demasiado desagradables, demasiado malas y demasiado oscuras para ver por televisión— nos eran servidas en bandeja. Merece la pena señalar que quien más o quien menos que tuviera un aparato de vídeo veía películas sangrientas, y las películas de zombis tenían mucho éxito.

Este libro pretende explorar el ascenso de los zombis dentro la cultura popular, no solo en el mundo del cine, sino también en la literatura, cómics, videojuegos, música y demás campos. Espero demostrar que los zombis han ido dominando cada vez más el género de terror, convirtiéndose en su arquetipo fundamental.

Todas las opiniones expuestas en este libro pertenecen al autor y no me disculpo porque más de uno se pueda molestar, pues nadie queda exento de recibir críticas y eso incluye a aquellos que se creen inmunes a éstas. Mi intención no es la de ser exhaustivo: actualmente están tan difundidas las películas de zombis hechas por aficionados que dudo que alguien pueda, o quiera, verlas todas. Pero espero poder arrojar luz sobre el desarrollo de la cultura zombi, un fenómeno que no muestra señal de reducir su audencia en el momento de escribir este libro, con *El diario de los muertos* (*Diary of the Dead*) de George A. Romero y la nueva versión de *El día de los muertos* (*Day of the Dead*) recién estrenadas. Los muertos vivientes, según parece, todavía son capaces de infundir temor en los corazones de cinéfilos *de todo el mundo*.

1 LA ISLA MÁGICA

Los aplicados trabajadores muertos de Haití

Los zombis existían mucho antes de que aparecieran por primera vez arrastrando los pies en la pantalla. El miedo a los muertos, a la propia muerte, es un temor universal y desde hace mucho tiempo existen mitos sobre los muertos que siguen presentes. Sean fantasmas, vampiros, resucitados de la Europa medieval o cualquier tipo de ser sobrenatural procedente de cualquier parte del mundo, la idea de que los muertos puedan volver a la vida siempre ha sido un concepto impactante.

El zombi, sin embargo —al menos la palabra «zombi»— procede de Haití, donde, incluso entrado el XX, no era simplemente un mito sobrenatural, sino una realidad aceptada generalmente como un hecho incuestionable. El temor que infundía el zombi no era que pudiera convertir a sus víctimas en criaturas como él, sino más bien que uno mismo pudiera acabar en su lastimoso estado.

Nacido como parte de la religión vudú, se decía que el zombi era un cadáver reciente que había sido resucitado por curanderos vudú, no para causar estragos a la población local, sino para desempeñar la prosaica tarea de proporcionar mano de obra a los dueños de las plantaciones, los cuales (según escritores como William Seabrook) pagaban a dichos curanderos por resucitar a los «muertos».

No obstante, debemos aceptar tales historias con reservas. Si bien existen numerosas evidencias que demuestran que los «zombis» realmente existieron de una forma u otra, sugerir que fueron una parte esencial de la religión vudú sería

Haití, con una población mayoritariamente negra proveniente de África, obtuvo su independencia tras la abolición de la esclavitud en 1793 y la retirada de los colonos franceses en 1804.

tan poco correcto como afirmar que todos los sacerdotes católicos son pederastas. Fundamentalmente, el vudú fue —y es— un baturrillo bastante benigno de religiones tradicionales africanas y simbolismo católico, y todas las historias de maldiciones vudú, muñecos con agujas, etc., son más el resultado de la imaginación febril y propaganda religiosa occidental que de la realidad.

De la misma manera que en la actualidad los líderes religiosos «mayoritarios» identifican regularmente a los paganos y wiccanos con los adoradores de Satanás, también desvirtúan la verdad del vudú para describir la fe de la competencia de la peor manera posible.

Como religión, el vudú tuvo su origen en África, y se trasladó a Haití con los esclavos que llevaron los comerciantes europeos, quienes repoblaron eficazmente la isla en el siglo XV y XVI después de exterminar a la población indígena. La isla, y su población actual mayoritariamente negra, obtuvieron finalmente su independencia tras una rebelión que condujo a la abolición de la esclavitud en 1793 y a la retirada final de los colonos franceses en 1804.

En los años siguientes, Haití tuvo que hacer frente a violetos disturbios políticos que se repetían con bastante regularidad, a políticos corruptos y dictadores que a menudo gobernaban la isla y al descontento civil que amenazaba constantemente a la isla. No es de extrañar entonces que, con tal atmósfera de inestabilidad política, fracasaran todos los intentos por acabar con la práctica del vudú.

Aunque aparentemente se trate de un país católico, muchos de los católicos de Haití también practican todavía el vudú. De hecho, los rituales de *vodou* incorporan muchos elementos que fueron adaptados originariamente del catolicismo como un medio para esconder la continuación de las prácticas del vudú a los amos de los esclavos, los cuales habían prohibido tal religión. Esos elementos incluyen santos que han sido asimilados al panteón de dioses del vudú como parte de una religión bastante benigna con el simbolismo e impregnada de espiritualismo. Utilizando la capacidad de persuasión, las drogas y la devoción inquebrantable de la fe, los rituales de vudú a golpe de tambor puede que no sean las orgías que imaginaban muchos escritores y cineastas occidentales, pero sin embargo sí incorporan un mezcla embriagadora de sacrificio animal, magia y «posesión».

Para muchos, el zombi viene a representar un parte importante del sistema de creencias del vudú. Una criatura sobrenatural que no es simplemente un personaje de fantasía, sino una amenaza auténtica y omnipresente para muchos creyentes, a quienes les aterra pensar que los cuerpos de sus parientes resucitarán y serán utilizados como mano de obra.

La mitología popular del vudú afirma que los cadáveres pueden ser resucitados por un *bokor* o hechicero que consigue revivir a sus víctimas tomando el control astral sobre ellas. En realidad, podría ser que el «zombi» no estuviera realmente muerto, sino bajo la influencia de fuertes drogas que provocan en él un estado de trance y de total susceptibilidad ante la voluntad de los demás. Estas drogas también tienen el efecto de dejar a la persona en un estado de coma similar a la muerte, que puede durar varios días.

Estas víctimas a menudo han sido declaradas muertas y enterradas, por lo que al «resucitar» después parecían que realmente volvieran a la vida. El antropólogo Wade Davis ha afirmado que la causante es la tetrodotoxina, aunque esta afirmación sigue siendo polémica, y otros investigadores señalan que la zombificación es un fenómeno completamente psicológico.

Sin embargo, los seguidores del vudú también creen que el alma puede extraerse del cuerpo, permitiendo así que un dios tome el control sobre la persona. Cuando esto sucede, solo un sacerdote puede devolverle el alma y si no lo consigue el cuerpo vacío se convierte en un zombi.

Inevitablemente, hay quien ha elegido utilizar la amenaza del vudú para obtener poder e infundir temor en los demás. Se sabe que las perversas bandas criminales contrataban los servicios de *bokores*, mientras que otras formaban sociedades secretas con la intención de obtener poder mediante la magia o los rituales (tales elites secretas no son exclusivas de Haití, mire el simbolismo y ritos asociados a los rosicrucianos, francmasones o illuminati bávaros). Naturalmente, luego están los sacerdotes del vudú, de los cuales se dice que han utilizado sus poderes para saldar cuentas. Su triunfo en tal propósito tiene más que ver con la influencia de la sugestión que con cualquier habilidad mágica real, pero los resultados a menudo son los mismos. Las personas malditas «mueren» y más tarde «regresan a la vida» como zombis. Hace tan solo unos cuarenta años, en los setenta, el dictador haitiano Francois «Papa Doc» Duvalier utilizó el vudú y la amenaza de los zombis para mantener a toda la nación bajo su control. Conocido como practicante habitual de vudú, se rodeaba de *bokores* y utilizaba la brujería en lugar de otras tácticas represivas tradicionales para evitar rebeliones.

Sin embargo, en general los zombis fueron creados tradicionalmente para cubrir la necesidad básica de mano de obra gratis. Los *bokores* recibían dinero de los dueños de las plantaciones a cambio de proporcionarles de manera regular una oleada de zombis que trabajaran los campos o realizaran otras tareas manuales. Multitud de testigos oculares dan fe de la existencia de estos esclavos —quienes, debemos recordar, no estaban realmente muertos, sino más probablemente drogados y secuestrados— a lo largo del siglo XX.

Lo único que sigue siendo un secreto es cómo los *bokores* supuestamente resucitaban a los muertos. El método descrito más frecuentemente es uno que implica la selección de hombres vivos para su posterior zombificación. Tras obtener permiso del Barón Samedi (el espíritu de los muertos que rige sobre todos los zombis) el *bokor* ensillaba a un caballo durante la oscuridad, montándolo al revés antes de dirigirse cabalgando a la casa de la futura víctima. A continuación, hacía un corte en la puerta, apretaba los labios contra la raja y succionaba el alma de la víctima, la cual atrapaba seguidamente en una botella. Al cabo de unos días, la víctima moría.

El *bokor* entonces esperaba hasta la medianoche del día del funeral, momento en que visitaba la tumba, desenterraba el cuerpo y llamaba al difunto por su nombre. Cuando el cuerpo respondía, el *bokor* colocaba la botella que contenía el alma debajo de la nariz del futuro zombi y de este modo lo esclavizaba. La víctima entonces era encadenada y raptada, mientras que la tumba se volvía a tapar para ocultar cualquier rastro de la fechoría. El *bokor* entonces administraba un brebaje secreto a la víctima, para asegurar su obediencia, y lo mantenía «vivo» con una sopa insípida llamada *bouillie*.

El cadáver resucitado continuaba esclavizado a menos que comiera sal o carne. Si esto sucedía, el zombi volvía a estar consciente y posiblemente se vengaba de quienes le habían inducido a tal estado. Testigos de tales momentos han declarado que el zombi recuperaba la capacidad del habla y razonamiento. Podía recordar quién es, o mejor dicho quién era. El desgraciado individuo podía reunirse con su familia, aunque el folklore afirma que la mayoría suele buscar la manera de volver a la tumba.

Fuera de Haití, los zombis eran poco conocidos para el público en general hasta que el antropólogo y escritor William Seabrook publicó su sensacional libro *La isla mágica* (*The Magic Island*) en 1929. Seabrook no fue la primera persona no haitiana en

Barón Samedi, el espíritu de los muertos que rige sobre todos los zombis.

William Seabrook, autor del sensacional libro *La isla mágica* (*The Magic Island*)

escribir sobre los zombis. Debido a la esclavitud, el término ya se había introducido en el *Oxford English Dictionary* en el año 1819.

Ocho años más tarde, el periodista Lafcadio Hearn escribió brevemente sobre los zombis en la revista *Harper's*. En su visita a Martinica, Hearn había escuchado varias historias sobre los muertos vivientes, aunque nunca pudo comprobarlo por sí mismo. Aun así, contribuyó con un intrigante artículo de viajes.

Pero Seabrook le dio un toque populista, convirtiendo ese aspecto de la religión exótica del vudú en una gran sensación. Participaba en la tradición del periodismo «gonzo», mucho antes de que Hunter S. Thompson popularizara el término, y no contento con limitarse a observar, se lanzó de cabeza al tema.

En una ocasión dijo que había comido carne humana como parte de su investigación sobre el canibalismo y sus libros incluían estudios sobre África, lo oculto —un asunto en el cual tenía más que un interés ocasional— y su propia lucha contra el alcoholismo. Seabrook sin duda tenía también un lado estrambótico; su gusto por el sadomasoquismo acabó con su matrimonio en 1941. Amigo de artistas como Man Ray y del ocultista Aleister Crowley, Seabrook era un hombre al que claramente le gustaba vivir la vida al máximo.

En el caso de *La isla mágica*, tuvo que profundizar en el mundo del vudú haitiano. Seabrook asistió a varios rituales de vudú, en los que también participó, y en determinado momento llegó a conocer a un grupo de «zombis», sobre los que comenta que simplemente eran hombres mentalmente discapacitados que habían sido esclavizados por la fuerza.

En el capítulo titulado «Los muertos trabajan en los campos de caña», Seabrook relata un encuentro con el granjero haitiano Polynice, una especie de experto en las supersticiones locales. Después de estar un rato hablando sobre hombres lobo, quemas de brujas y vampiros, Seabrook le pregunta por los zombis, unas criaturas aparentemente exclusivas de la isla. Polynice responde: «¿Superstición? Eso de lo que usted hable no tiene nada que ver con la superstición. Por desgracia existen, igual que otras prácticas malignas relacionadas con los muertos. Existen hasta un punto que no desearía ni soñar, aunque hay pruebas de ello por todas partes». Polynice prosigue con una oferta que Seabrook no puede rechazar: «Si viene conmigo mañana, le enseñaré a los muertos que trabajan en los campos de caña».

Efectivamente, Seabrook vio a sus zombis. No de noche, sino a plena luz del día. Seabrook describe la experiencia: «La primera impresión que tuve de los tres

Alexander King fue el autor de las extraordinarias ilustraciones expresionistas de la edición americana de 1929 del libro de William Seabrook *La isla mágica.*

supuestos «zombis» que no dejaban de trabajar en silencio fue que había algo en ellos antinatural y extraño. Trabajaban como bestias, como autómatas. Como no me incliné, no pude verles bien la cara, porque estaban agachados, pero no había ninguna expresión en su rostro. Polynice tocó a uno en el hombro y lo movió para que se pusiera de pie. El hombre se puso recto, obedientemente, igual que un animal, y lo que entonces vi coincidía con lo que había oído decir, y a pesar de ello, me pareció escalofriante. Los ojos eran lo peor. No eran imaginaciones mías. Sin duda eran como los ojos de un muerto, no ciegos, pero sí muertos, desenfocados, con la mirada perdida. Toda la cara, en realidad, estaba igual de vacía, como si no hubiera nada detrás. No solo era inexpresiva, sino que carecía de capacidad de expresión [...] Durante un instante de repugnancia casi aterrador, pensé, o más bien sentí: «Dios Santo, quizás este rollo sea verdad, y si es verdad, es bastante horrible, porque esto lo desbarata todo».

Seabrook regresa a la realidad al recordar la cara de un perro que vio en una ocasión; el animal había sufrido una lobotomía y su mirada parecía la de un zombi. Se da cuenta de que los zombis no son seres sobrenaturales, sino simplemente personas con el cerebro dañado, obligadas a trabajar como esclavos. Sin embargo, Polynice no está convencido del todo y señala que muchas personas han identificado a algunos de esos zombis como parientes que habían muerto.

Más tarde, Seabrook conoce al doctor Antoine Villiers, que le ofrece una solución menos mágica, aunque igualmente siniestra. Le muestra a Seabrook el código penal oficial de la República de Haití, el cual incluye lo siguiente: «Artículo 249. También se considerará intento de asesinato el empleo que pueda hacerse contra cualquier persona de sustancias que, sin llegar a causar la muerte, producen un estado de coma más o menos prolongado. Si después de la administración de dichas sustancias la persona ha sido enterrada, el acto se considerará asesinato sean cuales sean los resultados.»

Las consecuencias son claras. Así pues, las autoridades estaban al corriente de que los delincuentes estaban drogando a gente para crear «zombis».

La isla mágica es un trabajo extraordinario, a diferencia de muchos libros de aquella época, todavía posee frescura y destaca por el respeto que Seabrook muestra por Haití, su gente y su cultura. Sus zombis no son los salvajes primitivos que divertían a muchos otros escritores y cineastas durante la primera mitad del siglo XX, sino individuos bien definidos. El relato de Seabrook ofrece todo un mundo nuevo de magia, superstición y extraños rituales al lector que incluso en la actualidad parece fascinante y extravagante.

Como no es de extrañar, el libro causó una especie de sensación cuando se publicó por primera vez y enseguida se convirtió en un éxito de ventas. Con todo, fue Seabrook quien abrió las puertas del mundo de los zombis. Su triunfo literario no solo encabezó una ola de otros estudios antropológicos sobre el vudú y el fenómeno de los zombis, sino que también colocó a estos en el punto de mira de Hollywood, donde estaba a punto de estallar un nuevo boom de terror.

Mientras que los iconos de terror anteriores nacieron de la literatura, del folklore europeo y de la fascinación por todo lo egipcio (y sus correspondientes maldiciones), los zombis eran nuevos, exóticos y espeluznantes. Solo era cuestión de tiempo que las horripilantes historias de Seabrook entraran en el mundo de las imágenes en movimiento.

2 TAMBORES DE VUDÚ

Magia negra en las películas

Dos años después de la publicación de *La isla mágica*, las adaptaciones a la gran pantalla de *Drácula* y *Frankenstein* convirtieron en estrellas a Bela Lugosi y Boris Karloff, y dieron el gatillazo de salida al boom del cine de terror. No solo Universal Pictures se apresuró a sacar provecho del éxito de sus dos cintas con numerosas secuelas, imitaciones y subproductos, sino que otros estudios y productoras independientes también se subieron al carro a una velocidad de vértigo.

Bela Lugosi interpretaba una de las primeras películas de terror independientes, *La legión de los hombres sin alma* (1932).

Una de las primeras películas de terror independientes del momento fue *La legión de los hombres sin alma* (*White Zombie*, 1932), producida por Victor y Edward Halperin. Con un presupuesto de menos de 50.000 dólares, la película adap-

Al igual que los zombis de Seabrook, Madeleine (Magde Bellamy) no está realmente muerta, solo en trance por culpa de Murder Legendre (Bega Lugosi), ante un preocupado Neil Parker (John Harron). Fotograma de *La legión de los hombres sin alma.*

tó las historias de zombis de Seabrook a un melodrama que todavía hoy resulta digno de admirar. Lo más importante fue que llevó a los zombis por primera vez a la pantalla, creando así un monstruo nuevo dispuesto a aterrar a los espectadores.

Bela Lugosi interpretaba a Murder Legendre, amo de los siniestros zombis y propietario del azucarero que había sido contratado por un americano celoso y rico, Charles Beaumont (Robert Frazer), para que le ayudara a alejar a Madeleine Short (Magde Bellamy) de su prometido, Neil Parker (John Harron). Consigue lo que se propone convirtiendo en zombi a la chica en su noche de bodas gracias a una poción mágica que le proporciona un sacerdote vudú. Dicha poción deja a la chica en un estado de coma, y más tarde la sacan de su tumba.

Al igual que los zombis de Seabrook, Madeleine no está realmente muerta, solo en trance por culpa de Legendre. Cuando Beaumont se da cuenta de que esa Madeleine descerebrada no puede sustituir a la Madeleine «viva», intenta obligar a Legendre para que invierta el conjuro, pero en lugar de eso recibe una dosis de la poción para zombis y se ve forzado a ver cómo Legendre convierte a Madeleine en su esclava (aunque la película no explica lo que hace con ella).

Mientras tanto, Neil, que se ha pasado gran parte de la película bebiendo, arrastrándose de un lado para otro y lamentándose de su mala suerte, consigue con la ayuda del misionero doctor Bruner (Joseph Cawthorn), llegar al castillo de Legendre, donde Madeleine es finalmente liberada de su estupor y Legendre y sus zombis son derrotados.

Como muchas películas de bajo presupuesto de esta época, *La legión de los hombres sin alma* tiene unos escenarios pésimos y una interpretación mediocre. Que el actorucho Bela Lugosi sea el que mejor interpreta siempre es mala señal y los personajes románticos posiblemente sean los más insípidos de toda la historia del género, con Bellamy y Harron faltos también de carácter interpretativo. Pero los elementos positivos de la película pesan sobre los negativos.

Con escenarios prestados de Universal (si ha visto *Drácula* de Lugosi reconocerá inmediatamente el interior del castillo de Legendre) y algunas escenas horripilantes de zombis caminando de noche por el bosque, la película posee una atmósfera escalofriante característica, especialmente durante las primeras escenas, en que el coche de la feliz pareja llega a un entierro junto a la carretera y se encuentran a Lugosi y a sus zombis. Resulta fácil imaginar a los espectadores de 1932 agarrados a sus asientos. Es una imagen que todavía hoy en día sigue siendo influyente y que ha generado un culto (entre los seguidores se incluye el músico/cineasta Rob Zombie, que bautizó a su banda en honor a esta película).

De hecho, *La legión de los hombres sin alma* logró ser tan escalofriante que hasta después de verla uno no se da cuenta del mayor defecto de la idea del zombi como personaje de terror: los zombis no dan demasiado miedo. No son más que peleles al servicio de un villano como Legendre. No tienen intención alguna de hacer daño. No atacan a nadie, sino que llevan a cabo tareas mundanas. El único elemento espeluznante de los zombis es la posibilidad de convertirte en uno y, como las películas de terror de entonces dejaban claro, eso solo te sucedería si te atrevías a ir a Haití o a algún otro lugar exótico. Este fallo a la hora de producir una sensación real de peligro relegaría al zombi al último puesto de la lista de personajes terroríficos durante los siguientes treinta años.

Sin embargo, *La legión de los hombres sin alma* recaudó la asombrosa cifra de 8 millones de dólares en taquilla, lo cual significaba que los muertos andantes se habían ganado una plaza en el panteón de monstruos del cine. Desgraciadamente, las películas que aparecieron durante las siguientes dos décadas fueron un montón de fiascos.

La cosa empezó a estropearse casi acto seguido, con la continuación de los hermanos Halperins: *La rebelión de los muertos* (*Revolt of the Zombies*, 1936). La acción se traslada de Haití a Camboya en la Primera Guerra Mundial y la idea central es bastante interesante: el experto anticuario Armand Louque (Dean Jagger) está investigando los métodos de control mental que conocen los sacerdotes camboyanos con la esperanza de poder crear un ejército de potentes zombis que ayuden a ganar la guerra.

Uno de los carteles originales del film *La rebelión de los muertos* (*Revolt of the Zombies,* 1936), de los hermanos Halperins.

Cuando Louque descubre el secreto de los zombis, utiliza el poder para esclavizar a su propio ejército particular y vengarse de antiguos colegas que se habían burlado del objeto de su investigación. A lo largo de un argumento muy parecido al de *La legión de los hombres sin alma*, Louque chantajea a una joven (Dorothy Stone) para que rompa con su prometido (Robert Noland). Pero cuando Louque descubre que Stone nunca le amará, renuncia a su dominio sobre los zombis, los cuales asaltan entonces su casa y se cobran mortal venganza contra su creador.

La rebelión de los muertos presenta claramente una historia incoherente, interpretaciones poco expresivas (el reparto principal no parece más vivo que los zombis) y un latente falta de emoción. Con zombis que son meros hombres vivos bajo control mental, la película no tiene ningún elemento terrorífico sobrenatural que asuste al público. En lugar de eso, gran parte de la cinta lo ocupa el aburrido triángulo amoroso. Para el cine de zombis, este filme significó un declive creativo respecto al terror de *La legión de los hombres sin alma*.

El zombi fue parodiado por primera vez en 1940 con *El castillo maldito* (*The Ghost Breakers*), un thriller cómico de Bob Hope que pretendía aprovechar el taquillazo que tuvo el año anterior con *El gato y el canario* (*The Cat and the Canary*). *El castillo maldito* volvió a unir al ingenioso Hope con la coprotagonista de *El gato y el canario*, Paulette Goddard, y trasladó la entonces popular fórmula de «casa oscura y vieja» (herencia, asesinato y maldad) a una pequeña isla cubana.

El filme mezclaba la comedia ácida y el suspense de manera bastante efectiva. Hope y su mayordomo Alex (Willie Best, todo el tiempo haciendo muecas y con los ojos bien abiertos) se unen a Mary Carter (Goddard) cuando ésta reclama su herencia, una misteriosa casa al parecer encantada. Igual que en *El gato y el canario*, al final se descubre que todos los seres siniestros que aparecen en la película tienen origen humano, pero eso ocurre después de que Hope haya tenido un altercado con un «zombi» (Noble Johnson), aunque a decir verdad, el personaje se diferenciaba poco del típico secuaz/matón que aparecía en otros thrillers cómicos de la época.

El castillo maldito significó un breve período de calidad para el cine de zombis: valores sólidos de producción, un buen argumento y protagonistas conocidos. Más tarde, todo volvió a ser como antes. Con *El rey de los zombies* (*King of the Zombies*, 1941) los muertos vivientes se colocaron directamente en el nivel más

Bob Hope y Paulette Goddard interpretaron el thriller cómico *El castillo maldito* (*The Ghost Breakers*, 1940).

bajo de la cinematografía, mientras Monogram Studios y su ridículo presupuesto presentaban una historia mediocre de terror. Aunque los productores carecían de creatividad y técnica, gran parte de las películas de Monogram continúan entreteniendo de manera sorprendente al público incluso en la actualidad: *El murciélago diabólico* (*The Devil Bat*), *El ladrón de cadáveres* (*The Corpse Vanishes*) y otras (la mayoría de las veces con un desafortunado Bela Lugosi como protagonista) resultan divertidas. Pero la diversión acabó cuando el estudio se interesó por el subgénero de los zombis. Incluso Lugosi rechazó trabajar en *El rey de los zombies*, a pesar de que el guión del villano principal había sido escrito pensando en él.

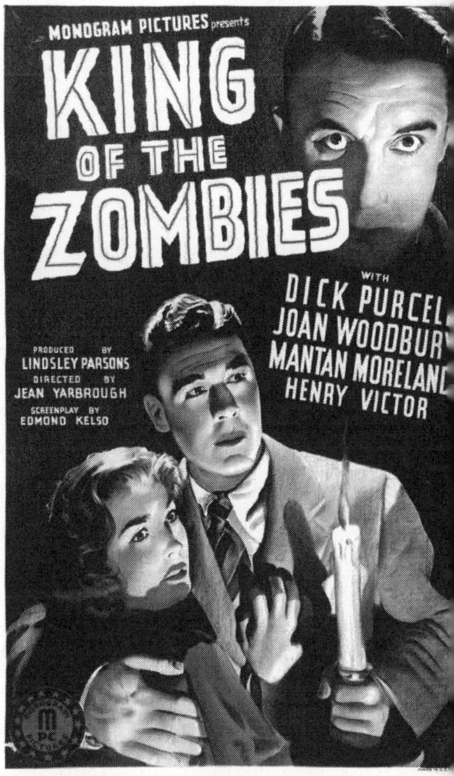

Bela Lugosi rechazó trabajar en *El rey de los zombies*, a pesar de que el guión del villano principal había sido escrito para él.

El fracaso empieza cuando una avioneta se desvía de su rumbo y efectúa un aterrizaje forzoso en una isla del Caribe que no figura en el mapa. Allí, Bill Summers (John Archer), que tomó el desafortunado avión con el propósito de encontrar a un almirante desaparecido, su ayudante Jeff Jackson (Mantan Moreland) y su piloto James «Mac» McCarthy (Dick Purcell) buscan cobijo en una vieja mansión habitada por el siniestro científico doctor Micklos Sangre (Henry Victor).

A medida que descubren varios experimentos de zombificación, se dan cuenta de que el doctor no planea nada bueno. Se revela que es quien ha capturado al almirante desaparecido y que está intentando utiliza el vudú para obligarle a confesarle sus secretos militares. El doctor Sangre, como era de esperar, está confabulado con los nazis.

El rey de los zombies fue un fracaso para el cine de zombis en particular y para el género de terror en general. Una película lenta, de todo menos terrorífica y con zombis totalmente inútiles e irrelevantes para el argumento, tiene poco que ofrecer a cualquiera que no esté enamorado de la gestualidad exagerada de Mantan Moreland, un alarde que hace que la actuación de Willie Best en *El castillo maldito* parezca del todo comedida. Mientras que las payasadas absurdas ocupan gran parte de la película (los dos protagonistas masculinos principales hacen poco más aparte de mirar confundidos a su alrededor durante casi toda la película), quedarse hasta al final se convierte en una especie de prueba de resistencia.

Posteriormente, varios críticos han intentado extrapolar cierto tipo de subtextos racistas a partir de *El rey de los zombies*. Es cierto que el personaje del doctor Sangre se comporta de manera totalmente hostil con el personaje negro de Moreland, un elemento que hace que la película produzca breves escalofríos. Sin embargo, el personaje de Moreland y su interpretación son simplemente el resultado de una época menos progresista, y por entonces el estereotipo de la comedia racista era muy popular.

A pesar del racismo ocasional, la novedad de que un actor negro interpretara un papel principal garantizaba que la película fuera un éxito entre el público de color. Los estudios de producción pronto explotaron este fenómeno y cuando *El rey de los zombies* se proyectaba en barriadas de comunidades negras, Moreland se convertía en su protagonista más importante.

Después de *El rey de los zombies* Monogram estrenó *La venganza de los zombis* (*Revenge of the Zombies*) en 1943, con un reparto que contaba nuevamente con Mantan Moreland y John Carradine imitando gran parte del anterior filme. Esta vez, Carradine interpreta al doctor Max Heinrich von Altermann, un agente nazi que intenta crear un ejército de zombis (representados por un puñado de figurantes que van arrastrando los pies, los cuales no se parecen en absoluto al invencible *übermensch* que promete su creador), mientras hace frente a las concretas exigencias de su esposa zombi, la cual resulta sorprendentemente voluntariosa.

Incluso más absurda que su predecesora, *La venganza de los zombis* es poco más que una imitación precipitada de *El rey de los zombies*, ideada para arañar unos cuantos dólares más de los ingenuos seguidores del cine de terror.

A pesar de la mala calidad de estas películas, las taquillas seguían recaudando lo suficiente para que Monogram siguiera azotando al público con sus producciones. Por muy mal que quedaran sus inserciones de zombis en cualquier género cinematográfico, parecía conseguir dinero.

El estudio volvió a desenterrar a los muertos vivientes en 1942 con *Bowery at Midnight*, donde el desventurado Lugosi vuelve a aparecer, esta vez interpretando al profesor Frederick Brenner, un criminal que utiliza su comedor de beneficencia para las actividades de un banda de matones y holgazanes. Después de matar a sus lacayos, Brenner recibe su merecido al final de la cinta, cuando estos resucitan como zombis y se vengan de él.

En realidad *Bowery at Midnight* es un filme de asesinatos de escasa calidad y parece como si hubiera acoplado el elemento zombi a última hora, con la esperanza de añadir un poco de chispa a una película que de otro modo se hubiese hecho muy pesada.

Voodoo Man (1944) vuelve a contar con Bela Lugosi en el papel de un doctor chiflado, pero en esta ocasión secuestra a mujeres jóvenes con la intención de trasladar sus almas al cuerpo de su mujer zombi. Sin embargo, el doctor fracasa en su intento y las chicas zombis permanecen en su casa, en ataúdes colocados en posición vertical.

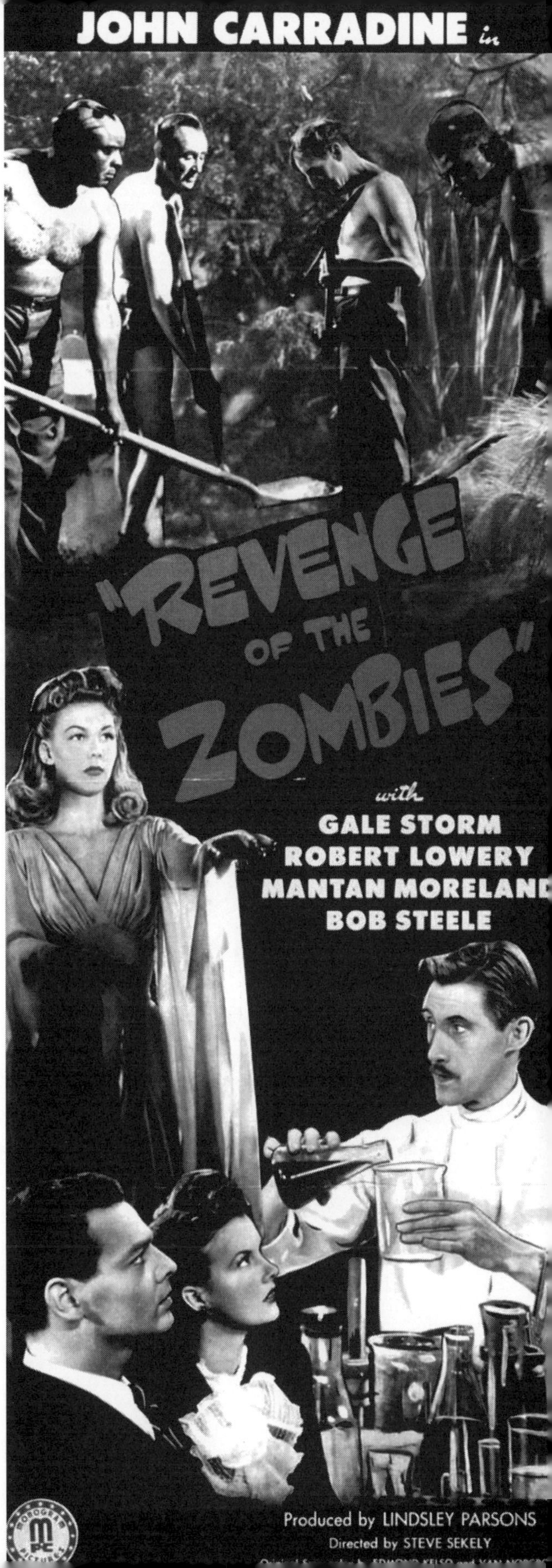

La venganza de los zombis (1943) es poco más que una imitación precipitada de *El rey de los zombies* (1941).

En *Voodoo Man* (1944), Bela Lugosi interpreta el papel de un doctor que secuestra a mujeres jóvenes con la intención de trasladar sus almas al cuerpo de su mujer zombi.

En la película participaron actores relativamente importantes como John Carradine y George Zucco pero, incluso para los bajos estándares de Monogram, *Voodoo Man* fue un fiasco, incapaz de ofrecer siquiera una dosis mínima de entretenimiento, con unas zombis de ojos vidriosos que para nada daban miedo. Tras este pésimo intento, el estudio finalmente dejó a los muertos descansar en paz.

En 1943 se estrenó la que se convertiría en una de las películas de zombis más aclamadas por la crítica. La producción *Yo anduve con un zombie* (*I Walked with a Zombie*) de Val Lewton fue una de las primeras de su serie de filmes de terror para RKO.

Lewton odiaba el cine de terror, y no sentía más que desprecio por las películas de Universal de la época, pues se consideraba a sí mismo por encima del mero materialismo. Sin embargo, no estuvo por encima cuando aceptó el puesto de director de la división de terror de RKO. Su razonamiento casi arrogante era que, si tenía que hacer películas de miedo, ignoraría a sus patrocinadores y público y proyectaría las películas que a él le gustaría ver, en lugar de las elegidas por el estudio o por el espectador.

Bajo las órdenes de Jacques Tourneur —que había dirigido *La mujer pantera* (*Cat People*) hacía un año— *Yo anduve*

Yo anduve con un zombie (*I Walked with a Zombie*, 1943), a la izquierda, de Jacques Tourneur, fue una de las películas de zombis más aclamadas por la crítica. En 1942, el mismo director había presentado la interesante *Cat People,* protagonizada por la "felina" Simone Simon.

con un zombie explica la historia de Betsy (Frances Dee), una joven enfermera que viaja a la isla caribeña de San Sebastián por vacaciones y allí consigue trabajo cuidando de Jessica Holland (Christine Gordon), la mujer en estado catatónico del dueño de la plantación, Paul Holland (Tom Conway). Los habitantes locales creen que Jessica es una zombi, y Betsy poco a poco se adentra cada vez más en el mundo del vudú con el propósito de encontrar una cura para su paciente. Al mismo tiempo, se ve inmersa en un triángulo amoroso con Paul y su hermano Wesley (James Ellison).

Yo anduve con un zombi durante mucho tiempo fue una película intachable para la crítica. Los críticos de la corriente cinematográfica principal han expresado frecuentemente su admiración por el ritmo relajado, la falta de terror expreso y la presunta sofisticación de la producción de Lewton. Sin embargo, si la mayoría de los fans del cine de terror fueran realmente sinceros dirían que el filme es menos que satisfactorio.

Y no es de extrañar, porque se trata de una película dirigida a los críticos y alabada por personas que generalmente desprecian el género. A pesar de su título (diseñado solo para atraer al público en masa) se trata de un trabajo indiscutiblemente serio y sutil. Sin embargo, los fans del terror podrían justificar su

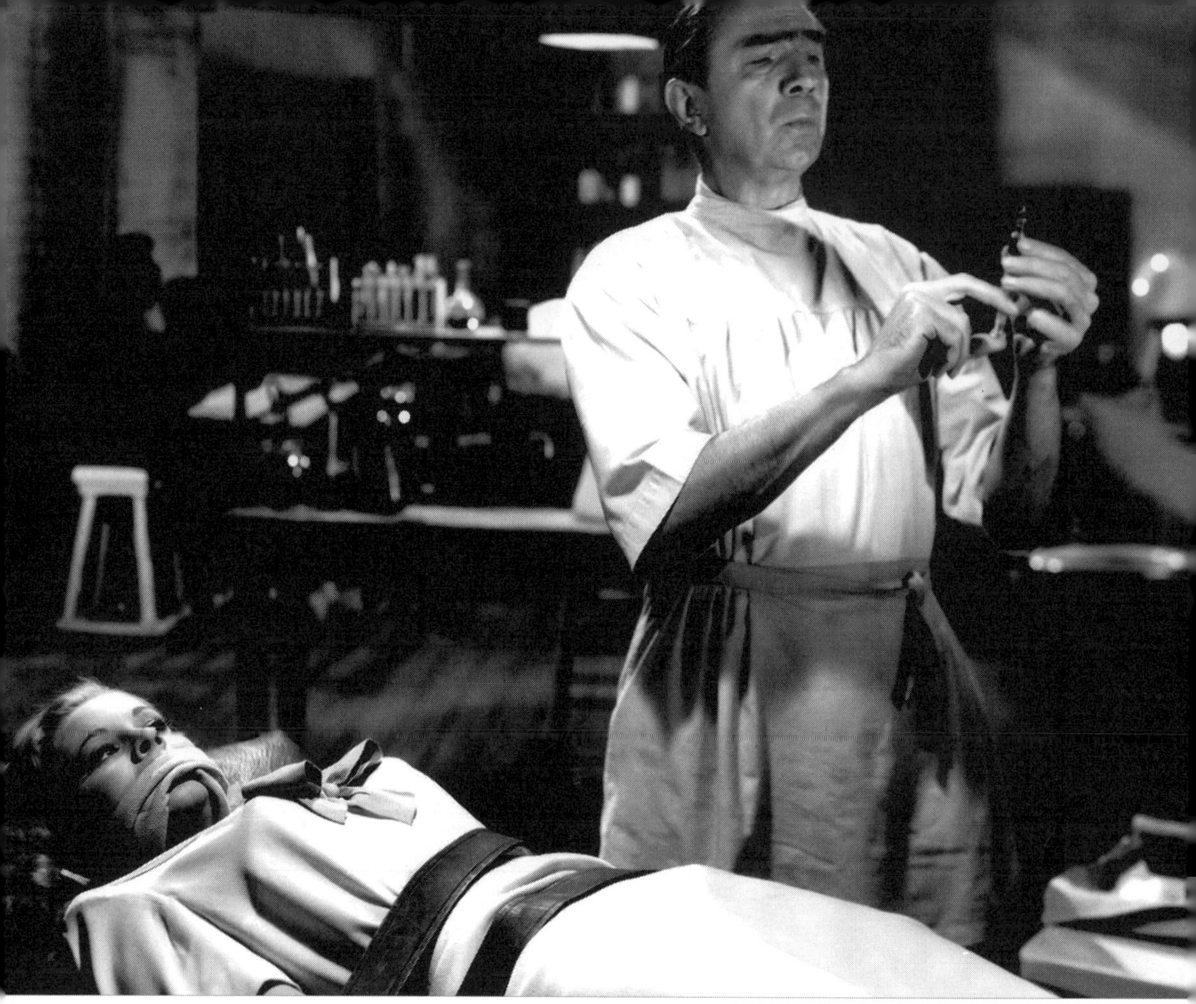

Anne Jeffreys y Bela Lugosi en la parodia *Zombies en Broadway*, de 1945.

argumento diciendo que *Yo anduve con un zombi* posee un enorme defecto porque, pese a su llamativo título, la película no solo es lenta (todo un logro para una película que apenas llega a una hora), sino también incapaz de conectar con el lado visceral del público.

En general, *Yo anduve con un zombi* posee muchas cualidades admirables, especialmente el hecho de que parezca una película preciosa (visualmente, una de las mejores de su período). Sorprende que la presentación del vudú haitiano se realice de manera comprensiva y cuidadosa. La religión no se describe como algo siniestro y peligroso, cosa que solían hacer las películas que trataban el tema del vudú.

Si se toma por lo que realmente es (un melodrama, al estilo de *Jane Eyre* pero con una ubicación tropical) en lugar de por lo que dice ser (un filme de terror), la película es una producción lograda aunque menor.

A pesar de las alabanzas por parte de la crítica, *Yo anduve con un zombie* puede considerarse coma una de las peores creaciones de Val Lewton, y conociendo el desprecio que Lewton sentía hacia los espectadores de RKO —algo que compartió con los críticos que creen estar por encima de dicha audiencia inculta— suele dejar un mal sabor de boca, sea cual sea la calidad de la película.

Los fans del cine de terror que se sientan forzados a elogiar el trabajo de Lewton tal vez deberían tener en cuenta el aborrecimiento que éste sentía por el género y recordar que sus películas son aclamadas principalmente porque muchos críticos de cine comparten su desdén.

Sin embargo, *Yo anduve con un zombie* triunfó lo suficiente para que RKO devolviera la vida a los no muertos. Pero, por razones desconocidas, decidieron que la mejor forma de suceder a esta película suave y relajada sería una estúpida comedia.

Zombies en Broadway de 1945 es una comedia vodevil interpretada por los actores Wally Brown y Alan Carney en el papel de dos relaciones públicas de una discoteca nueva, The Zombie Hut. El dúo, una triste versión de Abbott y Costello, tiene la tarea de encontrar un zombi de verdad para la apertura del club y viajan a la isla de San Sebastián donde conocen a un doctor chiflado, interpretado por Bela Lugosi, que está experimentando con la zombificación. Como no es de extrañar, dada la naturaleza ya trillada del argumento, la acción resultante se queda corta de humor y más corta aún de sustos y suspense.

La última película de «zombis» de la década de los 40 también fue la más intrascendente. La producción de 1946 de Republic Pictures, *El valle de los zombies* (*Valley of the Zombies*) tiene un título bastante engañoso. Esta historia

Robert Livingston y Adrian Booth no encontraron finalmente ningún zombi en *El valle de los zombies* (*Valley of the Zombies*, 1946).

sobre un científico loco que utiliza transfusiones de sangre para volver a la vida tiene más que ver con el vampirismo y con la ola de películas de «doctores chiflados» (a menudo con Boris Karloff como protagonista) que habían proliferado a lo largo de los años cuarenta que con los zombis. El «valle de los zombis» se menciona de pasada, pero en ningún momento aparece prueba alguna sobre la existencia real de zombis (ni de valles).

Si el desarrollo de las películas de zombis durante la década de los cuarenta fue esporádico, la cosa estaba a punto de empeorar. Todo el género de terror fue a peor durante la primera mitad de los años cincuenta, mientras que la ciencia ficción tuvo un mayor impacto en el público post-atómico. La inquietud ante el hecho de que los comunistas estuvieran maquinando algo y ante la Guerra Fría (por no mencionar la preocupación por los delincuentes juveniles, el rock and roll y los disturbios sociales) eran temas de interés más inmediato que el generado por aristócratas desalmados en pueblos de la Europa del Este.

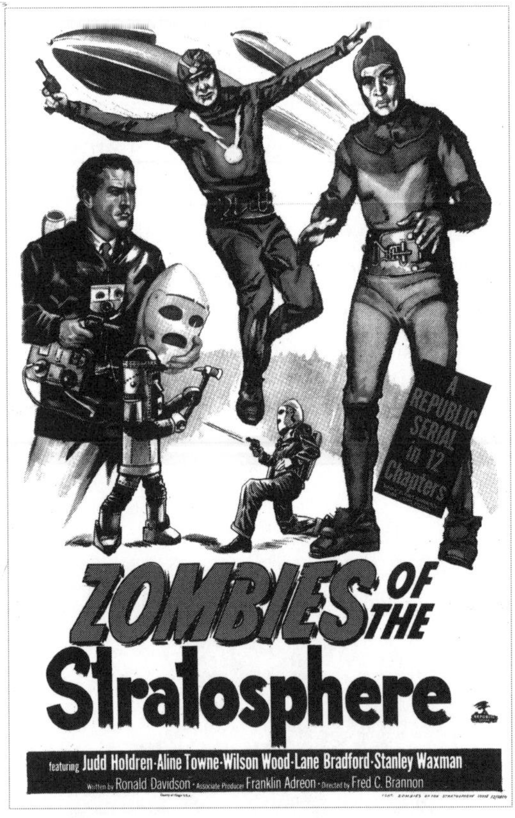

Zombies of the Stratosphere (1952), una serie de doce capítulos que destacaba por no tener nada que ver con los zombis.

Fue la ciencia ficción, con sus invasiones alienígenas (los avistamientos de ovnis empezaron en serio durante los años cincuenta), los mutantes atómicos y los científicos locos (parecidos a los doctores chiflados pero diferentes) lo que hizo estremecer al público durante gran parte de la década. Irónicamente, esto le da al zombi una nueva vida, ya que los cadáveres resucitados y el control mental eran un elemento cada vez más importante en los argumentos de las películas de ciencia ficción sobre científicos locos e invasores

Una herencia de miedo (*Scared Stiff*, 1953), con Dean Martin y Jerry Lewis, tuvo gran éxito de público más por sus intérpretes que por la calidad del film.

alienígenas, trasladando el mundo de los muertos vivientes lejos de sus raíces haitianas.

La primera presentación de un zombi en la década del Sputnik fue *Zombies de la estratosfera* (*Zombies of the Stratosphere*, 1952). Esta serie de doce capítulos vuelve a destacar por no tener nada que ver —aparte de una alusión en el episodio final— con los zombis y por ser una repetición barata (como muchas otras cintas) de una película matinal para niños sobre invasores marcianos.

La cinta de 1953, *Una herencia de miedo* (*Scared Stiff*), con Dean Martin y Jerry Lewis fue una repetición sinsentido de *El castillo maldito*. A pesar de ser un éxito entre el público que acudía a ver al popular dúo cómico interpretando lo que los carteles de la película describían como «un espectáculo fantasmal de sí mismos», la absurda comedia hizo que incluso la peor de las cintas de «Meet the Monsters» de Abbott y Costello pareciera en comparación el súmmum del ingenio.

En 1955, los zombis entraron de cabeza en el mundo feliz de la ciencia ficción con *Cadáveres atómicos* (*Creature with the Atom Brain*) de Edward L. Cahn. El argumento se centra en un gánster y en un científico ex nazi que se unen para resucitar a los muertos y utilizarlos como ejército contra sus rivales mediante control por radio.

Estructuralmente, este filme podía parecerse a las películas de zombis de los años cuarenta, pero la esencia de la cinta tenía mucho que ver con la ciencia ficción, y Cahn —un director en el que se podía confiar para grabar el material más repetitivo con el más bajo presupuesto— ofrece una sucesión acelerada de caos radiactivo y ciencia descontrolada.

Zombies of Mora Tau (1957), de Edward L. Cahn, contiene las primeras escenas de zombis bajo el agua.

Dos años más tarde, Cahn dirigió otra película de entretenimiento sobre zombis tradicionales titulada *Zombies of Mora Tau*. El filme explica la historia de una expedición de buscadores de diamantes decidida a hallar la fortuna que supuestamente se encontraba en un barco naufragado a cierta distancia de la isla del título. Sin embargo, la tragedia les asalta cuando el capitán y la tripulación resucitados de la embarcación hundida (condenados a proteger el tesoro a consecuencia de una maldición vudú) les atacan, obligando a los buscadores de tesoros a elegir entre la riqueza o la posibilidad de morir.

Cahn lo hace lo mejor que puede teniendo en cuenta el bajo presupuesto, aunque sus escenas «submarinas» son menos que convincentes. Sin embargo, la película contiene los primeros retratos de zombis bajo el agua, cosa que volvería a atraer la atención del público dos décadas más tarde en *Terror en las aguas* (*Shock Waves*) y *El lago de los muertos vivientes* (*Zombie Lake*).

Voodoo Island (1957) en cierto modo fue una decepción. Boris Karloff interpreta al profesor Philip Knight, un escéptico que es enviado a una isla del Pacífico para desacreditar las afirmaciones de que las prácticas de vudú eran responsables de la desaparición de varios obreros que estaban construyendo un hotel nuevo. El único trabajador superviviente regresa a casa con la apariencia de un zombi.

Una vez en la isla, Karloff y su equipo dan vueltas sin rumbo fijo esperando que suceda algo. Mientras tanto se topan con varias plantas devora hombres y descubren una tribu perdida. La película genera un clímax endeble y decepcionante, y da la sensación de que Karloff (actor que suele resultar creíble) trate el filme con un desdén apenas disimulable.

Mientras que la década de los cincuenta protagonizó el advenimiento de una serie de películas como *Invasores invisibles* (*Invisible Invaders*) y *La invasión de los ladrones de cuerpos* (*Invasion of the Bodysnatchers*), donde visitantes del espacio exterior esclavizaban a la humanidad, el infame film *Vampiros del espacio* de Ed Wood subía el listón. En su cinta aparecían invasores alienígenas que apostaban por la muerte.

Resulta difícil escribir sobre *Vampiros del espacio* desde un punto de vista objetivo, ya que tiene la reputación inmerecida de ser la peor película de todos los tiempos. Se suele

Vampiros del espacio (Plan 9 from outer space, 1959*)*, de Ed Wood, tiene el discutible título de Peor película de la historia del cine.

Maila Nurmi, más conocida en aquella época como Vampira, puso como condición a Ed Wood para interpretar *Vampiros del espacio* no tener ni una sola línea de texto.

caer en la tentación de elogiar algunos aspectos de la película para compensar una balanza totalmente desequilibrada, pero la verdad es que *Vampiros del espacio* es bastante mala. Sin embargo, no es peor que muchas otras películas de ciencia ficción de bajo presupuesto propias de la época y, a su manera, es una apuesta mucho más divertida que muchas otras pretenciosas películas recientes de ciencia ficción de bajo presupuesto.

Naturalmente, sustituye al fallecido Bela Lugosi por un actor (el dentista de Wood, supuestamente) que es considerablemente más alto que él e intenta ocultar el cambio cubriendo en repetidas ocasiones su rostro con una capa. Sin duda, los platillos volantes son tapacubos giratorios, la interpretación es pobre, el guión insólito y el escenario más que básico.

Sin embargo, tales defectos no deberían tachar a la película de horrible. A pesar de su apariencia kitsch, la verdad es que *Vampiros del espacio* mantiene un ritmo constante, incluye numerosos incidentes a lo largo de los ochenta minutos de proyección y posee un efecto entusiasta contagioso a lo largo de toda la cinta. Ninguna película que cuente con todos estos aspectos puede ser la peor película de la historia.

Durante ese mismo año, Edward L. Cahn intentó otra variante del subgénero cada vez más mutable con *Invasores invisibles* (*Invisible Invaders*). Esta vez, los zombis son muertos controlados por extraterrestres invisibles de la Luna decididos a conquistar el mundo. Finalmente los alienígenas son derrotados con ondas sónicas que destruyen sus platillos volantes.

Esta película de terror barata pero efectiva presenta a algunos de los zombis más siniestros de la década. Las escenas de los muertos avanzando como una misteriosa amenaza sin duda inspiraron a George A. Romero, quien emuló algunas de esas imágenes en *La noche de los muertos vivientes*.

Teenage Zombies, del director de segunda Jerry Warren, se rodó en 1957, aunque no se estrenó hasta 1960, época en que sus zombis adolescentes más que trillados debían de parecer todavía más incongruentes.

En esta cinta, por suerte breve, un grupo de adultos (más que adolescentes) se dirigen a una isla supuestamente desierta donde son capturados por una misteriosa *femme fatale* que trabaja (para «el enemigo») en un agente neurotóxico que convierte a las personas en esclavos descerebrados. Los planes de ésta se van a pique gracias a un amigo bobalicón de los adolescentes (aparentemente de unos doce años), e interviene sin venir a cuento un gorila merodeador por el simple hecho de que los gorilas por entonces eran éxito garantizado de taquilla, como en *La bestia negra* (*Gorilla at Large*), *The Bride and the Beast*, *Konga* y otras.

Teenage Zombies, del director de segunda Jerry Warren, estrenada en 1960.

Como muchas de las terribles películas dirigidas por Warren —*El hombre bestia* (*Man Beast*), *El increíble mundo petrificado* (*The Incredible Petrified World*), *The Wild, Wild World of Batwoman*— *Teenage Zombies* contaba con una mala interpretación, un argumento pobre y un único interés: el de subirse al carro de los zombis. Como no era de extrañar, la película añadió pocas mejoras al subgénero, e incluso desde un punto de vista irónico resulta una experiencia bastante pesada.

Tras una década en que los zombis habían caído en el olvido creativo, los años sesenta marcaron el inicio de una especie de resurgimiento. A medida que el cine de explotación de bajo presupuesto se hacía cada vez más extenso y gráfico, los zombis poco a poco pasaban de permanecer entre las sombras a estar en el candelero. Los sesenta culminarían en la película de zombis más importante de la historia, pero, antes de eso, la década de la revolución produjo una pila variopinta de películas sobre muertos vivientes.

Gran Bretaña se apuntó a la moda de los zombis con *El abrazo del muerto* (*Doctor Blood's Coffin*, 1961), aunque el filme tenía más que ver con el mito de Frankenstein que con cualquier saga de muertos vivientes inspirada en el vudú. Como muchas de las películas de terror que surgieron a principios del período post-Hammer, esta es una imitación de bajo presupuesto y poco miedo con un heroico irlandés, Kieron Moore, en el papel principal.

El doctor Blood ha establecido su negocio realizando experimentos de trasplantes de corazón en un pueblo de Cornualles. Dado que estos experimentos implican el asesinato de habitantes locales «inútiles» para quitarles el corazón y hacer revivir los cuerpos, sus acciones evidentemente producen un cierto malestar entre la población. Cuando la enfermera a la que ha estado intentando conquistar (Hazel Court, la reina del cine de terror de la década anterior) descubre lo que ha hecho, se altera tan en la línea de la histeria religiosa que solo quienes hayan seguido la investigación embriológica se pueden hacer una idea. Blood reacciona —en cierta manera,

El abrazo del muerto (1961), la contribución británica a la moda de los zombis en el cine.

como era de esperar— resucitando a su marido, fallecido hace mucho tiempo. Por desgracia, este conmovedor gesto no la convence y la película termina, como tantas películas de terror británicas, en llamas.

El abrazo del muerto tiene sus momentos, pero presenta una clara falta de acción. Los esfuerzos iniciales por crear una atmósfera de misterio en torno a la identidad del asesino se van a pique al leer el título original, mientras que el zombi final llega demasiado tarde para reanimar el interés del espectador.

Finalmente, el único legado (involuntario) que ha dejado esta película es una guía de cómo no ser un científico loco: desde el principio el doctor Blood comete errores, deja pistas y en general estropea todo lo que toca. Si los cineastas se hubieran dado cuenta de eso y hubieran centrado la historia en la vida desafortunada y caótica de un pobre loco, *El abrazo del muerto* habría sido más divertida.

The Dead One, de 1961 (también estrenada en vídeo como *Blood of the Zombie*) es una cinta curiosa. Escrita y dirigida por el legendario Barry Mahon, cineasta de películas sangrientas, narra la historia de John Carlton (John MacKay) que viaja con su reciente esposa Linda (Linda Ormond) a su ancestral mansión en Nueva Orleans para recibir una herencia.

Su llegada molesta a su prima Mónica (Monica Davis, suponemos que el reparto no tuvo demasiados problemas para recordar los nombres de los personajes), ya que se ha estado encargando de la propiedad durante años y la considera su casa. Mónica, ha estado practicando rituales de vudú con los empleados africanos de la localidad y enseguida resucita a su difunto hermano Jonas, a quien ordena que mate a Linda, invalidando así el testamento, que exige que la propiedad pase a John solo si está casado.

Se trata de un filme bastante burdo —el guión y la interpretación están ya muy vistos— pero tiene su encanto. Al público que no le interese el jazz ni el espectáculo de variedades de Nueva Orleans de principios de los sesenta quizás le parezca un poco pesada la primera parte del filme, ya que se recrea mucho exhibiendo los clubs de la ciudad, pero cuando la acción empieza la película adopta un ritmo correcto.

A lo largo de la película se producen momentos de risa involuntaria. Se supone que Carlton es un héroe honesto, sin embargo parece que mira lascivamente a todas las mujeres con las que se encuentra, mientras que el rostro sumamente inexpresivo de la bailarina de la danza del vientre Bella Bella (Darlene

FILMADORA
PANAMERICANA, S. A.
presenta a:
SANTO
EL ENMASCARADO DE PLATA
ARMANDO SILVESTRE
LORENA VELAZQUEZ
JAIME FERNANDEZ
DAGOBERTO RODRIGUEZ
en
SANTO CONTRA
LOS ZOMBIES
con CARLOS AGOSTI - IRMA SERRANO
RAMON BUGARINI
Argumento de: ANTONIO ORELLANA y FERNANDO OSES
Adaptación de: BENITO ALAZRAKI y ANTONIO ORELLANA
Dirección de
BENITO ALAZRAKI
ARS
UNA
IMPRESO EN MEXICO. COMERCIAL NADROSA, S. A.

Myrick) produce risa. Dicho esto, la puesta en escena de las secuencias de vudú es correcta y hay que felicitar a Mahon por sacar el máximo partido a tan bajo presupuesto gracias a algunos auténticos momentos ambientales.

Y lo más significativo es que el personaje del zombi avanza un paso más hacia el verdadero cine de terror. Puede que siga siendo el esclavo de un director de marionetas, pero en esta película el cadáver andante tiene un aspecto putrefracto sorprendente, a diferencia de los muertos vivientes de cintas anteriores, los cuales solo destacaban por sus ojos abiertos de par en par y por sus movimientos rígidos. Las secuencias del muerto viviente saliendo lentamente de la tumba producen escalofríos inesperados, incluso hoy en día. *The Dead One* quizás haya caído en el olvido, pero sea como sea señaló el camino hacia el subgénero zombi.

Los zombis solían aparecer en las estrambóticas películas mexicanas cuyo reparto encabezaba el luchador enmascarado El Santo. La lucha libre con máscaras fue muy popular en México durante finales de los cincuenta y sesenta, aunque las películas rara vez pasaban a la posteridad (en consecuencia, actualmente se han convertido en objeto de culto mundial).

El ejemplo más notable de este extraño género es *Santo contra los Zombies* (1962). En esta cinta, criminales fallecidos son resucitados por un cerebro enmascarado para llevar a cabo robos en su nombre. Por suerte, El Santo y sus aptitudes de luchador están dispuestos a vencer a la amenaza. A lo largo de su extensa carrera, El Santo había luchado contra todo tipo de personajes, desde el Drácula y el monstruo de Frankenstein hasta alienígenas y hombres lobos, hasta bien entrada la década de los setenta, y los muertos vivientes a menudo resucitaban interpretando papeles breves en sus aventuras.

Extrañas criaturas (*The Incredibly Strange Creatures Who Stopped Living and Became Mixed-Up Zombies*, 1963) de Ray Dennis Steckler hizo gracia durante mucho tiempo a los cinéfilos por su ridículo título original, cosa que ayudó a que Steckler se convirtiera en una especie de figura de culto a principios de los ochenta, apareciendo en entrevistas y extensos artículos de revistas como *Fangoria* y en el influyente libro *Incredibly Strange Films* de Re/Search.

Santo contra los Zombies (1962), película mexicana que inaugura el extraño género de la lucha libre y los zombis, hoy de culto.

Extrañas criaturas (1963), ayudó a que Ray Dennis Steckler se convirtiera en un admirado director a principios de los ochenta.

Ese culto solo duró hasta que la gente vio sus películas, las cuales —a diferencia de los trabajos de otros muchos directores de cine barato que también fueron elogiados por entonces— demostraron ser un horror casi universal. Unos cuantos de sus filmes —*Wild Guitar, The Thrill Killers, Baty Y Roby contra el crimen* (*Rat Pfink a Boo Boo*)— poseen cierto encanto disparatado, pero nunca van más allá de lo kitsch.

A pesar de su notoriedad, *Extrañas criaturas* realmente es uno de los trabajos menos interesantes del director. Steckler (como Cash Flagg) interpreta a Jerry, un joven incomprendido que lleva a su novia al carnaval donde Madame Estrella, la adivina, lo hipnotiza y lo convierte en un asesino trastornado. Al final, a la clarividente confabuladora le preocupa que Steckler se le esté yendo de las manos, así que lo mutila con ácido y lo enjaula junto con sus anteriores víctimas. Finalmente, los «zombis» escapan y aterrorizan a quienes se encuentran por el camino.

Con extensos números musicales introducidos para rellenar metraje en la parte del carnaval, un diálogo incoherente, una terrible interpretación y una torpe dirección, la película es sin duda digna de ver. Sin embargo, la sensación de novedad enseguida desaparece y es sustituida por una absurda sensación de hastío. Pero, gracias al sentido de la teatralidad de Steckler —el cartel de cine exclamaba: Mire: ¡Las bailarinas del carnaval asesinadas por las increíbles criaturas nocturnas! Mire: ¡El jorobado en un duelo a muerte contra los zombis trastornados! Mire: ¡El primer monstruo musical del mundo!— la película se proyectó durante años. Posteriormente, con la intención de seguir estrujando a esta particular gallina de los huevos de oro, el director rebautizó la película como *Teenage Psycho Meets Bloody Mary* y contrató a gente para que se disfrazada de monstruos y asustara a los espectadores en las salas de cine.

La primera película italiana de zombis apareció en 1964, aunque tenía poco en común con las sangrientas películas que inundarían el mercado a principios de los ochenta. *Roma contra Roma* (*Roma contro Roma*) más bien era parte del popular género *peplum* (historias épicas con sandalias y espadas) que aparecieron como churros tras el éxito internacional de *Hércules* en 1958.

John Drew Barrymore fue la estrella estadounidense importada para interpretar a Aderbal, un hechicero que lidera a un ejército de muertos en una batalla contra el Imperio Romano. Mientras que las películas de Monogram no habían sido capaces de retratar con éxito a los ejércitos de zombis, *Roma contra Roma* al menos ofrece escenas de batalla convincentes, con valores de producción coherentes. El filme significó una novedad agradable —si bien excéntrica— al linaje del cine de zombis.

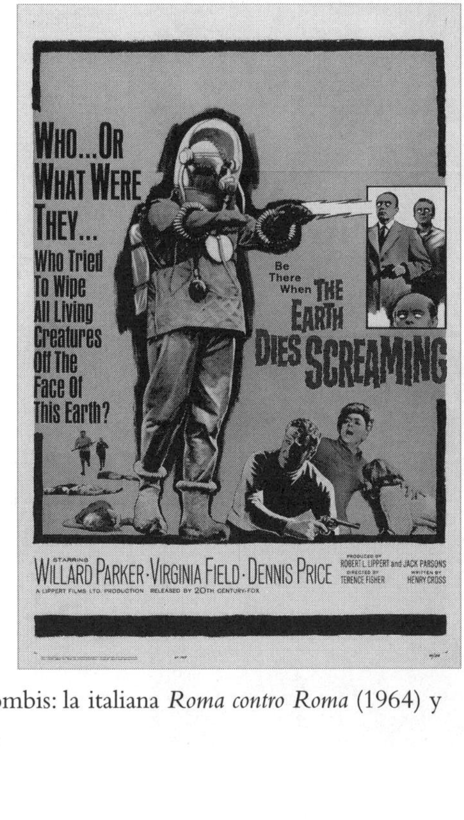

Dos ejemplos de películas europeas sobre zombis: la italiana *Roma contro Roma* (1964) y la británica *The Earth Dies Screaming* (1964).

Los ladrones alienígenas de cuerpos regresaron con la película británica de 1964 *The Earth Dies Screaming*, dirigida por Terence Fisher. Un ataque con gas se carga a gran parte de la población terrestre y un pequeño grupo de supervivientes se esconde en un pequeño pueblo inglés, donde intentan evitar ser detectados por un ejército de robots que están resucitando a los muertos para que trabajen como esclavos.

La película tiene algunas escenas de miedo correctas y momentos de misterio aceptables, pero Fisher no parece estar cómodo con el género de ciencia ficción y (habiendo sido siempre un director solo tan bueno como su material fuente) hace lo que puede, teniendo en cuenta que no cuenta con el equipo de guionistas y producción que ayudaban a que sus películas de Hammer Horror tuvieran tanto éxito. El bajo presupuesto también es evidente, especialmente al final de la cinta, cuando se pueden ver coches en la autopista de la Tierra que supuestamente estaba «muerta».

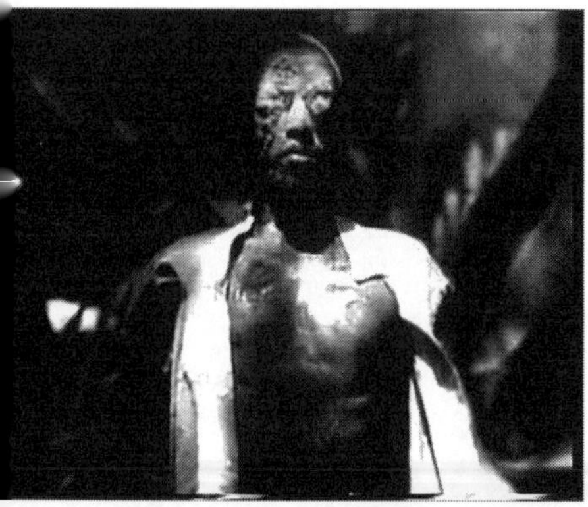

Diferentes zombis de los setenta: *Zombies* (*I Eat Your Skin*) y *Perros rabiosos* (*I Drink your Blood*), que se presentaron en programa doble en 1971.

La película americana de serie B, *Zombies* (*I Eat Your Skin*), del experto director Del Tenny, se anunció como *Invasion of the Zombies* en 1963 y se rodó como *Zombie* un año más tarde. No fue hasta 1971 cuando la película se estrenó, aunque con otro título y junto a *Perros rabiosos* (*I Drink your Blood*) en un programa doble cuyos títulos originales fueron quizás los más viscerales jamás utilizados. Resulta difícil imaginar lo que el público pensó de esta inverosímil pareja, ya que *Zombies* era un intento retro en blanco y negro que ya de por sí parecía desfasado, y la cosa empeoró al juntarse con un filme violento de los setenta como *Perros rabiosos*.

La película al principio parece que promete, con un ritual frenético de vudú y una secuencia de títulos bastante correcta. Pero a partir de ahí el filme va a peor, cuando un editor, su ordinaria mujer y un autor vividor viajan a la Isla Vudú (nombre muy imaginativo) con el fin de recibir las inspiración para una nueva novela. Una vez allí, se encuentran con unos extraños zombis que tienen la piel infectada y los ojos que parecen huevos fritos. Aunque al principio parece que estos zombis son el resultado de un ritual vudú, se descubre que han sido creados científicamente. El responsable es un científico que, buscando la cura para el cáncer, encuentra la fórmula para el proceso de zombificación y es obligado por su empleado chiflado a crear un ejército de zombis.

Con interpretaciones mediocres, un ritmo lento y unos personajes irritantes, *Perros rabiosos* es una cinta bastante mala y no es de extrañar que no se estrenara hasta tan tarde.

En 1968, se presentaron dos nuevas opciones de películas de zombis: *La noche de los muertos vivientes*, dirigida por George A. Romero, y *Astro Zombies*, Ted V. Mikels. Por suerte, fue la primera la que finalmente influyó en la dirección del género. Ted V. Mikels fue contemporáneo y colega de Ray Dennis Steckler. Ambos cineastas solían colaborar en proyectos. Al igual que sucedió con Steckler, las películas de Mikels se consideraron cine de culto a principios de los ochenta y, como Steckler, su trabajo solo justificaba de vez en cuando la atención recibida. Aunque sus mejores cintas como *The Doll Squad* y *The Corpse Grinders* al menos

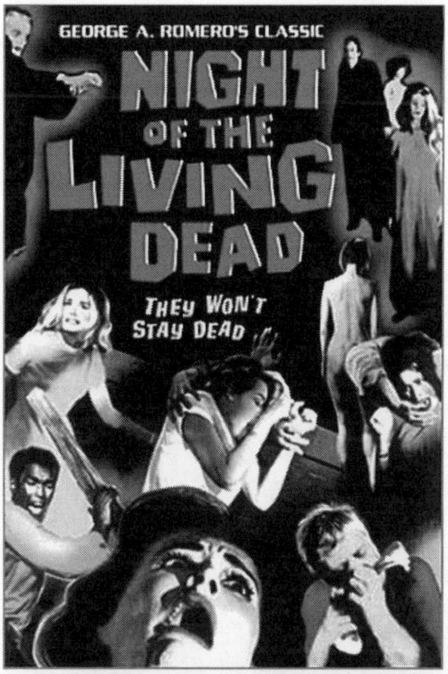

Dos películas que revolucionaron el género en 1968: *La noche de los muertos vivientes,* de George A. Romero, y *Astro Zombies,* de Ted V. Mikels.

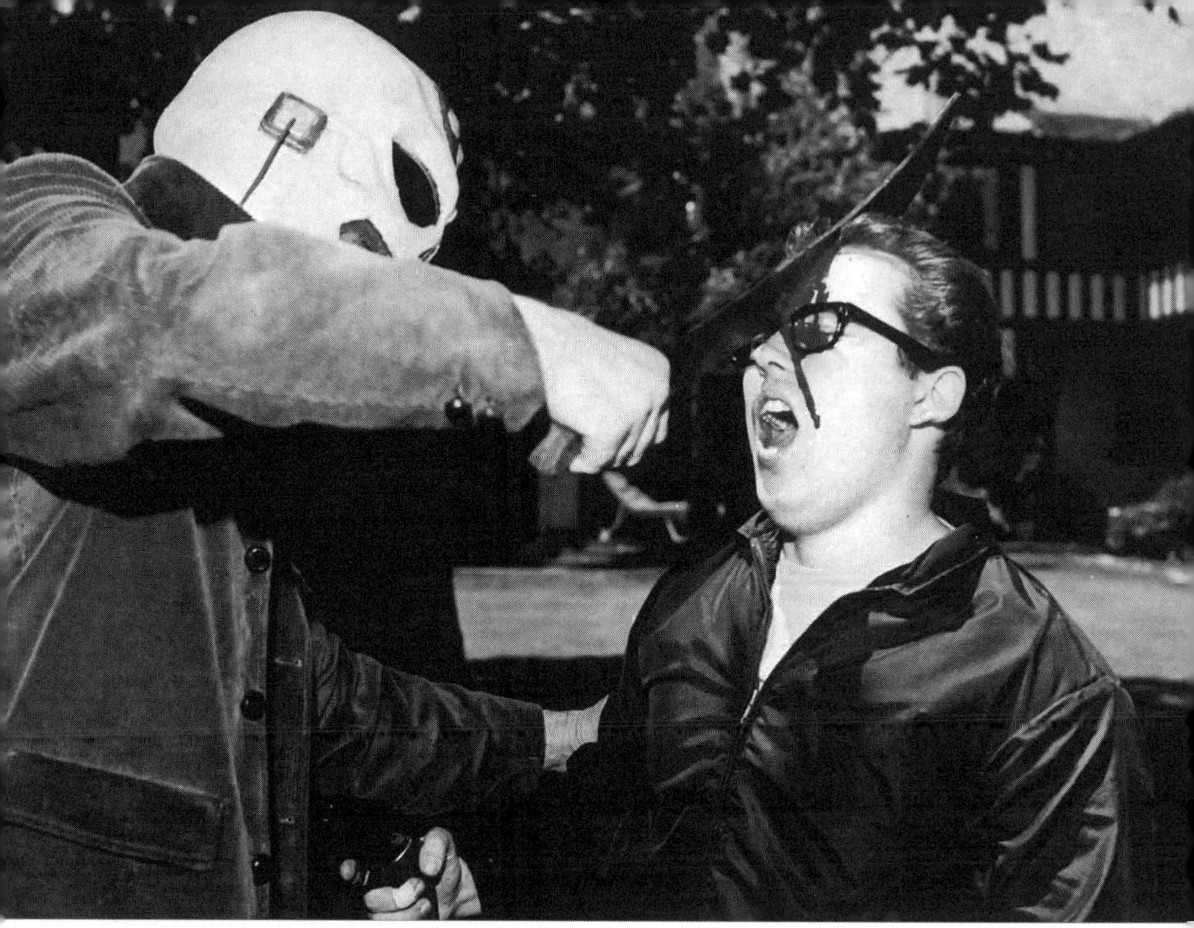

En *Astro Zombies,* un «Hombre de las Estrellas», que en realidad es el cadáver de un criminal, aterroriza la ciudad armado con un machete.

ofrecían cierto grado de entretenimiento, gran parte de su trabajo es terriblemente malo.

De hecho, *The Doll Squad* está bastante bien y puede que Mikels tuviera razón al decir que la serie de televisión de *Los ángeles de Charlie* (*Charlie's Angels*) fue un plagio de la película, ya que la idea y la caracterización se parecen considerablemente e incluso uno de sus personajes se llama Sabrina.

Astro Zombies se sitúa más o menos en el nivel medio de Mikels. Es un filme torpe y chapucero, aunque inofensivamente malo y divertido para un público al que le guste el estilo kitsch. Escrito en colaboración con Wayne Rogers, protagonista de *M.A.S.H.*, *Astro Zombies* cuenta con John Carradine como actor principal interpretando a un científico loco, el doctor DeMarco, que crea a un «Hombre de las Estrellas» a partir del cadáver de un criminal. Sin embargo, no logra dominar su creación, la cual sale a la calle armado con un machete. El alboroto llama la atención del gobierno y de una red de espionaje, quienes luchan para controlar el secreto de los Astro Zombis. La apariencia del zombi sin duda da risa: una máscara de calavera de mala calidad con reflectores adhesivos. La acción es complicada y el ritmo pesado. La interpretación, en conjunto, terrible: la actriz de culto Tura Satana hace lo que puede con el diálogo, pero Carradine se pasea por las escenas como si estuviera sonámbulo y el resto de actores carecen totalmente de expresión.

Pero a pesar de lo anterior, la película es entretenida. De hecho, parece que todo ayuda a que sea divertida. Y es que, ¿cómo no se puede adorar a una película en la que el zombi se recarga a sí mismo enfocándose con una linterna en la frente?

Más tarde, *Astro Zombies* se convirtió en una película tan importante de culto que en el año 2002 se encargó una secuela, *Mark of the Astro Zombies*. Esta «reinterpretación», estrenada directamente en vídeo, fue dirigida otra vez por Mikels y, a pesar de los avances técnicos propios de la época, los valores de producción no fueron mejores que los del filme original.

Fuese como fuese, *Astro Zombies* parecía resumir una década en que los ejércitos de los zombis habían poblado por completo las películas de explotación de cineastas con poco talento y poco presupuesto.

Por entonces, el cine de zombis era un subgénero ignorado, denigrado y despreciado tanto por críticos como por admiradores del género de terror. Como *Monster Times* comentó en su «Especial de Zombis», «no hay nada como los zombis... no llegan a ser monstruos. Ni siquiera llegan a estar muertos. Ni están vivos. No destacan. Y la mayoría de sus películas no tiene nada bueno».

Pero había excepciones, películas que mostraban cierto respeto hacia los muertos vivientes y que señalaban el camino hacia la resurrección poco probable del subgénero en las siguientes dos décadas.

Fue Hammer Films la que tuvo que devolver un poco de vida a los no muertos durante la década de los sesenta. *La maldición de los zombies* (*The Plague of the Zombies*, 1966) fue indiscutiblemente la mejor película de muertos vivientes desde *La legión de los hombres sin alma* y también se convirtió en uno de los mejores filmes de Hammer Films de la época.

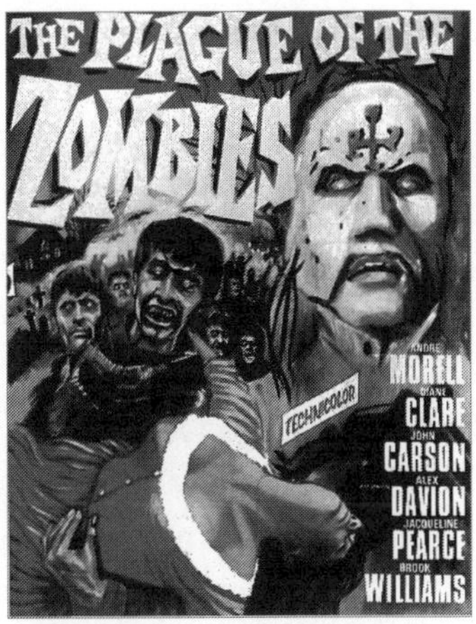

La maldición de los zombies (*The Plague of the Zombies*, 1966).

La maldición de los zombies (*The Plague of the Zombies*, 1966) se convirtió en una de las mejores películas de Hammer Films de la época.

Irónicamente, la cinta había empezado siendo un proyecto poco ambicioso. Hammer había estrenado *La maldición de los zombies* y *El reptil* (*The Reptile*), una detrás de la otra, como cintas de apoyo para *Drácula: Príncipe de las tinieblas* (*Dracula: Prince of Darkness*) y *Rasputín* (*Rasputin: The Mad Monk*), y ambas se rodaron con presupuestos más bajos de lo normal. Pero dado lo bajo que había caído la mayoría de películas anteriores de zombis, *La maldición de los zombies* destacó como un intento elegante y con estilo, reputación que todavía mantiene.

Al igual que *El abrazo del muerto*, *La maldición de los zombies* transcurre en Cornualles y empieza con un ritual de vudú, pero esta vez al parecer se celebra en una mina de estaño abandonada. En el pueblo cercano, ha estado muriendo gente de manera misteriosa y el doctor del pueblo, Peter Thompson (Brook Williams), pide ayuda desesperadamente a su antiguo maestro, Sir James Forbes (Andre Morell).

Se descubre que el dueño de las tierras del pueblo (John Carson) está utilizando el vudú para resucitar a los muertos y obligarles a trabajar como esclavos en su mina de estaño, la cual había sido cerrada debido a las condiciones peligrosas de trabajo. Como suele ser propio de la casa Hammer, la película termina con un terrible incendio cuando los zombis se rebelan ante su maestro.

Como la mayoría de las cintas de Hammer, *La maldición de los zombies* tiene una apariencia suntuosa, interpretaciones sólidas por parte de los protagonistas principales (entre ellos Diane Clare, que interprete a Sylvia Forbes, la valiente heroína, un aspecto en el que Hammer a menudo fallaba a la hora de elegir a la actriz) y varias escenas típicas de terror muy buenas. La escena del cementerio cuando la esposa de Thompson, Alice (Jacqueline Pearce), regresa de entre los muertos y se decapita con una pala sigue siendo una escena de miedo clásica, y la secuencia del sueño siguiente es asombrosamente enigmática, con varios zombis abriéndose paso desde la tumba y avanzando amenazadoramente hacia los héroes.

La maldición de los zombies demostró en qué podían convertirse las películas de zombis si se conseguía la combinación correcta de talento e interés. Sin embargo, fue otra película, rodada en Italia más o menos en el mismo período, la que se convirtió en el modelo para las futuras películas de este subgénero.

Aunque por entonces fue generalmente ignorada, *El último hombre vivo sobre la Tierra* (*The Last Man on Earth*, 1964) preparó el terreno para el innovador trabajo de George A. Romero unos años más tarde. La película se convertiría en la primera de las tres cintas basadas en la novela *Soy leyenda* de 1954 de Richard Matheson que Hammer había decidido rodar inicialmente en 1959.

El último hombre vivo sobre la Tierra (*The Last Man on Earth*, 1964).

DO YOU DARE IMAGINE WHAT IT WOULD BE LIKE TO BE ...THE LAST MAN ON EARTH...OR THE LAST WOMAN?

Alive among the lifeless... alone among the crawling creatures of evil that make the night hideous with their inhuman craving!

CO-STARRING
FRANCA BETTOIA · EMMA DANIELI · GIACOMO ROSSI-STUART · Directed by SIDNEY SALKOW · Produced by ROBERT L. LIPPERT
Screenplay by LOGAN SWANSON & WILLIAM F. LEICESTER · From the novel "I AM LEGEND" by RICHARD MATHESON · AN AMERICAN INTERNATIONAL PICTURE

Sin embargo, cuando la empresa envió el guión al consejo británico de censura cinematográfica —una práctica común por entonces— les comunicaron que el filme resultante seguramente sería censurado en Reino Unido, así que el proyecto se apartó. Sin conocer el guión, resulta difícil determinar cómo habría sido el enfoque de Hammer.

El último hombre vivo sobre la Tierra es una película bastante terrorífica, ayudada por una interpretación inusualmente comedida de Vincent Price como Robert Morgan, al parecer el único superviviente de una plaga que había convertida a la raza humana en vampiros. De día, Morgan se recorre la ciudad destruyendo a las criaturas mientras éstas duermen; de noche, se refugia en su casa mientras los muertos vivientes lo asedian, sedientos de sangre.

Aunque son identificados como vampiros, estos monstruos de movimientos lentos sin duda son lo que más tarde se convertirían en los famosos zombis arquetípicos. Quien haya visto *La noche de los muertos vivientes* reconoce inmediatamente las escenas en que la horda descerebrada se agolpa a las puertas de la casa de Morgan, y la idea de que la humanidad haya desaparecido por una plaga de muertos vivientes se convertiría en un cliché de las películas de zombis.

Los directores Ubaldo Ragona y Sidney Salkow hicieron un buen trabajo al enfatizar el aislamiento de Morgan, aunque la secuencia de flash-back que recuerda la época antes de la plaga se hace demasiado larga. La parte más interesante de *El último hombre vivo sobre la Tierra* es la caracterización de Morgan. Al principio se anima al espectador a verlo como un héreo, el último superviviente que lucha por permanecer vivo ante terribles circunstancias, pero cuando Morgan descubre a otro superviviente, Ruth (Franca Bettoia), quien, a diferencia de él, no es inmune a la infección (pero que no se ha convertido en vampiro), todo cambia. Ruth le dice que hay otros como ella y que algunos de ellos son personas a las que Morgan ha estado clavando estacas de madera durante sus incursiones a la luz del día. «Muchos de los que has matado todavía seguían vivos», le dice. «En esta ciudad eres una leyenda». Con esta revelación, vemos que, a los ojos de los demás supervivientes, Morgan es tan monstruo como los vampiros.

Vincent Price interpreta a Robert Morgan, el único superviviente en la Tierra hasta que encuentra a Ruth, interpretada por Franca Bettoia.

Cuando descubre que intentan matarle, Morgan quiere escapar. Al final, cuando le disparan, grita desafiante: «¡Yo soy el último hombre!». Y en realidad lo es, pero en este nuevo mundo Morgan representa a la vieja orden, y ya no es importante.

La película tiene sus fallos. Esta coproducción de Italia y los Estados Unidos presenta el defecto de que los actores italianos están mal doblados al inglés, y el flash-back mencionado anteriormente ralentiza bastante el ritmo. Aun así, sigue siendo una película cargada de fuerza e intensidad.

Soy leyenda, la última versión filmada de *El último hombre sobre la Tierra*, interpretada por Will Smith y estrenada en 2007.

Versionada en dos ocasiones —el tedioso filme de *El último hombre vivo* (*The Omega Man*) de 1971 prescinde de los vampiros y los sustituye por los supervivientes disfrazados de «mutantes» en busca de Charlton Heston, mientras que la versión *Soy leyenda* de 2007 muestra a Will Smith luchando contra multitud de figuras pálidas diseñadas por ordenador en un Nueva York desierto—, esta primera adaptación (por la cual Matherson sentía aversión) sigue siendo la versión definitiva hasta la fecha, y la importante influencia que ejerce sobre *La noche de los muertos vivientes* convierte a la película en un trabajo sin precedentes.

3 EL TERROR SALE DE LAS TUMBAS

Momias, demonios necrófagos, víctimas de lavados de cerebro y otros cuasi zombis

Si tuviéramos que precisar lo que es un zombi cinematográfico, entonces deberíamos aceptar que se trata de un muerto (o muerta) viviente, o al menos de una víctima aparentemente muerta de un sacerdote vudú desalmado, un doctor chiflado u otra variante empeñada en dominar el mundo o en la realización de sus propios deseos carnales.

Sin embargo, se ha de trazar una línea en algún punto. Así pues, estén muertos o no, los vampiros por muy sobrenaturales que sean no son zombis, como tampoco lo son los fantasmas vengativos, ni los diversos monstruos de Frankenstein creados por medios científicos.

Cualquier intento por codificar en qué consiste un zombi cinematográfico podría fracasar debido a la forma en que los diversos elementos del modelo zombi aparecen en películas que no encajan con la idea tradicional del subgénero, aunque estos filmes se puedan considerar parientes cercanos del cine de zombis.

Pongamos el ejemplo de la momia. Existe un buen argumento para decir que tal personaje no es más que un zombi egipcio. Luego están las víctimas controladas por poderes mentales de todo tipo de invasores alienígenas, los cuales siempre parecen ansiosos por esclavizar a la humanidad (y a veces resucitar a los muertos) para que les hagan el trabajo sucio.

¿Y qué hay de todas las películas apocalípticas inspiradas en *La noche de los muertos vivientes* que empezaron a aparecer a principios de los setenta? En cual-

28 días después, dirigida por Danny Boyl y estrenada en 2002. A la derecha, el mítico Boris Karloff interpretó a la momia Im-Ho-Tep, en el clásico *La Momia*, de 1932.

quier caso, se trata de un rompecabezas que irrita a los fans de los zombis incluso a día de hoy gracias a *28 Días después*, una película de zombis en todos los sentidos salvo por el hecho de que no aparecen muertos vivientes.

Las películas protagonizadas por momias, alienígenas imperialistas e infecciones zombificadoras han avanzado hacia diversos ramales del modelo de zombi, mejorando y ampliando el arquetipo original para añadir profundidad y variedad al subgénero.

«¡Cuidado con la momia haraposa!»

Mientras el zombi languidecía en el último lugar de la jerarquía del terror, su pariente egipcia, la momia, logró hacerse con el puesto número cuatro, junto a Drácula, el monstruo de Frankenstein y el hombre lobo. Y esto pese a ser posiblemente el monstruo más aburrido de la pantalla.

El estatus elevado de la momia fue una cuestión de pura suerte. Cuando Universal Pictures inventó el cine de terror, continuaron el éxito de *Drácula* y *Frankenstein* con *La Momia* en 1932, y con ello lograron grabar para siempre en la memoria de los espectadores la imagen de este cadáver egipcio con vendas como una de las estrellas del género.

Irónicamente, *La Momia* no destacó demasiado por la acción de su personaje principal. Tras un inicio impresionante en que la momia Im-Ho-Tep, interpretada por Boris Karloff, resucita y —tal y como Bramwell Fletcher declaró memorablemente— «se va a dar una vuelta», la película de pronto empeora. Karloff reaparece diez años más tarde igual de arrugado pero sin vendas interpretando a Ardet Bey, quien ayuda al arqueólogo David Manners a encontrar la tumba de la princesa Anck-es-en-Amon.

Esto lo convertiría en el típico argumento repetitivo y pesado de las películas de la momia. La princesa casualmente se encarna en un miembro del equipo arqueológico, y Bey/Im-Ho-Tep está dispuesto a unir sus almas.

Los sucesos se hacen interminables y la película no consigue trazar ninguna finalidad en concreto. La dirección de Karl Freund es pobre, el argumento flojo y la acción inexistente. Pero gracias al éxito de las películas de terror, *La Momia* triunfó lo suficiente como para generar diversas secuelas, nuevas versiones e imitaciones.

Una de las primeras parodias del clásico, *The Mummy's Hand*, (1940).

En *The Mummy's Hand* (1940), Im-Ho-Tep se convierte en Kharis y Karloff es sustituido por una estrella de las películas de vaqueros, Tom Tyler. Utilizando hojas mágicas de tana para seguir con vida, Kharis ha protegido la tumba de la princesa Ananka. Cuando esos molestos arqueólogos abren la tumba, el sumo sacerdote George Zucco resucita a Kharis —quien, a diferencia de su predecesor, aparece durante toda las película con aspecto de momia— y lo envía cojeando en busca de venganza.

Este filme estableció un formato para futuras películas de la momia. Hojas de tana, profanación de tumbas, princesas reencarnadas y metraje de películas anteriores para rellenar el tiempo de proyección. Tales elementos exóticos no solamente eran insuficientes para evitar que estos filmes estuvieran entre las películas de terror más aburridas de la historia, sino que la fórmula se repitió hasta tal punto que incluso el fan más acérrimo de la momia perdió el interés.

Durante la década de los cuarenta, el personaje resurgió de nuevo gracias a un trío de películas de serie B cuyo reparto encabezaba Lon Chaney Jr. *El espectro de la Momia* (*The Mummy's Ghost*), *La Tumba de la Momia* (*The Mummy's Tomb*) y *La Maldición de la Momia* (*The Mummmy's Curse*) eran bastante parecidas e increíblemente malas. A pesar de durar solo una hora cada una, las tres eran pesadas, con escenas casi interminables de Chaney caminando a paso lento por la pantalla para rellenar metraje. Tras esto, solo bastó esperar a 1955 para ver a Abott y Costello en una película igual de aburrida que acabó con el poco interés que suscitaba la momia. Los filmes de Chaney al menos sirvieron para demostrar que la momia era un concepto defectuoso en lo que se refería a asustar al público. Arrastrando lo pies l-e-n-t-a-m-e-n-t-e, esta criatura única probablemente era el monstruo cinematográfico del que se podía escapar más tranquilamente, igual que pasaba con el zombi, que con paso rápido también se le perdía de vista, pero a diferencia de este último, la momia no tenía el poder de las multitudes.

Las cosas mejoraron considerablemente en 1959, cuando Hammer Films añadió *La Momia* a su lista de nuevas versiones de terror. Tras el éxito de *La maldición de Frankenstein* (*The Curse of Frankenstein*) y *Drácula*, la película juntó nuevamente a Peter Cushing y Christopher Lee y una vez más consiguió dar un poco de emoción a una historia conocida ya por todos.

El argumento se parece más a las secuelas de *La Momia* que a la cinta original. Lee es Kharis y la atractiva

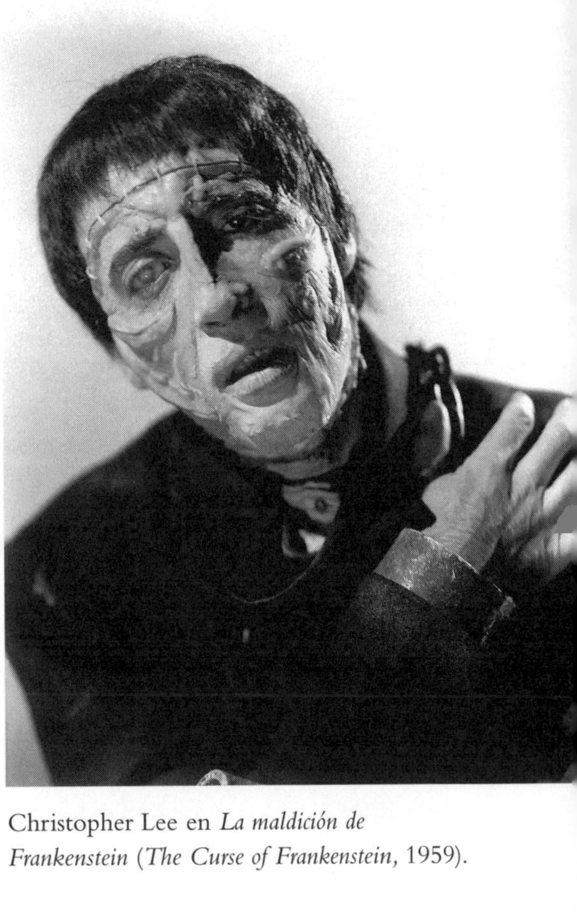

Christopher Lee en *La maldición de Frankenstein* (*The Curse of Frankenstein*, 1959).

francesa Yvonne Fureaux es Isobel, la reencarnación de Ananka, que casualmente está casada con el saqueador de tumbas John Banning (Cushing). Pero las interpretaciones correctas (Lee es realmente aterrador en el papel de la momia haraposa y descompuesta) y algunas escenas de lucha admirables se combinan con una sólida dirección por parte de Terence Fisher para crear una versión excepcional. En lo que se refiere a películas de momias normales, probablemente ésta sea la mejor.

Lon Chaney Jr. y John Carradine en *El espectro de la Momia* (*The Mummy's Ghost,* 1944).

Por desgracia, Hammer, al igual que Universal, pensó que ya no se podía sacar más de aquel personaje. En *La maldición de la momia* (*Curse of the Mummy's Tomb*, 1964) el príncipe Ra es enviado en barco a Inglaterra desde Egipto por un expositor, donde resucita y lleva a cabo una aburrida y extraña matanza, mientras que *El sudario de la momia* (*The Mummy's Shroud*) de 1967 fue solo un poco mejor, con otra momia a la que un beduino resucita mediante un juramento sagrado hallado en el sudario de ésta con el fin de utilizar a la criatura como instrumento de venganza.

Aunque este filme utiliza un ritmo más adecuado que su predecesor e incluyó algunos asesinatos originales (esta momia no solo se contenta con estrangular a sus desafortunadas víctimas, sino que en un momento dado vierte ácido en la cara de una de ellas), el predecible guión no consigue atraer la atención del público.

La última película de Hammer sobre la momia es la más interesante, por la única razón de que no la protagoniza únicamente una momia. *Sangre en la tumba de la momia* (*Blood from the Mummy's Tomb*, 1971) está basada en la novela de *La joya de las siete estrellas* (*Jewel of the Seven Stars*) de Bram Stoker y cuenta la historia de Margaret Fuchs (interpretada por la chica Bond Valerie Leon), una joven poseída por el espíritu de la reina Tera después de que su padre guíe una expedición para desenterrar la tumba de la reina.

La película tuvo una producción complicada: el director Seth Holt falleció durante el rodaje y Hammer nombró a Michael Carreras para que terminara de grabar el filme, mientras que Peter Cushing se vio forzado a abandonar el rodaje en el último minuto debido al fallecimiento de su esposa.

Sangre en la tumba de la momia (1971), basada en la novela *La joya de las siete estrellas*, de Bram Stoker.

Como muchos de los guiones de Chris Wicking, la película es complicada y a menudo resulta difícil seguir el hilo argumental, aunque posee una calidad innegable que compensa con creces lo anterior. Sangrienta (la mayoría de las víctimas mueren destripadas) y con muchos planos del impresionante escote de Leon, *Sangre en la tumba de la momia* parecía marcar claramente las directrices a seguir para películas posteriores de la momia. La novela volvió a adaptarse al cine 1980 bajo el título de *El despertar* (*The Awakening*), con Charlton Heston enfrentán-

El gran actor español Paul Naschy, intérprete de cientos de películas de terror como *La venganza de la momia* (1973) y *El retorno del hombre-lobo* (1981).

dose a una serie de muertes inspiradas en *Omen.* Aparte de en Universal y Hammer, la momia se hizo popular en México, o al menos una variante de la temática. La momia azteca hizo apariciones en varias películas de las décadas cincuenta y sesenta, por ejemplo en *Las luchadoras contra la momia* (*Wrestling Women vs. the Aztec Mummy*, 1964), donde el personaje viajó al extraño mundo del cine mexicano de terror mezclado con la lucha libre. Como no podía ser de otra manera, el legendario Santo compartió protagonismo con la momia en *Santo en la venganza de la momia* (1971).

El actor y director Paul Naschy (de nombre real Jacinto Molina) era la mayor estrella —de hecho, la *única*— del cine de terror en España, y se hizo un nombre gracias a varias película de mala calidad y bajo presupuesto que normalmente ofrecían suficiente carne desnuda y sangre para dejar satisfecho al público más exigente, pero rara vez merecían mérito artístico.

Sus películas del hombre lobo (él mismo interpretaba al desgraciado Waldemar Daninsky en una serie de aventuras inconexas de licántropos) siguen siendo su mejor trabajo conocido, pero Naschy se paseó por todos los clásicos del terror, interpretando a Drácula, la momia, el monstruo de Frankenstein, Jack el destripador y otros villanos anónimos varios.

Con *La venganza de la momia* (1973), Naschy añadió esta criatura a su currículum. Se trata de una película en la que, como en la mayoría de los trabajos de Naschy, adopta un argumento propio de los años treinta y añade gran cantidad de sangre y desnudos. Naschy interpreta tanto a la momia como a Assad Bey, el sumo sacerdote que está sacrificando a jóvenes vírgenes en Londres. Desde cualquier punto de vista, la película es bastante pobre, con una monstruo poco convincente (Naschy era demasiado corpulento para muchos de los papeles que interpretaba y éste es uno de ellos), unos valores de producción pésimos y un ritmo lento que ni toda la sordidez del mundo podría compensar.

A principios de los ochenta, se evidenció la reaparición de los zombis de la mano de *La noche de los muertos vivientes* de George A. Romero y más recientemente de su secuela titulada *Zombi,* de 1978. El nuevo estilo visceral de terror reflejaba la sangre, el nihilismo y los temas apocalípticos.

El subgénero de la momia entró en esta nueva era en 1981 con el descarado título *El despertar de la momia* (*Dawn of the Mummy*) de Frank Agrama, en que un grupo de modelos de moda estadounidenses que visitan a Egipto se enfrenten a todo un ejército de momias deseosas de carne. La película se recrea claramente en la matanza culminante, pero antes es tan aburrida que solo el público más entregado es capaz de ver la película hasta esa escena. La anterior película de Agrama fue *Queen Kong* (1976), una horrible cinta vista por muy pocos espectadores, lo que sugiere que los fallos de *El despertar de la momia* no fueron cuestión de mala suerte.

Otra película de George A. Romero que créo secuelas: *Zombi* (*Dawn of the Dead,* 1978)

Después de esto, la momia generó muy pocas ganancias, ya que solo protagonizó extrañas comedias y películas para niños como *Una pandilla alucinante* (*The Monster Squad*, 1987), lo cual solamente indicaba que el género no estaba tan muerto como un antiguo egipcio. Pero justo cuando parecía que la momia estaba enterrada para siempre, aparecieron un montón de películas más.

El gato infernal (*Tales from the Darkside: The Movie*) de 1990 era una película que trataba de todo un poco. Como en casi todas las cintas que utilizaban este tipo de títulos, las historias no lograban entretener al público. Nadie había pedido ver en la gran pantalla aquella antología ya olvidada, por consiguiente la devolvieron a la incoherente serie de televisión de la que había salido.

En la parte del principio se adapta libremente «Lote Núm. 249», una relato corto de Arthur Conan Doyle en el que un estudiante utiliza a una momia resucitada para vengarse de un rival poderoso. George A. Romero escribió el guión para la segunda trilogía de *El gato infernal*, una adaptación de un relato corto de Stephen King que recoge la historia de un asesino a sueldo al que contratan para cargarse a un malévolo gato.

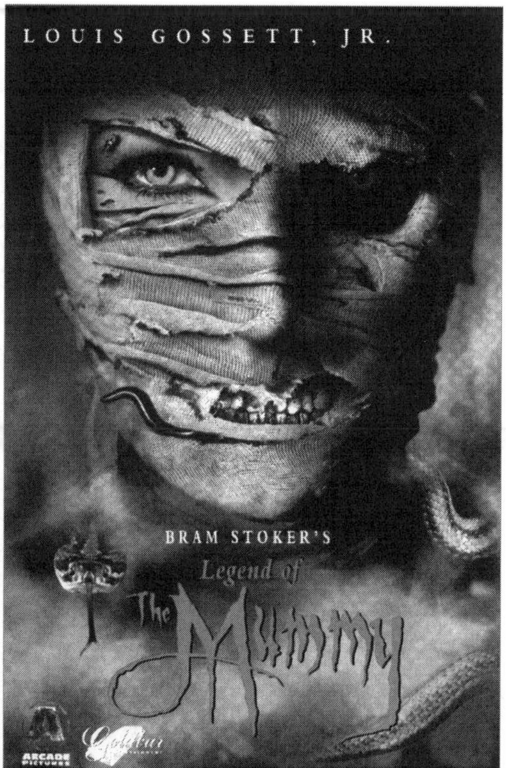

La leyenda de la momia (1997) está basada también en la obra de Bram Stoker *La joya de las siete estrellas.*

En 1993, Toni Curtis, igual de rompecorazones pero más envejecido, interpreta el papel principal de *El misterio del sarcófago* (*The Mummy Lives*). Una vez más, la momia está obsesionada con una mujer que es la reencarnación de su amada perdida. La película no es precisamente la mejor de Curtis, ya que tanto él como el argumento en general se pasean por la cinta sin demasiado éxito en este intento aburrido de bajo presupuesto.

Volvieron a sacar *La joya de las siete estrellas* del baúl de los recuerdos para adaptarla a una nueva versión en *La leyenda de la momia* (*Legend of the Mummy*, 1997) de Jeffrey Obrow, aunque el nuevo filme no se acercaba a la historia original más que cualquiera de las versiones anteriores.

En esta ocasión, la momia resucita tras desenterrar la tumba de la reina Tera con el propósito de vengarse, lo cual termina con una pequeña carnicería, desnudos gratuitos y poco más interesante. Sin embargo, la película se vendió lo suficientemente bien en formato de vídeo como para justificar una «secuela», la cual, como ya era normal, no tenía nada que ver con la historia original. Esta segunda parte se tituló *El grito de la momia* (*Ancient Evil Scream of the Mummy*, 2000). Dirigida por «Disco» David DeCoteau, director habitual de películas de serie B, el filme presenta a un grupo de estudiantes de arqueología enfrentándose a una momia resucitada sin demasiada gracia.

El misterio del sarcófago (*The Mummy Lives*, 1993), tiene como protagonista a Toni Curtis.

En *La sombra del faraón* (*Tales of the Mummy*, alias *Talos the Mummy*, 1999) de Russel Mulcahy, Christopher Lee y su equipo de arqueólogos desentierran la tumba de Talos, solo para quedar sepultados en ella. Años más tarde, su nieta abre la tumba y desata la maldición. No resulta demasiado difícil imaginar cómo afectó este papel a Lee: junto a *Funny Man* y *Aullidos 2* (*Howling II*) se convirtió en una especie de lacra que le ha perseguido en los últimos años de su carrera.

La Momia (Trance) de 1998 (en inglés conocida por *The Eternal, Trance, The Eternal: Kiss of the Mummy* y *Michael Almereyda's Mummy*), contó con el director del filme revisionista de vampiros *Nadja* para dar un enfoque artístico del mundo gótico a la película, aunque no tuvo demasiado éxito. Más preocupado por el estilo que por el contenido, el trabajo de Almereyda es demasiado lento, pretencioso y artificial para resultar impactante.

Cuando menos se diga sobre *The All New Adventures of Laurel and Hardy in «For Love or Mummy»* mejor. En esta película de 1999 un par de imitadores del apreciado dúo cómico del título protegen a la hija de un profesor ante una momia resucitada. El resultado fue tan malo que si Stan y Ollie se hubieran levantado de sus tumbas para vengarse de los responsables todo el mundo les hubiese apoyado.

Gracias a Dios *Lust in the Mummy's Tomb* (2002) solo dura cuarenta minutos, y aunque a los fans de la reina chillona del cine erótico Misty Mundae esta película les parezca bastante estimulante, a todos los demás nos resulta terriblemente aburrida, y en absoluto seductora ni espeluznante.

Lo mismo podría decirse de *El beso de la momia* (*The Mummy's Kiss*, 2003) del director Don Glut, antes músico y escritor de cómics. Se trata de una película que intenta en vano mezclar una historia tradicional de la momia con atractivas colegialas. Por increíble que parezca, en 2006 hubo una segunda parte: *El beso de la momia: 2ª Dinastía* (*The Mummy's Kiss: 2nd Dynasty*). Más recientemente, los espectadores se quedaron blancos al ver por DVD *The Kung Fu Mummy* en 2005 (una momia que resucita en el Hollywood moderno). Éste es un ejemplo de que las películas malas de momias estaban empezando a hacerle la competencia en cuanto a cantidad a las películas malas de zombis. Como era de esperar, el título posmoderno de la cinta es mejor que el contenido, el cual tiene pocas escenas de miedo o de artes marciales que ofrecer. La película supuestamente contó con un presupuesto de tan solo 500 dólares, por lo que el simple hecho de que exista se debe al esfuerzo de su guionista/director Randy Morgan. Sin embargo, ese hecho no es una razón de peso para ver la película.

En contra de la tendencia general, *Bubba Ho-Tep* de Don Coscarelli (2002) resultó ser una versión inesperada. Basada en un relato corto de Joe Lansdale, la película presenta a un Elvis Presley (Bruce Campbell) todavía vivo en una residencia de la tercera edad. Allí el envejecido Rey forma equipo con su compañero Ossie Davis, quien —a pesar de ser negro— cree que es John F. Kennedy. Juntos, luchan contra una momia egipcia que está absorbiendo las almas de sus compañeros de residencia.

Entrañable, divertida, a veces espeluznante y siempre única, *Bubba Ho-Tep* fue una verdadera sorpresa para el público, y pronto se convirtió en una película de culto, no solo por compartir con sus fans una experiencia cultural, los cuales ya estaban familiarizados con los arquetipos hollywoodienses de la momia y Elvis Presley, sino por sus incuestionables cualidades cinematográficas.

Desde finales de los setenta, Universal realizó varios intentos para revivir a la momia, ajena a las tendencias del cine de terror del momento que preferían las grandes dosis de sangre o los elementos satánicos. En 1979, el director de *Desmadre a la americana* (*Animal House*), fue contratado para dirigir varios remakes de los títulos clásicos de Universal, empezando por *La mujer y el monstruo* (*Creature from the Black Lagoon*) y pasando por *La Momia*.

Bruce Campbell interpreta a Elvis Presley viviendo en una residencia de la tercera edad en *Bubba Ho-Tep*, de Don Coscarelli (2002).

Sin embargo, el director y Universal tenían ideas diferentes para el proyecto. Ladis quería que la película transcurriera en los años veinte, mientras que Universal quería un punto de vista contemporáneo. Al final no llegaron a ningún acuerdo y el proyecto fue abandonado.

Una década más tarde, Universal pensó en Clive Barker para tomar el timón de la nueva versión de *La Momia*, tras el reciente éxito del director con *Hellraiser, los que traen el infierno* (*Hellraiser*). Sin embargo, sus posteriores incursiones cinematográficas tuvieron un impacto considerablemente menor y el proyecto de *La Momia* fue nuevamente descartado. La nueva versión apenas había sido mejorada con un guión de Mick Garris, el cual, según Barker explicó para *Fangoria*, «era puro terror». También contenía elementos de transexualidad —antes de *Juego de lágrimas* (*The Cyring Game*) se demostró que tales temas no eran necesariamente veneno para las taquillas— pero ni rastro de cadáveres con vendas arrastrándose. George A. Romero también rechazó la oferta al leer el guión en 1990, antes de que Universal decidiera que al final no quería una película de terror, sino un éxito de taquilla de corte familiar.

En 1999, Stephen Sommers rodó una nueva versión de *La Momia*. Esta cinta tenía poco en común con sus predecesoras, y en realidad tampoco con el género de terror. En lugar de eso, el resultado de Sommers fue una película familiar de aventuras y acción llena de efectos especiales que se parecía más a *Indiana Jones* que a *La Momia*.

La Momia (1999), de Stephen Sommers, fue más bien una película familiar de aventuras repleta de efectos especiales.

Dadas las dificultades con las que se habían topado los cineastas para inyectar cualquier dosis de emoción, terror o incluso interés en películas anteriores de la momia, resulta difícil quejarse excesivamente de esta radical nueva versión y su éxito en taquilla pareció justificar tales innovaciones.

Le siguieron dos entregas más, *El regreso de la momia* (*The Mummy Returns*) y *El rey Escorpión* (*The Scorpion King*), así como una serie de televisión de dibujos animados. En 2008, llegó a la pantalla *La Momia: La tumba del emperador Dragón* (*The Mummy: Tomb of the Dragon Emperor*) y demostró que la versión del mito de la momia presentada por Sommers seguía siendo popular.

«¡Ya vienen!»

La idea de que toda su comunidad pudiera ser controlada por invasores, que sus amigos, compañeros de trabajo o incluso familiares pudieran no ser quienes parecen ser y que fuerzas siniestras estuvieran subvirtiendo a la sociedad, era algo que sin duda rondaba por la cabeza de muchos americanos durante la Guerra Fría, sobre todo durante la década de los cincuenta.

La famosa caza de brujas anticomunista que llevó a cabo el senador Joseph McCarthy acabó con carreras y arruinó reputaciones en Hollywood y demás lugares, mientras que la creencia de que los rusos, o sus simpatizantes, pretendían conspirar contra los estadounidenses mediante la subversión (Frederic Wertham atacaba a los cómics de terror argumentando que estos corrompían a la juventud americana con sus insinuaciones sobre conspiraciones comunistas) o la invasión crecía a través de los medios de comunicación sensacionalistas y de los políticos inmorales.

La amenaza de aniquilación nuclear era una idea que se había establecido en la conciencia común y que solo servía para empeorar el ambiente generalizado de paranoia. No es de extrañar que muchas películas de ciencia ficción de la época recurrieran a retratar esta paranoia. La pregunta más obvia sobre tales películas es: ¿Avivaban estos temores o los paliaban?

La invasión de los ladrones de cuerpos (*Invasion of the Body Snatchers*, 1956) se convirtió en la película más famosa de la década de los cincuenta.

La película más famosa —y ambigua— de la década de los cincuenta sobre el control mental fue *La invasión de los ladrones de cuerpos*, la cual se rodó en 1956 y estaba basada en una historia de Jack Finney. Kevin McCarthy protagoniza al doctor Miles Bennel, quien descubre que algo extraño está pasando en su ciudad: la gente que decía estar enferma de pronto

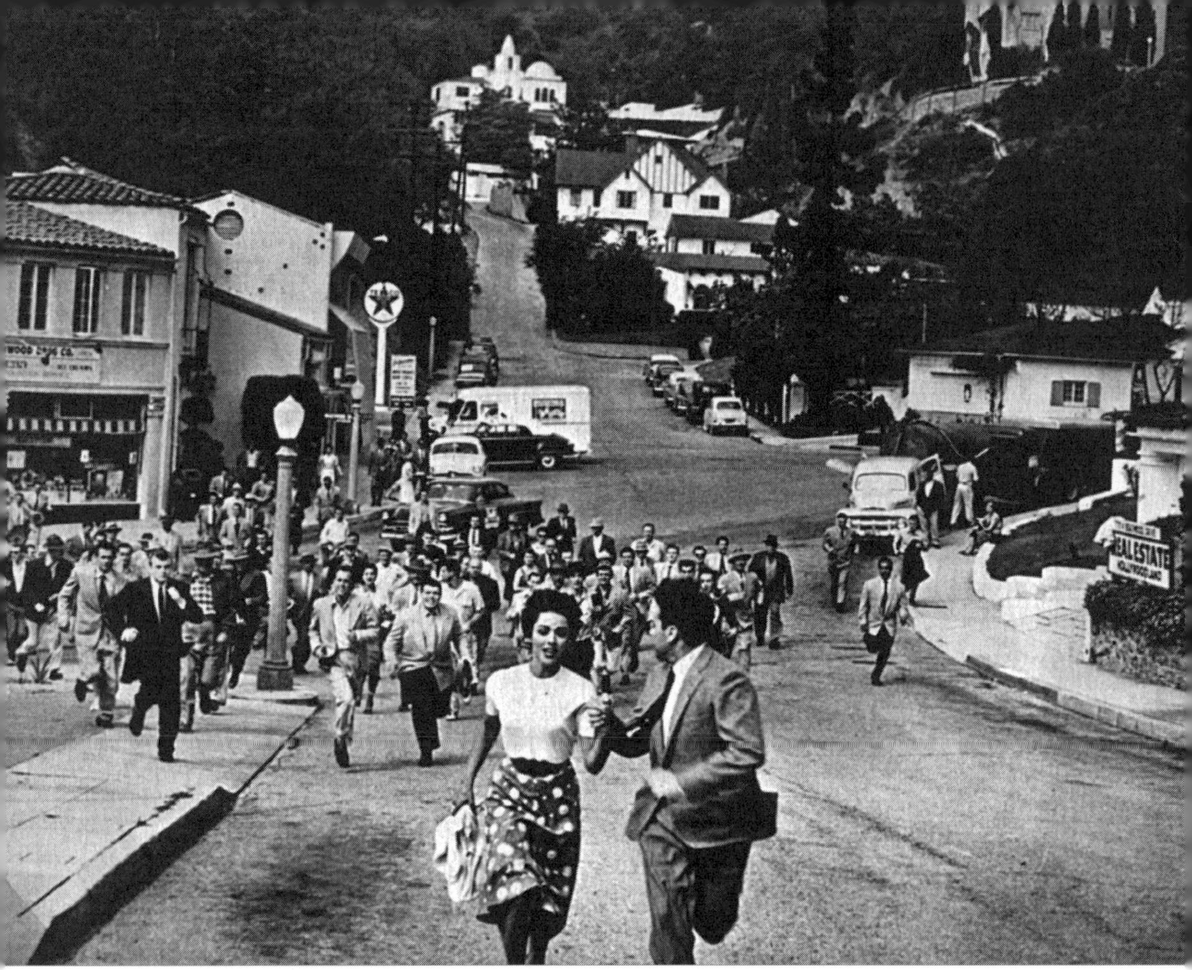

En *La invasión de los ladrones de cuerpos*, Kevin McCarthy interpreta al doctor Miles Bennel, quien se da cuenta de que la gente de su ciudad está siendo sustituida por dobles alienígenas mientras duermen.

no recuerda sus dolencias, mientras que otros insisten en que sus amigos y familiares no son «ellos mismos».

Poco a poco, el doctor se da cuenta de que la gente está siendo sustituida por dobles alienígenas mientras duermen, los cuales crecen en botes enormes de conserva. A medida que la ciudad va siendo tomada poco a poco por los alienígenas, Bennell se encuentra cada vez más solo en medio del creciente número de clones extraterrestres.

La invasión de los ladrones de cuerpos empieza con un ritmo lento, pero cuando se descubre la verdad, los niveles de paranoia y terror avanzan satisfactoriamente. McCarthy hace un trabajo impresionante convirtiendo al seguro y profesional Bennell en un paranoico rematado a medida que su vida se derrumba literalmente y la dirección de Don Seigel es igualmente acertada.

Pero el filme tiene un subtexto difícil de precisar. ¿Se trata de una advertencia sobre la amenaza del comunismo? ¿O se trata de un ataque al macarthismo (el cual acosaba a cualquiera que fuera sospechoso de simpatizar con los izquierdistas) de la época? ¿O, de lo contrario, era simplemente una película de miedo? Hay opiniones para todos los gustos.

La historia fue lo bastante potente para tener nada más y nada menos que tres nuevas versiones. La versión de 1978, dirigida por Philip Kaufman, posee toda la paranoia y nerviosismo de las mejores películas de suspense de los setenta sobre conspiraciones políticas, y una visión apocalíptica acorde con las mejores películas de terror del momento.

En esta ocasión, Donald Sutherland trabaja tan estupendamente como Bennell en un intento heroico y suicida por salvar a la humanidad. Las escenas de los alienígenas señalando y gritando al divisar a alguien que no había sido duplicado se encuentran entre los momentos más evocadores del género.

Secuestradores de cuerpos (*Body Snatchers*, 1993) de Abel Ferrara no fue tan impresionante. La película es uno de los trabajos menos personales de este inconformista director. La acción se traslada a una base militar y no lograr transmitir ninguna sensación de paranoia, sino que más bien parece una película poco creativa de ciencia ficción como muchas otras de aquella época. Dado que entre los guionistas había pesos pesados como Larry Cohen, Stuard Gordon y Nichola St. John, colaborador habitual de Ferrara, resulta totalmente decepcionante.

Nicole Kidman en la reciente *Invasión* (2007), remake de *La invasión de los ladrones de cuerpos*.

La versión más reciente de la película, *Invasión* (*Invasion*) de 2007 es aún peor. En lugar de ofrecer algo nuevo, parece dispuesta a intentar sacar provecho del reciente boom de películas de zombis/infecciones. La única novedad es la idea de que el virus alienígena modifica el ADN mientras la gente está durmiendo, y el hecho de que la doctora Carol Bennel (Nicole Kidman) descubre que su hijo es inmune a la infección, lo que puede significar la clave para la salvación de la humanidad. La película no transmite la sensación de desolación propia de las versiones originales y el final es diferente.

Los orígenes de la semilla del mal de *La invasión de los ladrones de cuerpos* pueden hallarse en *Vinieron del espacio* (*It Came from Outer Space*, 1953). Dirigida por Jack Arnold, la película presentaba a unos invasores alienígenas que se hacían con el control de los seres humanos. El filme empieza con un impacto en el sentido literal cuando un meteorito cae en el desierto, pero más tarde Richard Carlson descubre que en realidad se trata de una nave espacial.

Al principio, sus intentos por alertar a las autoridades son en vano, pero de repente los habitantes empiezan a actuar de manera extraña. Finalmente, las autoridades le hacen caso y descubren que los alienígenas son una especie de masa gelatinosa con un solo ojo enorme.

Proyectada en 3-D, la película logra mantener el clima misterioso y paranoico lo suficiente antes de desvelar la verdad y presenta un final sorprendentemente optimista: los extraterrestres no están allí para conquistar al mundo, sino simplemente para arreglar su nave espacial estrellada.

Los alienígenas de *Invasores de Marte* de ese mismo año no son tan amistosos. De nuevo, su nave espacial se estrella en el desierto, pero en esta ocasión sí pretenden conquistar el planeta. Ejercen control mental sobre cualquiera que se acerque al lugar del accidente para investigar y la única persona que sabe lo que está pasando es un niño, David MacLean (Jimmy Hunt, quien más tarde interpretó al jefe de policía en la versión de 1986 considerada como la peor película de Tobe Hooper). Se da cuenta de que todas las personas que se adentran en el desierto regresan completamente cambiadas. Finalmente, las autoridades son alertadas y empieza un ataque masivo contra los marcianos.

Extraña y surrealista, *Invasores de Marte* (también proyecta en 3-D) es una película burda pero efectiva, con algunas imágenes admirables que parecen sacadas de sueños, escenarios que enfatizan la perspectiva del niño y una de las

Vinieron del espacio (*It Came from Outer Space*, 1953), proyectada en 3-D, presentaba a unos invasores alienígenas que se hacían con el control de los seres humanos.

FANTASTIC SIGHTS LEAP AT YOU
IN 3-DIMENSION
AMAZING!
EXCITING!
SPECTACULAR!
IT
CAME
FROM
OUTER
SPACE
From Ray Bradbury's
great science fiction story!
Starring
Richard CARLSON · Barbara RUSH
with CHARLES DRAKE · RUSSELL JOHNSON
KATHLEEN HUGHES · JOE SAWYER
Universal International
Directed by JACK ARNOLD · Screenplay by HARRY ESSEX · Produced by WILLIAM ALLAND · A UNIVERSAL-INTERNATIONAL PICTURE

Me casé con un monstruo del espacio exterior (*I Married a Monster from Outer Space*, 1958), protagonizada por Gloria Talbot.

criaturas alienígenas más insólitas aparecidas en aquellos tiempos (cosa que no tampoco era demasiado difícil).

La película *Me casé con un monstruo del espacio exterior* (*I Married a Monster from Outer Space*, 1958) acaparó toda la atención por su título, pero la verdad es que se trata de un filme de terror bastante serio y bien hecho. La recién casada Marge Farrel (Gloria Talbott) empieza a darse cuenta de que su marido se ha convertido en otro hombre, al parecer incapaz de sentir emociones. Pronto descubre que su marido y otros hombres de la ciudad han sido sustituidos por alienígenas de un planeta muerto cuyo propósito es tener hijos con mujeres de la Tierra, ya que todas las hembras extraterrestres han fallecido en la explosión que ha acabado con su mundo.

El experimento del doctor Quatermass II (*Quatermass 2*, 1957) posee un elemento político más marcado que en el resto de películas de alienígenas. La continuación de *El experimento del doctor Quatermass* (*Quatermass Xperiment*), película que a su vez pretendía ampliar la franquicia iniciada en 1953 con la serie televisiva de la BBC *The Quatermass Experiment*, también contó con Brian Donleavy en el papel protagonista de profesor Quatermass.

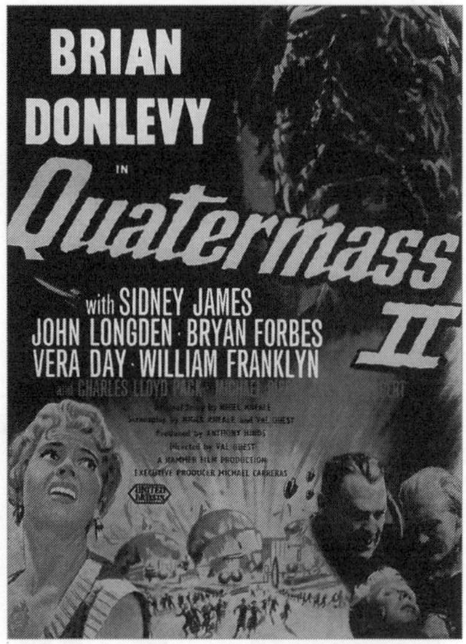

El experimento del doctor Quatermass II (*Quatermass 2*, 1957), notable cinta de Val Guest.

La película va sobre el descubrimiento de una conspiración alienígena que pretende hacerse con el control del ejército y usurpar posiciones estratégicas por toda Gran Bretaña. Los alienígenas infectan a sus víctimas con un gas que se desprende de pequeños meteoros que han caído por todo el país.

Con un ritmo rápido y una buena dosis de paranoia y escalofríos, *El experimento del doctor Quatermass II* es uno de los mejores filmes (y más infravalorados) de ciencia ficción de la década.

«No te puedes fiar ni de tu madre... ni de tu mejor amigo... ni del vecino»

La influencia de *La noche de los muertos vivientes* siguió estando presente en las películas de zombis de la década de los setenta y ayudó a crear un efímero género de terror apocalíptico, en el que la sociedad se contagiaba con una infección exterior, la cual convertía a los personas en asesinos dementes que propagaban rápidamente su enfermedad por todo el país. La infección a menudo se trataba de una enfermedad sanguínea y casi siempre se transmitía por mordiscos. Aunque puede que estos asesinos no estuvieran muertos, sin duda eran producto del arquetipo zombi de Romero.

Otro trabajo de George A. Romero que se convirtió en filme de culto: *Los Crazies* (*The Crazies*, 1973).

El mismo Romero se colocó a la cabeza de este tipo de cintas con *Los Crazies* (*The Crazies*, 1973), película sumamente subestimada. Conocida brevemente como *Code Name: Trixie,* el filme representó el regreso del director al terror visceral y apocalíptico de *La noche de los muertos vivientes*, ya que durante los años intermedios había experimentado sin demasiado éxito otros géneros. Pero esta vez Romero se encontraba en su terreno y el resultado fue una película elaborada, aunque ligeramente más débil.

El filme empieza de una manera brutal: dos niños se despiertan cuando escuchan ruidos fuertes en su casa y entonces descubren que el hombre que está destrozando los muebles y quemando la casa es su padre. También ha matado a su madre. Este acto de locura (y los que le siguen) son el resultado de una toxina, utilizada como arma biológica y filtrada a través de la red de suministro de agua tras el accidente de un avión militar. Entre la población local cada vez se dan más y más casos de demencia, mientras el ejército hace todo lo que puede para controlar la situación.

Los Crazies es bastante deprimente. Después de verla, a nadie le queda buen sabor de boca. Las autoridades locales están constituidas por paletos sin cerebro más preocupados por mantener su estatus que por otra cosa, y los militares, con trajes blancos de protección química y caretas antigás, forman una fuerza de ocupación literalmente anónima, fuera de control y saqueadora.

Los intentos de los científicos por encontrar una cura se ven debilitados por la burocracia y la incompetencia, y los principales protagonistas parecen abocados a una misión suicida con el fin de escapar del cordón militar, al tiempo que poco a poco se van contagiando. El resultado es la película más despiadada de la carrera de Romero y uno de sus mejores trabajos.

Curiosamente, el protagonista principal de *Los Crazies*, Lynn Lowry, también apareció en otras dos películas sobre infecciones a principios de los setenta. Tanto *Vinieron de dentro de...* (*Shivers*) como *Perros rabiosos* tratan sobre una enfermedad de rápida transmisión que controla la mente de las víctimas, aunque de manera muy diferente.

Estrenada en 1970, *Perros rabiosos* es una película increíblemente sangrienta. Supuestamente fue la primera película clasificada como X por la MPAA debido a su contenido violento. Explica la historia de un grupo de satanistas hippies inspirados en Manson que llegan a un pequeño pueblo y empiezan a aterrorizar a los ciudadanos de la localidad. Cuando le dan LSD a un anciano y violan a una chica, un joven se venga de ellos dándoles de comer pasteles que contienen sangre de un perro rabioso. Enseguida los hippies infectados ocasionan un alboroto aún mayor cuando empiezan a echar espuma por la boca y a morder a los habitantes del pueblo, propagando la locura y el caos por todos lados. Aunque está claro que no se trata de la descripción más precisa de los efectos de la rabia (las víctimas no solo echan espuma por la boca, sino que también se vuelven más fuertes), *Perros rabiosos* es una película bastante despiadada. La dirección de David E. Durston es satisfactoria y la violencia extrema es totalmente efectiva.

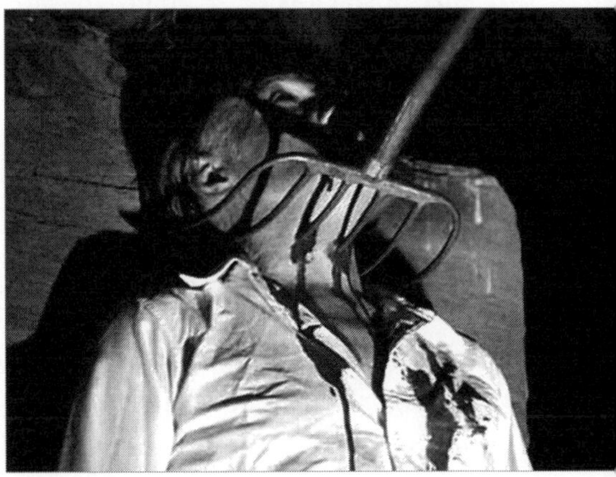

Perros rabiosos (*I drink your blood*, 1970), una película despiadada y de violencia extrema totalmente efectiva.

Ésa también es la razón por la cual resulta tan difícil determinar una versión definitiva de la película, ya que los cortes no solo se hicieron para asegurar una clasificación R (los menores de 17 años deben ir acompañados de un adulto), sino también para satisfacer los caprichos de cada localidad. Se dice que no existen dos copias iguales de la pelí-

Vinieron de dentro de... (*Shivers*, 1975), primera película comercial de David Cronenberg.

cula, sin embargo, el DVD de Grindhouse parece la versión más completa que existe actualmente en circulación.

Vinieron de dentro de... (1975) de David Cronenberg fue la primera película comercial del director, tras sus largometrajes experimentales *Stereo* (*Crimes of the Future*), y se convirtió en un nuevo modelo a seguir para lo que se conocería como terror biológico. Mezcla de sexo y sangre, el filme de Cronenberg es una montaña rusa de excesos. También es una de las mejores películas de terror de la década.

Rodada enteramente en un enorme bloque de apartamentos, *Vinieron de dentro de...* adopta un guión cursi de ciencia ficción (un científico loco crea un nuevo «súper bicho» que infecta a la población local) y le da un giro sexual. El efecto que produce el bicho baboso en forma de falo al entrar literalmente en sus víctimas es una liberación de la libido, transformando así a los infectados en ninfómanos hambrientos de sexo.

Vinieron de dentro de... es un filme atrevido. Cronenberg ha declarado estar del lado de los infectados, y tiene razón, ya que la única violencia que aparece en la cinta es el resultado de la resistencia de los «no liberados», y cuando la película termina y los infectados se marchan tranquilamente a propagar su amor por todas partes no parece un final tan malo.

La siguiente película de Cronenberg versa sobre un tema parecido, pero está planteado de una manera menos polémica. *Rabia* (*Rabid*, 1977) tenía como protagonista a la actriz porno Marilyn Chambers en el papel de una joven que sin querer se convierte en la portadora de una nueva variedad de la rabia tras haberse sometido a una operación experimental después de un accidente de coche. Incapaz de retener la comida normal, Chambers bebe sangre a través de un sifón con forma de pene que sale de una abertura vaginal situada en su axi-

Rabia (*Rabid*, 1977), de David Cronenberg, interpretada por la famosa actriz porno de la época Marilyn Chambers.

la (para aquellos que no hayan visto la película, en realidad no es tan absurdo como parece). Pero aunque ella no está infectada, sus víctimas desarrollan la impetuosa necesidad de morder a otras personas, perdiendo la cordura, echando espuma por la boca y extendiendo rápidamente la infección. Considerada una versión moderna de la leyenda de Drácula, *Rabia* es una película intensa y brutal. Su efecto es menor que el de *Vinieron de dentro de…*, principalmente porque la historia transcurre en espacios abiertos de Montreal en vez de en el interior de Starline Towers, lo cual permite que Cronenberg retrate escenas de acción como la del accidente de coche.

Donde *Rabia* supera a *Vinieron de dentro de…* es en la caracterización. Los personajes de *Vinieron de dentro de…* parecen distantes e inexpresivos, casi muertos por dentro, razón por la cual la infección representa una forma de liberación. En *Rabia*, Chambers interpreta un papel impregnado de emociones debido a su lucha entre la necesidad de beber sangre y el sentimiento que se ha desatado en su interior. La buena interpretación de Chambers y de Frank Moore, en el papel del novio indefenso, otorgan a la película gran parte del mérito. Sin embargo, en el momento en que aparecen las tropas con las caretas de gas, el filme empieza a parecerse demasiado a *Los Crazies*.

1976 fue un año en que sucedió una original variación en las películas sobre infecciones gracias a *Blue Sunshine*, una película de escaso éxito en taquilla. El filme era un mensaje de advertencia de los efectos del consumo de drogas que narra la historia de un grupo de estudiantes que prueban una dosis experimental de LSD durante los años sesenta. Diez años más tarde, los jóvenes han crecido y llevan vidas respetables, pero empiezan a aparecer los efectos secundarios de la droga: se les cae el pelo y se convierten en maníacos homicidas.

Blue Sunshine (1976) plantea el problema del abuso de las drogas.

Con un reparto encabezado por Zalman King (productor de numerosas películas de suspense medianamente violentas en los años ochenta y noventa) y dirigida por Jeff Lieberman —más conocido por *Gusanos asesinos* (*Squirm*) y *Justo antes del amanecer* (*Just Before Dawn*)—, la cinta no es tan buena como sugería el título o los fotogramas del avance de la película.

Los maníacos calvos son bastante impresionantes, pero el filme pierde demasiado tiempo intentando demostrar la inocencia de King cuando éste es acusado por error de los asesinatos. Aunque la cinta no es exactamente una oportunidad perdida, puesto que tiene mucho que ofrecer, debería ser mucho mejor de lo que realmente es.

Las drogas nocivas vuelven a aparecer en el argumento de *Zombies tóxicos* (en inglés *Forest of Fear*, aunque más conocida como *Bloodeaters, Toxic Zombies*), cuando un puñado de hippies se infectan después de que su cosecha de marihuana sea fumigada con un herbicida desde un avión del gobierno y empiezan a convertirse en maníacos caníbales.

La invasión de los zombies atómicos (*Nightmare City*, 1980), llegan los zombis radiactivos.

A pesar del título, no son exactamente zombis, pero se comportan de forma parecida, ya que atacan a cualquier persona con la que tienen contacto. Charles McCrann (que falleció en los atentados contra el World Trade Center de 2001) dirige, escribe, protagoniza, edita y produce esta película, pero lamentablemente no destaca en ninguna de estos papeles. Con una dosis mínima de sangre, *Zombies tóxicos* es blanda y está poco elaborada. El hecho de que fuera censurada en Reino Unido por ser un «filme desagradable» es un indicio del pánico moral del período.

En 1980 también se estrenó la cinta de histeria (en todos los sentidos de la palabra) de Umberto Lenzi: *La invasión de los zombies atómicos* (*Nightmare City*). Aparecida en pleno huracán italiano de películas de zombis, el filme de Lenzi ofrecía una pequeña novedad: sus monstruos sedientos de sangre no son zombis, sino más bien maníacos caníbales radiactivos, los cuales salen de un avión tras una fuga radiactiva a bordo y empiezan a matar y a comerse a todo aquel que se les pone por delante.

Estos «zombis» son rápidos (está claro que quien eligió el título de *City of the Walking Dead* para los Estados Unidos no había visto la película), inteligentes y usan armas. Así pues, están bastante más vivos que la media de cadáveres resucitados que protagonizan el resto de películas.

Lenzi dirige el filme con su habitual eficiencia desinteresada, repartiendo sangre y sordidez a diestro y siniestro (cuando los mutantes invaden una cadena de televisión, se entretienen en arrancarles la ropa a las mujeres antes de comérselas). Como es de esperar de una película cuyo reparto encabeza el actor Hugo Stiglitz, conocido por sus interpretaciones acartonadas, la sutileza y la sofisticación escasean, pero en general las tonterías avanzan a un ritmo tan rápido y con tanta acción que eso apenas importa. *La invasión de los zombies atómicos* es una joya menospreciada del cine italiano de mala calidad.

Demoni (1985), terror italiano para jóvenes norteamericanos.

Más conocido, aunque bastante menos entretenido, es el filme *Demonios* (*Demoni*) de Lamberto Bava. Esta producción de 1985 fue una de las últimas películas italianas de terror que tuvo impacto mundial (rodada específicamente para conquistar al público estadounidense juvenil), pero también confirmó que el subgénero estaba cayendo en un profundo pozo. Junto con la decepcionante cinta de Dario Argento, *Phenomena*, marcó el principio del fin del terror italiano como fuerza creativa.

Demonios empieza bien: Un grupo de personas son invitadas al estreno de una película de terror en un viejo teatro. Cuando una prostituta se corta con un accesorio de la película —una máscara parecida a la utilizada en *La máscara del Demonio* (*The Mask of Satan*), cinta dirigida por el padre de Bava— le herida se infecta rápidamente. A continuación, la chica se transforma en un demonio espantoso, empieza a echar babas verdes por la boca y a atacar a los demás espectadores de la película, contagiando así el virus demoníaco. Para rematarlo, las puertas del cine están cerradas y nadie puede salir.

Hasta entonces, bien. Pero entonces Bava y el coguionista/productor (Argento) se cargan por completo el clima de terror interrumpiendo las claustrofóbicas escenas de pánico con sucesos sin relación fuera del teatro, solo para enfocar a un puñado de molestos personajes esnifando cocaína que no habíamos visto antes. La película no logra recuperarse nunca de esta incoherente digresión y las cosas empeoran cuando Bava crea momentos espectaculares pero inútiles, como cuando un helicóptero se estrella en el tejado del teatro.

Las escenas finales —con los supervivientes dirigiéndose en coche a través de la ciudad mientras la infección se extiende— son bastante aceptables, pero llegan demasiado tarde para salvar el filme. Con unas interpretaciones pobres (a las que no ayuda el horrible doblaje) y una banda sonora chapucera (las composiciones de Claudio Simonetti son excelentes, pero las canciones de heavy rock añadidas solo para satisfacer al público norteamericano no encajan en absoluto), *Demonios* parece ser otra oportunidad desperdiciada.

Aun así, es una obra maestra si se compara con su secuela, la cual es una de las películas de terror más malas que han existido jamás. *Demons II* (*Dèmoni 2: L'incubo retorna*, 1986) es más de lo mismo, pero está ambientada en un edificio de apartamentos, donde un brote diabólico se extiende de apartamento a apartamento a través del televisor.

Demons II (*Dèmoni 2: L'incubo retorna*, 1986) no tiene la calidad de su predecesora.

Nada de esto tiene mucho sentido. La infección de la primera parte no se origina por ver una película, como parece ser el caso de la segunda entrega.

Hay pocos motivos por los que se pueda recomendar esta secuela. Los demonios están muy mal caracterizados (sobre todo en la vergonzosa escena del «nacimiento del demonio», donde sale una absurda marioneta de la espalda de una persona) y la historia es prácticamente inexistente, pues la película se limita a cambiar de un incidente a otro sin intentar establecer un hilo conductor. Pero sin duda lo peor de todo es que no es una continuación de la película original, sino simplemente un refrito de las mismas ideas.

A pesar del desastre de la primera secuela, la serie se popularizó lo bastante como para que los distribuidores internacionales intentaran hacer pasar diversas películas por «Demons 3» sin que estas tuvieran relación alguna con la película original. La intranscendente película para televisión *El ogro* (*The Ogre*, 1988) de Bava constituye un ejemplo, y el proyecto ambicioso aunque defectuoso titulado *El engendro del diablo* (*The Church*, 1989) de Michele Soavi fue rebautizado en algunos mercados cinematográficos. A decir verdad, el proyecto nació como la tercera entrega de la serie Demons, pero después se estableció como una película por separado. *Demonios negros* (*Black Demons*, 1991) también trató de hacerse pasar en algunos países por el tercer capítulo de la franquicia, pero en realidad fue una auténtica película de zombis, aunque bastante aburrida.

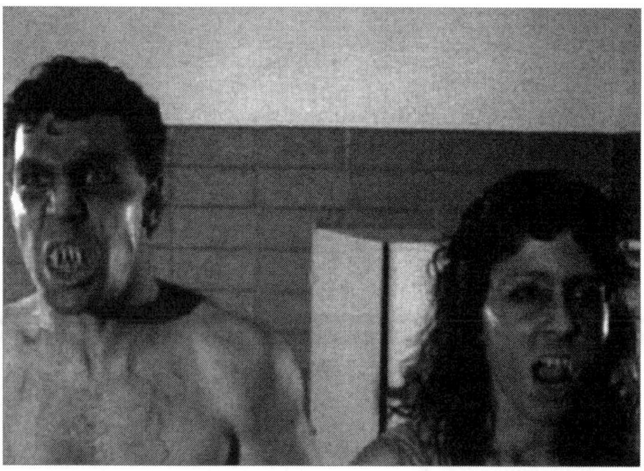

Ghoul School (1990), de Timothy O'Rawe, terror tóxico.

Parece que la fiebre por las películas de infecciones zombis se desvaneció durante la década de los ochenta. El subgénero seguía vivo gracias únicamente a unos pocos filmes, como *Ghoul School*, donde un equipo de natación infectado arrasa con todo tras entrar en contacto con sustancias químicas tóxicas.

Pero películas recientes como *28 Días después* y *Soy leyenda* indican que en este nuevo milenio el apetito por tales películas sigue vivo y goza de buena salud.

4 «ESCENAS RELACIONADAS CON, O INSTRUMENTOS ASOCIADOS A, LOS MUERTOS VIVIENTES...»

Cómics de zombis británicos y estadounidenses

Marvel Tales, la colección de terror editada por Marvel.

Las tiras cómicas de terror empezaron a aparecer durante los años treinta, justo cuando nacieron los libros de cómic en los Estados Unidos, y con el final de la guerra los primeros cómics de terror llegaron a los quioscos.

Estaban inspirados principalmente en revistas de bajo presupuesto como *Weird Tales*, la cual mezclaba historias de terror, aventuras y misterio (y publicaba relatos de H. P. Lovecraft, Robert E. Howard y otros). Estas publicaciones de mala calidad tenían un coste de producción bajo y solían presentar portadas lujuriosas. La principal diferencia con los libros de cómic era que estaban orientadas a un público más joven.

Entre las primeras editoriales de cómics de terror estaban Marvel/Atlas, la cual en 1949 cambió el nombre de su variada serie de superhéroes *Marvel Mystery Comics* por *Marvel Tales*, y contrató al escritor Stan Lee para que trabajara en una serie de historietas cortas de miedo. En estos primeros cómics, los zombis se convirtieron en un tema recurrente, junto con historias más prosaicas de aventuras propias de la guerra. El trabajo de Lee era bastante básico. La mayoría de sus historias de terror solo nos resultan interesantes actualmente porque conocemos su posterior carrera y tal vez sirvan solamente como cuentos de terror para campamentos. Por ejemplo, «A Living Corpse for the Zombie» explica cómo un parlanchín cadáver viviente intenta recuperar su cara perdida, la cual le han robado tras caer en cemento húmedo. O, como cuenta el mismo zombi (reescribiendo alegremente la mitología de los muertos vivientes):

> «Solo hay una cosa que los zombis no deben hacer... ¡quedarse atrapados en una imagen que parezca real! Cuando eso sucede, el zombi pierde la cara y el control sobre el muerto viviente al que controla... ¡a menos que encuentre y destruya la imagen antes de que salga el sol!»

1949 también fue el año en que empezó la era más importante en la historia del cómic de terror. EC Comics había empezado su andadura como Educational Comics, antes de que la muerte de su fundador, Max Gaines, en 1947 dejara el negocio en manos de su hijo. Posteriormente, William Ganes rebautizó a la editorial con el nombre de «Entertainment Comics» y transformó las relatos históricos y bíblicos (los cuales podían ser muy dignos, pero tremendamente aburridos) por historias de crímenes, guerra y demás temas sensacionalistas. No pasó mucho tiempo hasta que se dio cuenta de la popularidad del creciente género de terror.

Avanzado el año 1949, Gaines añadió una nueva historia de terror a las antologías de *Crime Patrol* y *War Against Crime* de EC, y preguntó a los lectores sobre sus reacciones. Sin duda, la respuesta fue positiva, ya que solo dos números después *Crime*

Patrol pasó a llamarse *The Crypt of Terror* (para a continuación recibir el nombre de *Tales from the Crypt)* y *War Against Crime* cambió a *The Vault of Horror.*

Aunque EC ya había publicado una historia de zombis antes de lanzar su serie de terror («Zombie Terror» apareció en un número de 1948 del libro de la superheroína *Moon Girl*), la historia de *Crime Patrol* que inició el boom del terror de EC se llamaba «Return from the Grave», escrita y dibujada por Al Feldstein, uno de los mejores creadores de cómics de terror de EC. Esta tira preparó el terreno para las diversas historias de zombis que aparecerían en el abanico cada vez más amplio de EC, el cual más tarde incluyó la colección *The Haunt of Fear.*

Durante principios de los cincuenta, los cómics de terror de EC presentaron varias historias de zombis. Dos décadas más tarde, *The Monster Times* afirmó que «Horror We, How's Bayou?» de *Haunt of Fear* era «la mejor historieta de cómic sobre zombis de todos los tiempos».

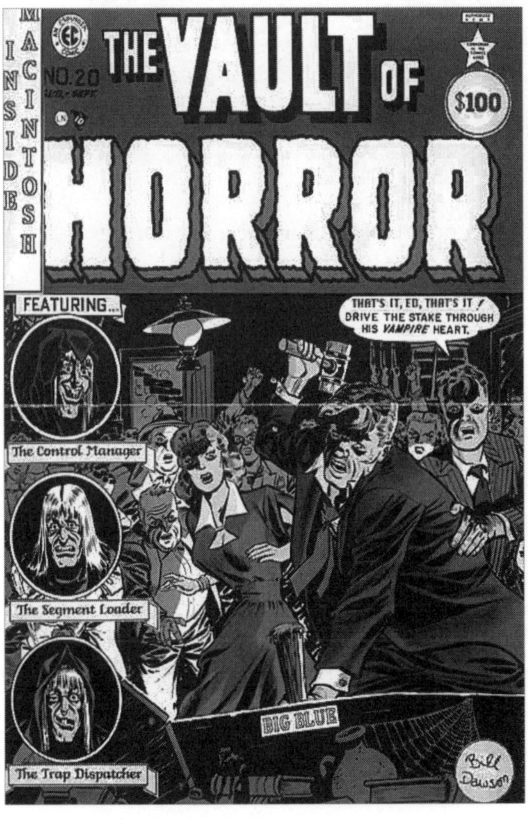

Después de consultar a sus lectores, *War Against Crime* cambió a *The Vault of Horror.*

Desde luego, esta historia sobre dos hermanos —uno un maníaco y el otro el que atrae a las víctimas para satisfacer a su hermano— es bastante jugosa. Los restos de las víctimas son arrojados a una ciénaga cercana, pero al final los cadáveres salen de entre los muertos, con los cuerpos unidos entre sí, para cobrarse venganza. Esta mezcla de ingenio y espectáculo dantesco es cosecha de EC.

Entre otras historias de zombis de EC se encuentran «The Living Corpse», «Zombie», «Voodoo Death», «Poetic Justice» —filmada más tarde como parte de *Condenados de ultratumba* (*Tales from the Crypt*)— y «Voodoo

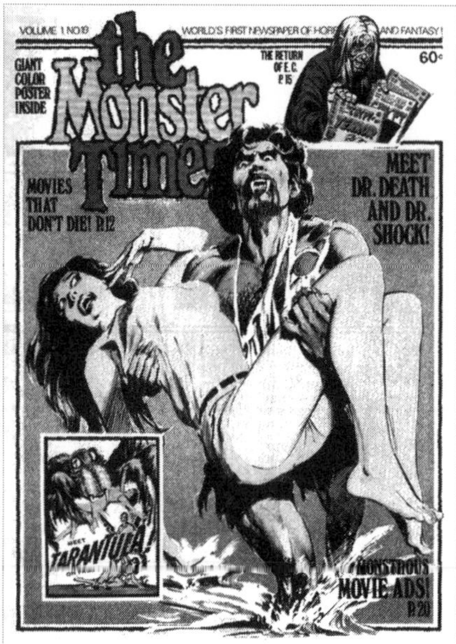

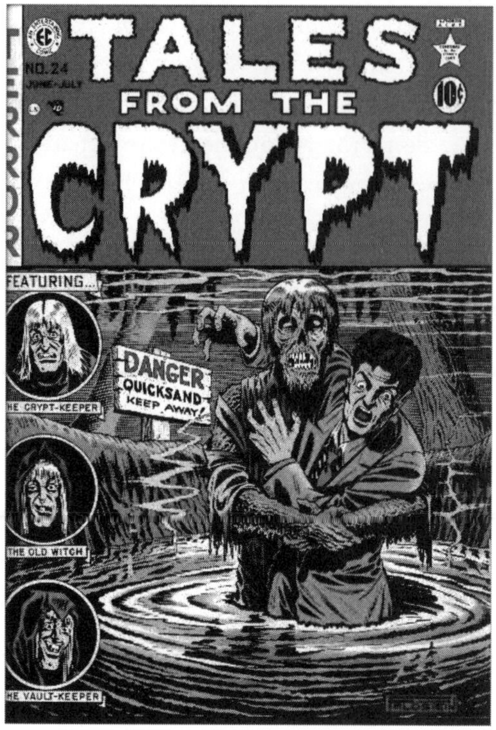

The Monster Times, el periódico de los cincuenta para los fans del terror, y el cómic *Tales from the Crypt*.

Horror». Los cadáveres vengativos solían aparecer en las portadas de los cómics (por ejemplo, en el número veinticuatro de *Tales from the Crypt* aparece un cuerpo especialmente cadavérico arrastrando a una de sus desafortunadas víctimas hacia un foso de arena).

El éxito de la línea editorial de EC sirvió de inspiración para una infinidad de cómics de terror de la competencia. En 1953, unos setenta y cinco títulos diferentes (aunque hay que admitir que muchos de ellos desaparecieron) se peleaban por un puesto en los quioscos. Títulos como *Forbidden Worlds*, *Weird Thrillers*, *Eerie Adventures* y *Black Magic* rivalizaban por las monedas de veinticinco centavos de los fans de los cómics de terror. A medida que la competición se animaba, se publicaban cada vez portadas e historias más asombrosas, las cuales solían protagonizar zombis, demonios necrófagos y otros cadáveres andantes.

Avon Comics incluso publicó una única tirada de *The Dead Who Walk*, mientras que Farrell Publications editó *Voodoo*; sin duda, los zombis eran más popu-

Para compensar la influencia terrorífica norteamericana, Gran Bretaña se dedicó a publicar revistas de buen comportamiento social, como *Boy's Own*.

lares en las revistas que en las películas, donde los horrores de los muertos vivientes todavía eran muy poca cosa. Ninguna película podía aspirar a igualar la crudeza descrita en muchos de los cómics de terror de los años cincuenta.

Con tanta competencia, no había lugar para las sutilezas en el cómic de terror. Las portadas eran vívidas, sangrientas, intensas y espeluznantes, y el contenido rara vez no cumplía con lo prometido en la cubierta. Pronto estos cómics escalofriantes atrajeron la atención poco deseada a ambos lados del Atlántico.

En Gran Bretaña, las violentas críticas empezaron en el año 1949, cuando el reverendo Marcus Morris despotricó contra los groseros artículos de importación americana. Un año más tarde, fundó la editorial británica de cómics burgueses *The Eagle* cuya intención era contrarrestar la influencia americana con una selección de tiras políticamente correctas cuyos protagonistas eran héroes estirados como Dan Dare o con historias de aventuras para la clase media al estilo de *Boys' Own*.

En 1952, una insólita alianza de practicantes, moralistas, la National Union of Teachers (Unión Nacional de Profesores), miembros del partido comunista y políticos decidieron sacar partido a la situación. En 1955 se fundó el Comics Campaign Council, con la finalidad de censurar cómics de «terror» y «crímenes». En 1954, el CCC envió un anteproyecto de ley ante el Ministerio del Interior.

Al cabo de una año entró en vigor la Children and Young Person (Harmful Publications) Act (ley contra la publicación dañina para niños y jóvenes), la cual convertía en delito la publicación de cómics que mostraran «la comisión de crímenes, actos de violencia o crueldad, o incidentes cuya naturaleza fuese repulsiva u horrible». Se trataba de una serie de pautas de las cuales los legisladores moralistas de la actualidad estarían orgullosos. La ley todavía sigue en vigor, aunque realmente no se hace cumplir. Los diversos juicios contra cómics «ofensivos» como *Lord Horror* en los últimos años se han basado en la Obscene Publications Act (Ley de publicaciones obscenas).

«Los cómics de crímenes y terror están destruyendo a la juventud americana.»

En los Estados Unidos, la inquietud por el contenido de los cómics de terror se avivó con la publicación de *La seducción del inocente* (*The Seduction of the Innocent*) del doctor Frederic Wertham, en el cual señalaba, mediante una serie de falsos silogismos (por ejemplo, que la mayoría de delincuentes juveniles leen libros de cómic y por eso los cómics son la causa de la delincuencia juvenil), que los cómics de crímenes y terror estaban destruyendo a la juventud americana. También acusó a Superman de fascista, dijo que Batman y Robin tenían comportamientos homoeróticos e insistió en que la Mujer Maravilla era sadomasoquista.

Cuando el Congreso fundó el Joint Legislative Committee to Study the Publication of Comics (Comité Legislativo Conjunto para el Estudio de la Publicación de Cómics), las editoriales se dieron cuenta de que tenían los días contados y, en un intento por evadir la implacable legislación, crearon su propio organismo de censura: la Comics Code Authority (la Autoridad del Código de los Cómics). El código entró en vigor en septiembre de 1954.

La fundación del Código de los Cómics en los Estados Unidos, al contrario de lo que muchos creían, no acabó con los cómics de terror por completo, sino que simplemente los emasculó. Entre las normas estipuladas se encontraba la prohibición de historias donde aparecieran vampiros, demonios y, claro está, zombis. Los artistas no podían mostrar «escenas de terror, derramamiento excesivo de sangre, crímenes horribles ni morbosos, depravación, lujuria, sadismo, masoquismo» o «escenas relacionadas con, o instrumentos asociados a, los muertos vivientes, la tortura, los vampiros y el vampirismo, los demonios, el canibalismo y los hombres lobo». De igual manera, los cómics tampoco podían utilizar palabras como «horror» ni «terror» en los títulos. Todo esto no dejaba demasiado margen creativo a las editoriales de cómics.

EC disminuyó su dosis de terror y más tarde se dio a conocer al público en general como la revista *Mad*. Algunas editoriales, sobre todo empresas poco sólidas que se habían estado aprovechando del boom del terror, se fueron a pique, mientras que otras consiguieron mantener una línea de «terror» deslucida, normalmente gracias a la publicación de historias insípidas de fantasmas. El cómic de terror había perdido su mejor baza.

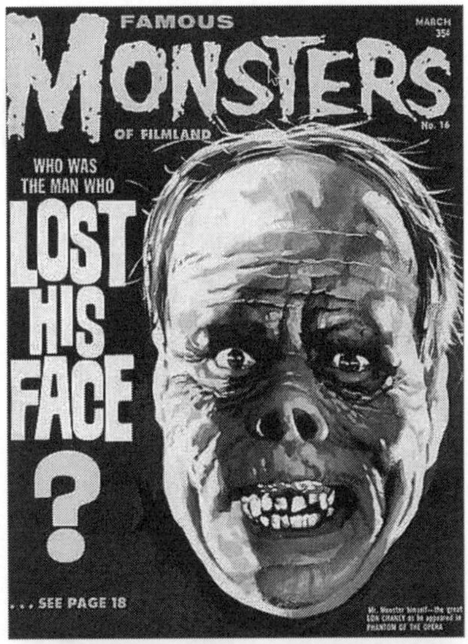

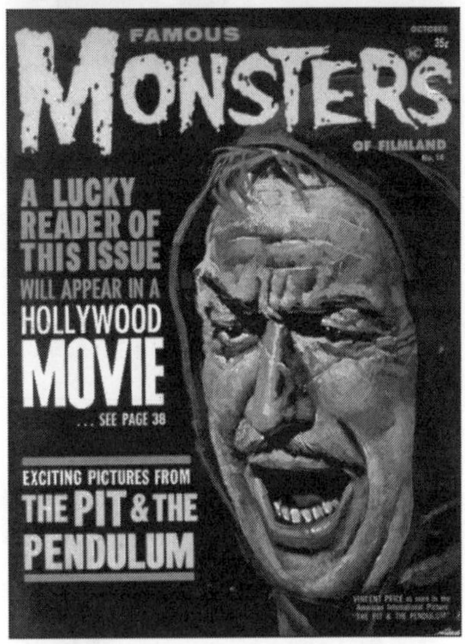

James Warren, fundador de la mítica revista *Creepy*, era también editor de *Famous Monsters of Filmland*.

Sin embargo, había una cláusula de escape: el código solo regulaba los libros de cómic (de tamaño reducido y a todo color), no las revistas, lo cual permitió que los cómics de terror volvieran a aparecer, incluidas las historias de zombis prohibidas.

James Warren, editor de *Famous Monsters of Filmland*, era fan de los cómics de terror desde hacía mucho tiempo y en enero de 1965 abrió nuevos horizontes con la publicación de *Creepy*, seguido un año más tarde por *Eerie* y en 1969 por la sensual vampira espacial *Vampirella*.

Estas tres revistas en blanco y negro servirían de modelo para cómics de terror «maduro» durante las próximas dos décadas (*Vampirella* en concreto mostró el camino a toda una serie de historias sobrenaturales sobre sirenas terroríficas con poca ropa). En realidad, estas publicaciones iban dirigidas al mismo público que antes leía los cómics a color, pero como las revistas estaban exentas de cumplir el Código de los Cómics podían elevar los niveles de terror (igual que

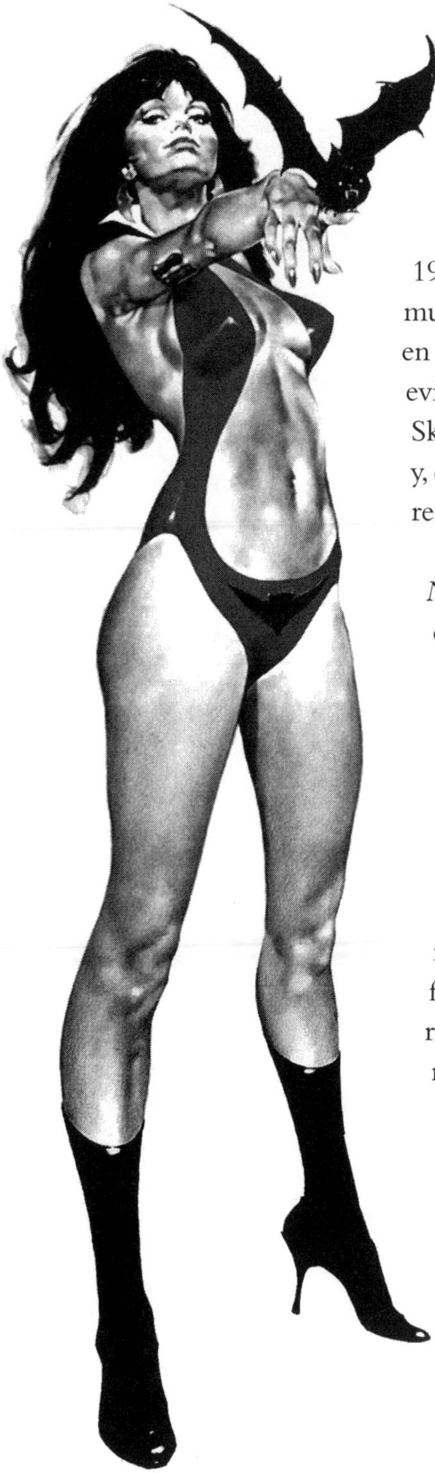

el sexo, el cual empezó a ser cada vez más gráfico durante los años setenta). Los tabúes que estaban asfixiando a sus parientes cercanos podían infringirse con total tranquilidad.

El mayor rival de Warren a principios de 1970 era Skywald, editorial que contaba con muchos de los artistas y escritores que trabajaban en Warren (los cuales utilizaban seudónimos para evitar conflictos contractuales). Las historias de Skywald eran espantosas, ingeniosas, inteligentes y, en los mejores casos, muy parecidas a los mejores cómics de EC.

Sus revistas tituladas escuetamente como *Nightmare*, *Scream* y *Psycho* publicaban de vez en cuando historias de zombis y la empresa se rindió a los pies del subgénero en 1975, cuando el mercado editorial empezó a inundarse con todo tipo de variantes del modelo Warren/Skywald.

A principios de los setenta, el Código de los Cómics había empezado a perder influencia (no ayudó el hecho de que el Código se negara a aprobar varios números de *Spider-Man* a finales de los sesenta porque éstos incluyeran referencias a las drogas, a pesar de que la historia fuera una petición del gobierno realizada a Stan Lee cuya finalidad era la de transmitir un mensaje en contra del consumo de drogas) y la actitud de los lectores se había calmado lo

La gran *Vampirella*, creada inicialmente en blanco y negro (1969), abrió el camino al cómic erótico para adultos. Dibujo de José "Pepe" González para Warren Publishing.

suficiente para que los cómics a color de terror hicieran su reaparición, aunque esta no fuera demasiado sangrienta.

Su regreso en parte fue posible gracias al éxito de los libros en blanco y negro de Warren y también al momento de tranquilidad por el que estaba pasando el Código, el cual permitía un poco más de margen a los cómics de terror, dando luz verde a personajes y temas que antes estaban prohibidos, aunque el estilo seguía siendo considerablemente menos terrorífico que antes.

Secrets of the Haunted House apareció en los años 70 por iniciativa de DC.

Las dos editoriales principales de libros de cómic en América se aprovecharon de esta nueva era de aperturismo publicando una sucesión de cómics de terror. Durante los años setenta DC produjo numerosos títulos de antologías generalmente intercambiables: además de *House of Secrets* y *House of Mystery* (que llevaban publicados desde los años cincuenta, ya que eran lo bastante insípidos como para sobrevivir a las purgas), entre finales de los sesenta y principios de los setenta se añadieron *Secrets of the Haunted House*, *Ghosts*, *Unexpected*, *Weird War Tales* y otros.

Inevitablemente, la calidad empezó a fallar cuando fue superada por la cantidad. Aparecieron varios títulos que enseguida acabaron desapareciendo y, hacia principios de los ochenta, el boom del terror en DC tocó a su fin.

El Código de los Libros de Cómic se aseguró de que los zombis apenas aparecieran en estos títulos, cuyas historias casi siempre iban de «fantasmas vengativos», aunque los cadáveres descompuestos de vez en cuando les hacían una visita. Solo tenían que evitar la palabra con «Z». Marvel a veces se refería a sus muertos vivientes como «zuvembies», mientras que otras editoriales simplemente evitaban el tema.

»Night of the Voodoo Curse», publicado en *Unexpected* de DC en 1979 constituye un buen ejemplo del modo en que los zombis aparecían de todas las maneras menos por su nombre. La historia traslada al zombi a sus orígenes, pero curiosamente durante toda la historia se refiere a este cadáver putrefacto como «espíritu» o «fantasma» y la única alusión que se hace al muerto viviente es una referencia a su forma de andar «parecida a la de los zombis». Aun así, está claro que la descripción del artista sobre el personaje se refiere a un cadáver en descomposición. Evidentemente, las editoriales por entonces todavía se tomaban muy en serio las restricciones legales, ya que les preocupaba la disminución de las ventas que implicaba no tener el sello del Código de Cómics en la portada.

The Tomb of Dracula, de Marvel Comics, tuvo su auge en la década de los setenta.

Marvel también publicó varios títulos de terror durante la década de los setenta, aunque éstos se dividían en antologías en blanco y negro y en cómics a color de personajes principales. Estos últimos seguían la tradición de superhéroes de Marvel, representando a sus monstruos como héroes desconocidos en vez de como personajes de terror tradicionales.

El longevo y excelente *The Tomb of Dracula*, por ejemplo, presentaba al conde en medio de una mezcla de culebrón y conspiración vampírica. Otras series de terror de la línea editorial de Marvel incluían a *The Frankenstein Monster*, *Man-Thing* (un contemporáneo de *Swamp Thing* de DC pero con aspecto más espeluznante), *Werewolf by Night*, *Ghost Rider* y *Tigra, the Were-Woman*. Como suele ser

Cuatro ejemplos del gran *boom* del cómic de terror en el seno de Marvel a mediados de los años setenta: *Monsters Unleashed, Dracula lives, The Haunt of Horror* y *Vampire Tales.*

típico de Marvel, la mayoría de estos personajes también aparecían en otros títulos ya fuera peleando o ayudando a personajes como Spider-Man.

Las revistas en blanco y negro de Marvel tenían el mismo fallo que las antologías a color de DC: simplemente eran demasiadas a la vez. A mediados de los setenta, en solo un año, Marvel había publicado *Monsters Unleashed, Dracula lives, The Haunt of Horror, Vampire Tales* y otros títulos, la mayoría en tiradas cortas.

Una pena, ya que las revistas en general eran increíblemente buenas. Decididos a explicar historias más maduras —y al parecer inspirados por el formato en blanco y negro, más adecuado para los cómics de terror que el de color— los escritores y artistas de Marvel mezclaron relatos excepcionales con series de continuación, con lo cual obtuvieron versiones más elaboradas de los personajes que protagonizaban sus cómics a color.

Hay que decir en su honor, que Marvel intentó varias veces reactivar el cómic de terror para adultos, pero todos los esfuerzos fueron en vano. En 1979, se publicó una versión «madura» del exitoso cómic mensual a color *Tomb of Dracula* para aprovechar el interés suscitado por el conde gracias al remake *Drácula* de gran presupuesto estrenado ese mismo año. Sin embargo, tanto la pelí-

Dibujo del gran artista peruano Pablo Marcos para *Tales of the Zombie,* de Marvel. En primer plano aparece Simon Garth, el primer superhéroe zombi.

cula como el cómic tuvieron menos éxito del esperado. Asimismo, un reedición de tirada única de *Haunt of Horror* y especiales de *Satana* y *Blade* también lograron la continuación de la colección.

Una revista, *Tales of the Zombie*, creó el primer superhéroe zombi, por así llamarlo. *Simon Garth: Zombie* era una serie en la cual el personaje del título se vengaba de quienes le habían matado y luego los arrastraba hasta su tumba. Como era de esperar, Garth participa en dramas de otras personas, protegiéndolas del mal, pero a cambio solo consigue que la gente huya de él. Marvel hizo más o menos lo mismo con *Frankenstein's Monster* y *Werewolf by Night*, sin embargo, *Simon Garth* nunca gustó lo suficiente a los fans de los cómics para perdurar.

Tales of the Zombie fue una de las series de terror de Marvel más interesantes y una colección que relataba una historia completa, a diferencia de muchas series publicadas por la editorial. Se logró gracias a los esfuerzos de Tony Isabella, quien se encargó de los diálogos del final de la serie cuando el escritor habitual, Steve Gerber, no pudo continuar. Los ejecutivos de Marvel en principio habían anunciado que la revista se cancelaría tras el número nueve, y así Isabella —con la ayuda del autor de *X-Men*, Chris Claremont— elaboró una historia que concluyó perfectamente las aventuras de Simon Garth.

Cuando posteriormente la revista publicó un número extra de la colección, Garth apareció en la portada, pero no en el interior. En la publicación se anunciaba una nueva aventura de Simon Garth, pero nunca llegó, y así el zombi pasó a mejor vida.

Curiosamente, los orígenes de Simon Garth se remontan a una historia de Stan Lee/Bill Everett del año 1954, titulada «Zombie» y reeditada en el primer número de *Tales of the Zombie*. Con los pantanos de Louisiana como escenario, la historia empieza cuando Simon Garth es un zombi. Paradójicamente, pasa de ser un magnate de los negocios a convertirse en el esclavo de su antiguo jardinero (un personaje increíblemente desagradable), que utiliza «el amuleto del control» y un muñeco vudú para ordenar a su lacayo zombi que cometa pequeños atracos. Todo cambia cuando envía a Garth a secuestrar a una mujer. «Cuando la tengas yo simularé que voy a rescatarla... ¡La salvaré y la llevaré de vuelta a casa! Ella estará muy agradecida... ¡y de la gratitud al amor solo hay un paso!» El zombi vuelve con las manos vacías y estrangula a su opresor. Cuando vuelve a la tumba, descubrimos que la mujer en peligro era su hija.

Una historia escrita en solo siete páginas describe el escenario para los episodios siguientes. Un zombi sin cerebro, pero al que todavía le queda un ápice de humanidad en alguna parte (un tema recurrente en muchos de los personajes de terror de Marvel, desde *Man-Thing* hasta *The Frankenstein Monster*).

Además de por Simon Garth, *Tales of the Zombie* también fue protagonizado por Brother Vodoo, un personaje más bien mediocre del abanico de colores de Marvel. Además, la revista rellenaba sus páginas con cuentos de zombis y vudú, y de vez en cuando con análisis de películas (uno de los primeros artículos que se publicaron sobre la película fue un análisis de seis páginas sobre *La noche de los muertos vivientes*).

Viñetas de Brother Voodoo, otro personaje de *Tales of the Zombie*.

Tales of the Zombie editó diez números (más uno anual) antes de cancelarse en 1975. En 1982 se editó un número especial sobre Simon Garth con motivo de la recopilación de personajes renegados de las series de terror de Marvel en un intento tardío (e inútil) por resucitar el género. Dicho número se tituló *Bizarre Adventures* (una revista antológica que la compañía utilizó como evaluadora del mercado) y la historia donde Simon Garth aparecía transcurría cronológicamente a mitad de su anterior saga. La serie está disponible actualmente en rústica.

Otras editoriales también se apresuraron a subirse al carro de los cómics de terror en los años sesenta y setenta. Gold Key se especializó en subproductos televisivos, como *Boris Karloff's Tales of Mystery* (inspirado en la serie de televisión *Thriller*) y *The Twilight Zone*, aunque ninguno de los dos estuvo a la altura de su material original. Ambos títulos duraron desde principios de los sesenta hasta principios de los ochenta.

Por otro lado, Charlton Comics llevaba mucho tiempo publicando *Ghostly Tales* (que empezó en 1966 y duró hasta la desaparición de la empresa en 1985) y otros títulos como *Ghostly Haunts*.

A principios de los setenta apareció un recién llegado; Atlas Comics (no confundir con la editorial de los años cincuenta del mismo nombre) que empezó pisando fuerte con *Weird Tales of the Macabre*, *Tales of Evil*, *Fright* y *Devilina*, inspirada en *Vampirella*. Desgraciadamente, dada la escasa distribución y las pocas ventas, Atlas tuvo que cerrar al cabo de un año y ninguna de sus publicaciones llegó a superar los cinco números.

Ninguno de estos libros de cómic regulados por el Código mostraban a zombis, claro está, al menos en nombre. El muerto viviente todavía era *persona non grata* en el mundo de los cómics a color.

En Gran Bretaña, los cómics de terror también seguían siendo técnicamente ilegales. Pero en la década de los setenta, realmente ya a nadie le importaba. Las importaciones estadounidenses se podían comprar fácilmente en quioscos de todo el país, y en 1974 Marvel UK pudo incluso publicar una reimpresión de la edición semanal británica de *Dracula Lives* sin recibir ningún tipo de protesta al respecto.

Los cómics británicos del período todavía se parecían mucho a las tiras

2000AD fue un cómic de ciencia-ficción inglés que tuvo mucho éxito.

humorísticas juveniles o a las aventuras de *Boys' Own*, y solían estar basadas en la Segunda Guerra Mundial (y las cosas no empezaron a cambiar hasta la publicación del infame *Action* en 1976 y de su secuela de ciencia ficción *2000AD* tremendamente popular).

Hubo un extraño título de terror que logró escapar de la censura: *Chiller Library*. Se trataba de una colección de libros de bolsillo barata y animada que en cada número presentaba una historia macabra. Sin embargo, parecía que los crímenes de verdad y los vampiros eran más populares que los zombis. *Scream* (1984) intentó hacer con el terror lo mismo que *2000AD* había hecho con la ciencia ficción, pero pese a estar escritos por Alan Moore, autor que posteriormente escribiría *Watchmen* y *V de Vendetta*, el cómic solo duró quince números. No había ninguna historia de cómic sobre zombis, aunque sí se publicó una portada —en el número seis— que mostraba la mano de un muerto saliendo del suelo.

La muy destacable revista británica *The House of Hammer* apareció en la década de los ochenta.

Más relevante fue la revista *The House of Hammer*, la cual de vez en cuando publicaba una mezcla inquietante de reportajes sobre películas y tiras de cómic. La revista intentaba satisfacer a dos tipos distintos de lectores: a los fans de los cómics que querían más cómics y a los fans de las películas que querían más artículos sobre películas. Sin embargo, en líneas generales, la publicación destacó en ambas áreas. La tira de cómic principal de cada número era una adaptación de una película de Hammer Horror y en el número trece se publicó *Plague of the Zombies*, firmado por Brian Bolland, quien posteriormente ilustraría *Judge Dredd*.

La tira no añade gran cosa a la película, pero de todas maneras es una de las adaptaciones más fieles y logradas que existen, con algunas composiciones impresionantes a cargo de uno de los mejores ilustradores de cómics de Gran Bretaña.

El fin del boom del terror llegó muy pronto. La industria de los cómics en general estaba sufriendo un descenso en las ventas y un cambio en el mercado, y los cómics de terror (a menudo sin un personaje permanente que mantuviera enganchado al lector) fueron los primeros perjudicados. DC dejó de publicar sus títulos en 1982.

El relanzamiento de *Tomb of Dracula* fue el intento final de Marvel por salvar el cómic de terror en blanco y negro. Sin embargo, despareció un año antes que los títulos de EC, justo después del sexto número. El imperio de la revista Warren se vino abajo en 1983 y, aunque vendió sus títulos a Harris Publications, las antologías *Creepy* y *Eerie* enseguida fueron consignadas a la cripta de los cómics (afortunadamente para los seguidores de la sensual vampira *Vampirella* este personaje volvió a aparecer en la década de los noventa y disfrutó de varios años de popularidad renovada).

A pesar de que los principales cómics de terror estaban en las últimas, empezó a surgir una nueva generación de publicaciones independientes y clandestinas inspiradas en Romero y en el nuevo terror visceral del momento. La era de los libros de cómic para adultos y de la novela gráfica estaba a punto de empezar. Y por fin el zombi empezaría a arrastrarse por el centro del escenario destinado a los cómics.

Dead World, escrito por Stuart Keer con dibujos de Vincent Locke, llegó a convertirse en un cómic de culto.

En 1987 se publicó *Deadworld*, escrito por Stuart Keer y con dibujos de Vincent Locke. En esta serie, invasores alienígenas resucitaban a los muertos para que estos les allanaran el terreno para la colonización de la Tierra. En blanco y negro y con mucho estilo, la tira mostraba una gran dosis de violencia gráfica y enseguida se convirtió en un cómic de culto. La serie original duró hasta 1992, reapareció brevemente un año más tarde y volvió a publicarse de nuevo en 2005.

Un año más tarde de la aparición de *Deadworld*, el equipo artístico de *Swamp Thing* formado por Steve Bissette y John Totleben publicó *Taboo*, lanzó una ambiciosa colección de libros de cómic (con un claro énfasis en *libro*, pues el primer número de la serie alcanzaba las 160 páginas) que seguía el enfoque de las antologías de terror de los años setenta y que otorgó a los cómics un nueva dimensión más visceral. Con historias de Alan Moore, Clive Barker y Charles Burns, el libro contenía material de muy buena calidad y la historia del zombi con la boca cosida de Bissete era espeluznante.

Viñeta de Vincent Locke para *Dead World*.

Aunque bastante menos importante, en 1990 apareció *Biohazard*, una publicación independiente que solo llegó a editar dos números. Su estilo grosero y sus historias simples no lograron que este libro inspirado en Romero conectara con los lectores. Pero dada la duradera popularidad de los zombis en las películas (a pesar de que se tratara de un público que no perteneciera ni mucho menos a la corriente principal) solo era cuestión de tiempo que el género volviera a renacer.

A principios del nuevo siglo, los cómics de zombis estaban empezando a aparecer por derecho propio, al tiempo que finalmente se estableció un mercado sólido para los cómics de terror. Durante la última década se han publicado numerosos libros de cómic sobre zombis.

Escape of the Living Dead, ambientado en los setenta, plantea en cómic una continuación de *La noche de los muertos vivientes*, en un argumento no muy afortunado que mezcla zombis, científicos pirados y motoristas.

Entre éstos se incluyen los libros relacionados con películas, los cuales son una adaptación o una ampliación de películas como *28 Días después*, *Posesión infernal* (*The Evil Dead*), *Zombie de George A. Romero* y *Zombies Party*. Estos libros están dirigidos, igual que las adaptaciones de películas de Marvel de los años setenta, sobre todo a los fans de las películas originales y contienen un material bastante desechable, el cual en el mejor de los casos aporta poco a la película original y en el peor de los casos la degrada. John Russo aprovechó para publicar su *Escape of the Living Dead* como continuación de *La noche de los muertos vivientes*, una historia ambientada en 1971 donde se mezclan zombis, científicos pirados y motoristas en un popurrí de ideas absurdas que no tuvieron mucho éxito.

Otra publicación más original incluyó *Bogus Dead* de Jerome Gaynor, una antología que agrupó a varios dibujantes y escritores en una historia apocalíptica de zombis (Gaynor ya había utilizado ese mismo formato para abordar el tema de la invasión alienígena en 1995 con *Flying Saucer Attack*), y *Fleshrot*, otra recopilación de historias de zombis (a menudo con un giro de tuerca encarado al humor negro) que incluía una introducción de George A. Romero.

La antología de zombis enseguida se convirtió en un formato popular, con títulos como *Zombie Tales*, *Zombies* y otros compitiendo por un hueco en las estanterías de las librerías. Romero participó de manera directa en el mundo de los libros de cómics en 2004, año en que fue contratado por DC para

Zombie World, del creador de *Hellboy*, Mike Mignola.

escribir *Toe Tags*, una serie de seis capítulos protagonizada por su universo de zombis y a la que añadió una heroína atractiva y valiente, un zombi-robot y un elefante inteligente. La reacción por parte de sus seguidores fue variopinta: a muchos les horrorizó lo que había hecho mientras que otros se lo tomaron como lo que era, es decir, un cómic escrito simplemente para pasar el rato.

Pronto, los zombis empezaron a aparecer por todas partes. Los extraños experimentos como *Zombies vs. Robots* y *Jesus Hates Zombies, Lincoln Hates Werewolves* fueron demasiado artificiales. *Living with the Dead* de Mike Richardson mezclaba el terror y el humor de manera bastante correcta y *Zombie World* de Mike Mignola, creador de *Hellboy*, se convirtió en una miniserie genial, con más influencias de H. P. Lovecraft que de George A. Romero. La colección antológica de terror *Carnopolis* fue una serie excelente en blanco y negro que combinaba desnudos y violencia al estilo de la revista Warren. Entre estas tiras se encontraba el título «Zombies of the SS» (nombre que le iba como anillo al dedo) de «Marco Polo». Y los muertos vivientes enseguida empezaron a inundar los lugares más raros, incluidos las historias de superhéroes tradicionales como *Wonder Woman* y *Wolverine*, todo lo contrario a lo que sucedía cuando los zombis eran innombrables.

Esta tendencia llegó a su punto más álgido con la miniserie *Marvel Zombies*. Ambientado en un Universo Marvel alternativo, el libro presenta a casi todos los

La magnífica serie Marvel Zombies, ambientada en un universo Marvel alternativo, presenta a casi todos los superhéroes transformados en zombis debido a un virus que les ha convertido en asesinos caníbales.

superhéroes de Marvel transformados en zombis debido a un virus, convirtiéndoles así en asesinos caníbales. Sus superpoderes los hacen imparables. Conservan la misma inteligencia y capacidad de razón, y enseguida se comen a todos los habitantes del planeta. Tras el banquete que se dan con el semidiós Galactus, los hambrientos zombis emprenden un viaje por todo el universo, cruzando incluso diferentes dimensiones y a medida que avanzan devoran todos los planetas que encuentran a su paso.

Frenético, gracioso e increíblemente sangriento, *Marvel Zombies* es ideal para todo aquel que se pregunte si Spider-Man sería más divertido si se comiera a los malos. La serie también incluye una colaboración de Dark House Comics, en la cual Ash de *The Evil Dead* lucha contra los zombis disfrazados.

El cómic actual de zombis con más éxito hasta la fecha es *The Walking Dead*, escrito por Robert Kirkman. Empezó a publicarse en octubre de 2003 y lleva editados, hasta la fecha en que estoy escribiendo, cincuenta y cinco números. Aunque no es demasiado original —su mundo devastado por una plaga de zombis está inspirado claramente en Romero y gran parte de la caracterización y estilo están influenciados por *La noche de los muertos vivientes* y sus secuelas—

Tira de *The Walking Dead*, escrito por Robert Kirkma, hasta el momento el cómic de zombis con más éxito del nuevo siglo.

la historia ha sido capaz de encontrar nuevos caminos y de explorar profundidades que una sola película no podría igualar. El protagonista principal es el agente de policía Rick Grimes, que lucha por sobrevivir en su pueblo natal de Cynthiana, Kentucky, mientras los muertos resucitan por todo el mundo.

El éxito de *The Walking Dead* indica que el futuro es esperanzador para los libros de cómic sobre zombis, y los cruces como *Marvel Zombies* sirven para dar vida nueva al género y también para hacer que los lectores de cómics tradicionales puedan conocer a los muertos vivientes. Ha costado mucho tiempo y mucho trabajo conseguir que los zombis vuelvan a ser aceptados en los cómics, pero con unas aptitudes mejores que nunca y con un público maduro cada vez más numeroso, parece que los muertos vivientes se están convirtiendo en una fuerza imparable en el mundo de los cómics.

5 «ESTÁN MUERTOS. ESTÁN TOTALMENTE DESCOMPUESTOS»

George A. Romero reinventa las películas de zombis

El año 1968 fue de confusión. Los disturbios políticos, liderados por los jóvenes, sacudieron París, Londres y Chicago. En Checoslovaquia los obreros lucharon contra el dominio comunista. La guerra de Vietnam continuaba sin final a la vista. Por todo el mundo las cosas estaban cambiando.

George A. Romero, director de *La noche de los muertos vivientes*, la película que renovó el género del cine de terror.

En ese mismo año se estrenaron tres películas de terror que dejaron una huella importante. *La semilla del diablo* (*Rosemary's Baby*) aportó un realismo nuevo y sobrio al género que hizo que el estilo gótico de Hammer pareciera de repente más bien artificial, mientras que *El general Witchfinder* (*Witchfinder General*) marcó una nueva era de puro realismo y de cruda brutalidad. Sin embargo, la más importante —en cuanto al impacto causado y a la innovación artística— fue una película de bajo presupuesto en blanco y negro procedente del lugar menos pen-

THEY WON'T STAY DEAD!
An IMAGE TEN Production
NIGHT OF THE LIVING DEAD
They keep coming back in a
bloodthirsty lust for
HUMAN FLESH!...
Pits the dead against the living
in a struggle for survival!
Starring JUDITH O'DEA · DUANE JONES · MARILYN EASTMAN · KARL HARDMAN · JUDITH RIDLEY · KEITH WAYNE
Produced by Russel W. Streiner and Karl Hardman · Directed by George A. Romero · Screenplay by John A. Russo · A Walter Reade Organization Presentation — Released by Continental

sado: Pittsburgh. *La noche de los muertos vivientes* se anunció sin bombos ni platillos, pero su estreno confirmó que las películas de terror nunca más volverían a ser lo mismo.

La noche de los muertos vivientes fue la creación de un grupo de productores de publicidad que querían lanzarse al mundo de los largometrajes. George A. Romero, John Russo y Russel Steiner habían trabajando en anuncios de televisión y en películas corporativas desde 1957.

La empresa de Russo y Steiner, The Latent Image, iba tirando, pero les estaba costando conseguir cuentas importantes. Frustrados con el mundo de la publicidad y en posesión de todo el equipo necesario decidieron hacer un largometraje y, al igual que muchos cineastas primerizos, pensaron que una película de terror era la mejor opción para obtener éxito comercial con un bajo presupuesto. Concretamente, estaban pensando un filme de terror contemporáneo que no necesitara demasiados efectos especiales, ni vestidos de época, ni escenarios, ni nada que se saliera del presupuesto.

Tras pedir dinero prestado a sus amigos y conseguir capital gracias a contactos empresariales (Karl Hardman no solo tuvo un papel principal en la película, sino que también era el dueño de uno de los estudios de grabación), lograron reunir lo suficiente para empezar a rodar el proyecto todavía sin título, el cual finalmente costó 114.000 dólares. Romero estaba decidido a filmarlo en una cámara de 35mm, lo que quería decir que el filme sería en blanco y negro, una extraña ocurrencia en una época en que ya existían las películas en color de pantalla ancha.

Romero y Russo escribieron el guión, aunque las contribuciones de Russo se hicieron sobre borradores anteriores, los cuales guardaban poco parecido con el resultado final. Romero escribió el grueso del guión final, inspirándose claramente en Richard Matheson. «Para escribir *La noche de los muertos vivientes* le robé a Richard Matheson su *Soy leyenda*, la auténtica obra del ¨hombre solitario¨», reconoció para *Ainitcool.com*.

Durante toda la filmación, la película se llamó simplemente *Monster Flick*, el nombre que el tesorero de la compañía, Vince Survinski, utilizó en el sobre

Cartel original de la mejor película sobre zombis de todos los tiempos, *La noche de los muertos vivientes* (1968).

destinado para el proyecto. Cuando el rodaje terminó, la película se llamó inicialmente *Night of the Flesh Eaters*, puesto que no sabían que ya existía una película de 1964 con ese mismo nombre. Así pues, ese título ya tenía dueño. Romero sugirió *Night of Anubis*, en alusión al rey egipcio de la muerte, pero fue rechazado por ser una referencia poco clara. Finalmente, eligieron *La noche de los muertos vivientes*.

La noche de los muertos vivientes destacó desde un principio entre la mayoría de películas de terror. En un día soleado, un coche se dirige a un cementerio. Los ocupantes, dos hermanos, discuten por haber tenido que conducir más de trescientos kilómetros para visitar la tumba de su padre. El hermano, Johnny, empieza a gastarle bromas pesadas a su hermana metiéndole miedo con una de

Judith O'Dea es Barbara, la aterrorizada protagonista de *La noche de los muertos vivientes.*

las criaturas más espantosas de la historia del cine: «Vienen a por ti, Barbara». De repente, un transeúnte que camina arrastrando los pies ataca a Barbara y luego mata a Johnny. La chica huye en dirección a una granja cercana, donde se encuentra con un cuerpo mutilado y poco más. Poco a poco se acercan más criaturas a la casa.

La cosa mejora ligeramente cuando otro compañero de fugas, Ben, llega a la granja y asume el control, tapando las puertas y las ventanas con tablas. Es entonces cuando descubrimos a los demás ocupantes de la casa: Harry y Helen Cooper, su hija Karen (que está herida) y los adolescentes Tom y Judy. Todos estaban escondidos en el sótano. Cooper insiste en que lo mejor es refugiarse ahí abajo, pero Ben se opone, ya que el sótano solo tiene una salida y por eso puede convertirse en una trampa mortal. Cooper, por su parte, opina que las barricadas provisionales no soportarán un ataque masivo. Al final Ben gana la discusión.

Encuentran una televisión y sintonizan las transmisiones de emergencia, las cuales al principio explican que los agresores no identificados se están comiendo a sus víctimas y más tarde revelan que los muertos están resucitando. Las causas se desconocen, aunque existen indicios de que se deba a la radiación procedente de la sonda espacial Venus.

Después de que Tom y Judy mueran en un intento fallido de huída, Ben y Cooper se pelean por la supremacía al tiempo que los zombis entran en acción. Ben dispara a Cooper mientras Helen escapa, pero enseguida es asesinada por su hija zombi. Cuando los muertos vivientes consiguen entrar en la granja —entre ellos Johnny, que se lleva a Barbara— Ben se refugia en el sótano. A la mañana siguiente, sale de su escondite solo para recibir un disparo mortal de un grupo que lo confunde con un zombi.

Cuarenta años más tarde, *La noche de los muertos vivientes* se conserva bastante bien. El escaso presupuesto añade un elemento de *verité*. Al utilizar metraje en blanco y negro y paisajes reales el filme parece un documental. La interpretación es, en conjunto, bastante correcta —el trabajo de Wayne Keith y de Judith Ridley no es demasiado transcendente, pero el resto del reparto es excelente— algo que no siempre se puede decir de las películas de zombis de Romero.

Romero ha reconocido que la elección de Duane Jones no tuvo nada que ver con el color de su piel y ha insistido en que el actor «simplemente fue el que

La elección de Duane Jones (Ben) como co-protagonista fue una apuesta fuerte del director, ya que el público no estaba acostumbrado a ver a actores negros en papeles protagonistas.

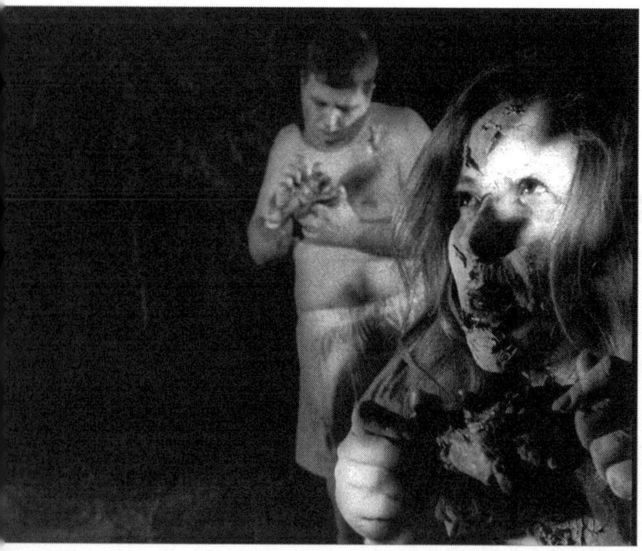

Los críticos estaban divididos entre los que sentían repulsión por el carácter gráfico de la película y aquellos que elogiaban la naturaleza visceral del filme.

mejor actuó en la audición», con lo cual tal vez sea sensato no intentar ver más allá de esto, aunque sin duda la presencia del actor Duane Jones fue relevante para los espectadores de 1968, que no estaban acostumbrados a ver a actores negros en papeles protagonistas y menos interpretando a personajes principales que golpean a actores blancos. Ben es un personaje tan potente que al público le cuesta darse cuenta de que se equivoca por completo en cada una de sus decisiones.

El «cobarde» de Cooper (cobarde por querer sobrevivir y proteger a su familia) tiene razón cuando dice que las tablas de las ventanas no evitarán que los zombis entren y que el sótano es el lugar más seguro; un hecho que se confirma cuando Ben tiene que refugiarse allí durante el clímax de la película. Ben también es cómplice de las muertes de Tom y Judy (¿a quién se le ocurriría disparar a un surtidor de gasolina después de dejar una antorcha en llamas en el suelo?) y su despreciable asesinato de Cooper prácticamente lo cubre de gloria. Curiosamente, los zombis de

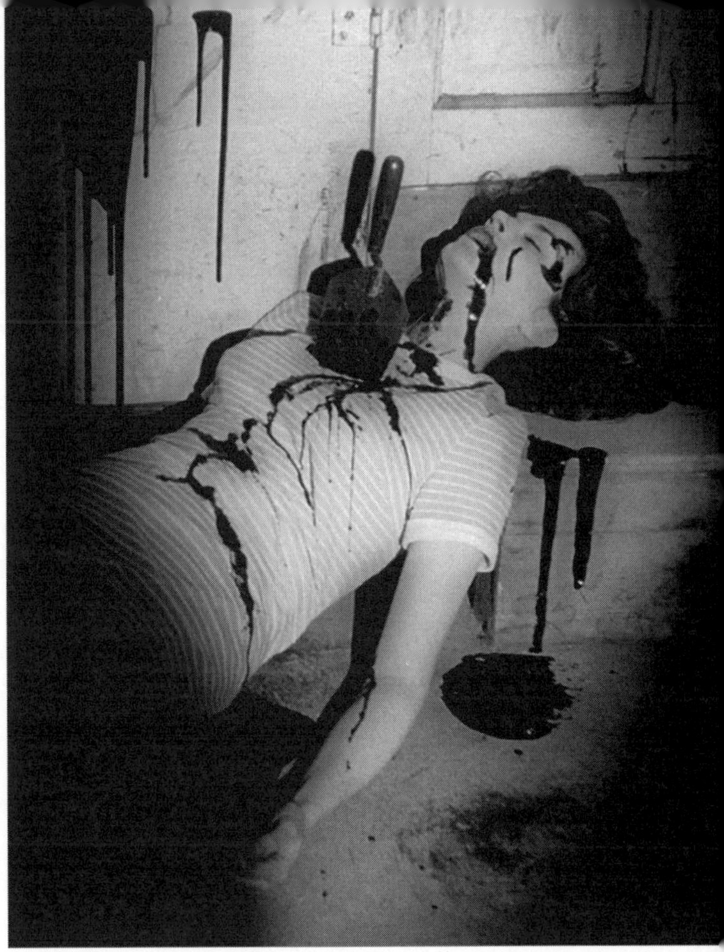

«Los niños del público estaban pasmados. En la sala había un silencio sepulcral. A mitad de sesión, la película dejó de dar un miedo gracioso y pasó a infundir un terror absoluto. Al otro lado del pasillo había una niña de unos nueve años llorando y sentada inmóvil en su asiento».

Romero todavía no han aprendido las reglas del juego. El muerto viviente interpretado por Bill Hinzman prácticamente corre alrededor del coche donde Barbara se ha encerrado y después la persigue. Los zombis usan constantemente rocas y palos como arma y la niña zombi mata a su madre con un desplantador haciendo un gesto más propio de *Psicosis* que de las películas de zombis.

La noche de los muertos vivientes enseguida se convirtió en todo un éxito. Al menos para el público que fue a verla. Los críticos estaban divididos entre los que sentían repulsión por el carácter gráfico de la película (las escenas donde los demonios necrófagos engullen partes del cuerpo humano probablemente en aquella época resultaban impactantes) y aquellos que elogiaban la naturaleza visceral del filme. La crítica más famosa que recibió la película en aquellos tiempos no fue hacia la película, sino hacia su exhibición.

En 1968, el sistema de clasificación de películas todavía no había entrado en vigor en los Estados Unidos. Las películas de monstruos se consideraban aptas

La cifra total estimada de recaudación hasta el día de hoy de *La noche de los muertos vivientes* es de 30 millones de dólares. Por desgracia, ninguno de quienes participaron en el proyecto vieron mucho de ese dinero.

para niños y, aunque parezca increíble, *La noche de los muertos vivientes* a menudo se proyectaba en sesiones matinales atestadas de niños. El crítico de *Chicago Sun-Times* Roger Ebert (y también el guionista Russ Meyer) asistió a una de estas proyecciones y quedó horrorizado con lo que presenció: «Los niños del público estaban pasmados. En la sala había un silencio sepulcral. A mitad de sesión, la película dejó de dar un miedo gracioso y pasó a infundir un terror absoluto. Al otro lado del pasillo había una niña de unos nueve años llorando y sentada inmóvil en su asiento».

La noche de los muertos vivientes recaudó unos 10 millones de dólares hasta 1978; la cifra total estimada hasta el día de hoy es de 30 millones de dólares. Por desgracia, ninguno de quienes participaron en el proyecto vieron mucho de ese dinero.

Tras vender los derechos de distribución a la Walter Reade Organisation, los productores se dieron cuenta de que la compañía había «olvidado» añadir a la película un aviso de derechos de autor cuando cambió el título, algo que las leyes del momento exigían para que un trabajo conservara los derechos exclusivos. Efectivamente eso colocó la película bajo el dominio público. Se puede encontrar todo tipo de versiones de *La noche de los muertos vivientes* en formato de vídeo, DVD y *online* de diversas fuentes y períodos.

Aun así, parece que el éxito de la película garantizó a su director una gran carrera profesional. Sin embargo, el trabajo de Romero posterior a *La noche de los muertos vivientes* no logró atraer la atención de tantos espectadores. Su siguiente película fue una comedia romántica, *There's Always Vanilla* (1971), lo cual indica que no se veía trabajando toda la vida como director de cine de terror.

La cinta pasó sin pena ni gloria, igual que su siguiente película, un filme de brujería llamado *La estación de la bruja* (*Jack's Wife*, 1972) (más tarde titulado

Hungry Wives en los Estados Unidos y en la actualidad más conocido como *Season of the Witch*). Se trataba de una película poco sorprendente, una mezcla bastante fea de hechos sobrenaturales y política feminista donde no pasaba nada. En 1973 Romero volvió al territorio de *La noche de los muertos vivientes* con *Los Crazies*, cuya recaudación no fue demasiado impresionante. No fue hasta 1976, con su película posmoderna de vampiros titulada *Martin*, cuando recuperó un poco del éxito anterior, al menos por parte de la crítica.

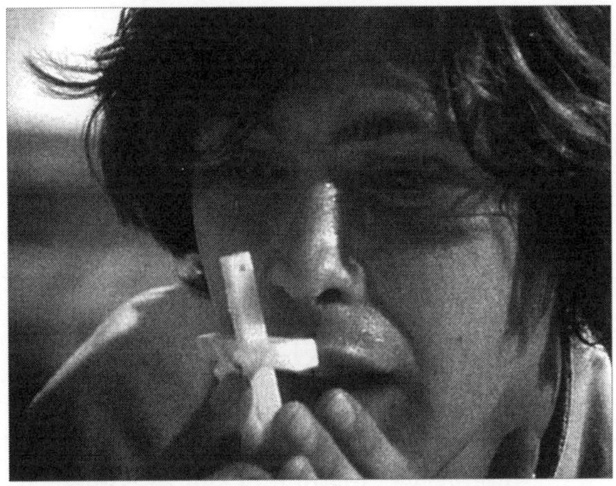

Martin (George A. Romero, 1976), una película posmoderna de vampiros.

Martin volvió a colocar a Romero en el mapa como director de filmes de terror y lo puso en contacto con el director italiano Dario Argento. Ambos acordaron colaborar en una secuela de *La noche de los muertos vivientes*, financiada por los productores de Argento. Romero se encerró en la habitación de un hotel de Roma para escribir el primer borrador de *Zombie de George A. Romero*.

Según los términos del acuerdo al que llegaron, Romero escribiría y dirigiría la película, mientras que Argento actuaría como asesor y produciría su propia edición del film para el mercado europeo. Argento también contrató a un grupo de rock para la banda sonora, Goblin, la cual ya había participado en sus películas *Rojo oscuro* (*Profondo rosso*) y *Suspiria*.

Sin embargo, al parecer a Romero no le gustaron los temas totalmente evocadores de Goblin y sustituyó una gran parte de la banda sonora del final de la película por música ambiental parecida a la que había utilizado en *La noche de los muertos vivientes* (esta música también aparece en la cinta de 139 minutos que tuvieron que presentar a toda prisa para participar en el Festival de Cine de Cannes* de 1978).

Cronológicamente, *Zombie de George A. Romero* sucede justo después de *La noche de los muertos vivientes*, aunque se utilizó la época presente de por entonces. El apocalipsis de los zombis está en pleno apogeo, al tiempo que la sociedad empieza a derrumbarse. En un estudio de televisión, la productora Fran

(Gaylen Ross) observa desesperada la información desfasada sobre las estaciones de salvamento (ya que como jefa de canal obsesionada por los índices de audiencia le preocupa que «la gente deje de ver la televisión» si no hay ninguna información que ofrecer). Finalmente, decide ponerse a salvo junto con su novio Stephen (David Emge), piloto de helicóptero.

A la pareja se le unen los miembros del equipo SWAT Roger (Scott H. Reiniger) y Peter (Ken Foree), que también han decidido huir tras haber participado en un encarnizado asalto en un bloque de pisos donde está escondida la población puertorriqueña, la cual se niega a entregar los cuerpos de los muertos a las autoridades. Utilizando el helicóptero del canal de televisión, sus cuatro ocupantes despegan y finalmente aterrizan en el techo de un gran centro comercial.

Al principio planean coger provisiones, pero enseguida se dan cuenta de que el edificio —con sus tiendas perfectamente ordenadas— es un lugar idóneo donde refugiarse. Después de acabar con los zombis que había en el interior y de asegurar todas las puertas —momento en el cual Roger recibe un mordisco mortal— los tres supervivientes intentan adaptarse lo mejor posible a la situación. Pero su normalidad artificial se ve perturbada cuando unos gamberros en motocicleta invaden el centro comercial, dejando entrar tras ellos a los zombis.

Como consecuencia, Stephen muere. Fran y Peter suben al tejado y despegan en mitad de la noche, con una probabilidad de supervivencia tan reducida como la gasolina que les queda en el depósito. (En el guión original Peter se pega un tiro y Fran se corta la cabeza con las hélices del helicóptero, pero después Romero decidió que este final era demasiado crudo. Algunas de esas escenas fueron grabadas, pero no se han hecho públicas.)

Zombie de George A. Romero (1978) es supuestamente la continuación de *La noche de los muertos vivientes.*

Si *La noche de los muertos vivientes* significó toda una revolución para el cine de terror, entonces *Zombie de George A. Romero* fue la culminación, un trabajo esencial para el género de terror y para sus fans. Antes de *Zombie de George A. Romero*, el reino de los admiradores del cine de terror estaba dominado por el pasado, con críticos viejos y cascarrabias y revistas como *Famous Monsters of Filmland* que todavía escribían sobre los días de Bela Lugosi y Boris Karloff, que menospreciaban las películas de Hammer (hacía ya algunas décadas) tachándolas de imitaciones modernas de mal gusto y que ignoraban por completo títulos como *La última casa de la izquierda* (*The Last House on the Left*) o *La matanza de Texas* (*The Texas Chain Saw Massacre*).

Las pocas revistas que sí admitían el hecho de que el cine de terror hubiera progresado solían condenar este nuevo tipo de terror violento y visceral. Sin embargo, al cabo de un año del estreno de *Zombie de George A. Romero* apareció la revista *Fangoria* y, a principios de los ochenta, empezaron a publicarse fanzines como *Gore Gazette* dirigidos a admiradores del cine de terror que ya no pasaban nada de miedo con personajes como Drácula o el monstruo de Frankenstein. El filme de Romero se encontraba en el ojo de este revolucionario huracán.

El poco compromiso por parte del director no estropeó su reputación ante los adeptos al terror. Consciente de que la sangre y las vísceras de sus películas casi seguro obtendrían una «X» por parte de la MPAA —la cual en 1978 se había convertido en sinónimo de pornografía— Romero decidió estrenar la cinta sin clasificarla.

Anuncio de prensa de la revista *Fangoria*, dedicada al género del terror, aparecida a finales de la década de los setenta.

Wenn in der Hölle kein Platz mehr ist, kommen die Toten auf die Erde
Ein Alptraum, der Wirklichkeit werden könnte . . .
ZOMBIE
- ZOMBIE - DAWN OF THE DEAD -
DAVID EMGE · KEN FOREE · SCOTT H. REINIGER · GAYLEN ROSS · DREHBUCH UND REGIE: GEORGE A. ROMERO
Dario Argento zeigt ZOMBIE · Musik: The Goblin in Zusammenarbeit mit Dario Argento · Produziert von Richard P. Rubinstein für Laurel Group, Inc. Eine Produktion von Claudio Argento und Alfredo Cuomo
Constantin Film

Fue arriesgado. Algunos cines y periódicos se mostraban igual de reacios a proyectar o promocionar películas sin clasificación que a hacerlo con películas de clasificación X, e inevitablemente recibían presión por parte de los distribuidores para hacer cortes y así asegurarse la clasificación «R» considerada mucho más comercial. Romero se mantuvo firme, y salió ganando: *Zombie de George A. Romero* convirtió los 650.000 dólares de presupuesto en 55 millones de dólares de recaudación en taquilla.

Zombie de George A. Romero sin duda empieza de manera impactante. Los primeros diez minutos son todo un ataque a los sentidos, con escenas gore (incluida la famosa explosión de una cabeza) que no se parecían a nada de lo que el público había visto antes. No hay ninguna introducción, ninguna explicación, se limitar a ir directamente a la acción.

En un mensaje que al parecer han olvidado la mayoría de imitadores de películas de Romero —exceptuando el remake de *El amanecer de los muertos* de 2004—, éste deja claro que no hace falta subrayar el terror con explicaciones, los espectadores aceptarán la idea de los zombis caníbales sin necesidad de ninguna explicación médica, científica o religiosa siempre y cuando la película funcione (y, del mismo modo, no aceptarán ninguna explicación si la película no funciona).

La ambición de *Zombie de George A. Romero* también se refleja en el papel de Romero como director seguro de sí mismo. Sigue siendo sin duda su mejor trabajo y el estilo y aspecto de la película es impresionante. En ella no hay zombis saliendo de entre las sombras, ya que todas las escenas son a plena luz, natural o artificial, lo cual le da al filme una apariencia única. Además, las secuencias de acción de Romero son excelentes, llegando a ser emocionantes y tensas. *La noche los muertos vivientes* presentaba gran crudeza visceral, pero la presentación de *Zombie de George A. Romero* está elaborada y lograda. Sin embargo, no es del todo perfecta y presenta algunos defectos en diferentes aspectos. Aún ignorando el terrible maquillaje de los zombis—los cadáveres adquieren un color gris azulado bastante ridículo— existen diversos errores cinematográficos.

El fallo más notable es el diálogo. Viendo la película, es difícil no acordarse de los presuntos comentarios de Harrison Ford a George Lucas durante el

Cartel de la versión alemana de *Zombie de George A. Romero.*

rodaje de *Star Wars*: «Tú puedes escribir esta mierda, pero seguro que no la puedes decir». Quizás los fans se sepan de memoria el guión de Romero, pero lo cierto es que sus diálogos son poco más que una serie de frases cortas con efecto que en ningún momento parecen conversaciones reales. Los personajes lo hacen lo mejor posible, pero no se puede pedir peras al olmo.

La película también peca de un ritmo pobre. Entre la acción del primer y tercer acto no sucede demasiado. Es verdad que Romero trata de transmitir al público la sensación de aburrimiento que viven los personajes asediados, pero lo intenta con tanto esmero que se excede. El corte de Argento —el cual fue rechazado por Romero y por quienes lo apoyaban por considerar que eliminaba gran parte del «contenido social»— funciona mucho más eficazmente como película de terror (la edición de 139 minutos —versión que no era la preferida de Romero, a pesar de venderse a menudo como «la versión del director»— es incluso más apática).

De hecho, ese «contenido social» es el mayor problema que presenta la película. A pesar de todos los elogios que Romero recibió por su idea, hemos de preguntarnos por qué resultó tan reveladora la insinuación de que las personas en los centros comerciales parecen zombis.

Y, si vamos a eso, ¿por qué se convirtió en una idea aceptada con tanta facilidad? Efectivamente, si pensamos que la gente se pasea por los centros comerciales con la cabeza hueca y los ojos abiertos comprenderemos la idea (muy popular en esta época, repleta de grupos antiglobalización y anticonsumismo), pero se trata de un concepto elitista y —a menos que Romero no compre comida, ropa, electrodomésticos o cualquier otra cosa que se venda en tales sitios— también es un poco hipócrita. La mayoría de la gente va a los centros comerciales para comprar las cosas que necesita y eso no les convierte en zombis consumistas.

El principal problema de Romero, uno que lo perseguirá durante el resto de su carrera como director de películas de zombis, es que enfoca el tema de manera unidimensional: o blanco o negro. El asalto de los SWAT sirve de ejemplo: a los ojos de Romero, los soldados son los malos y machaca esta idea a lo largo del argumento, llegando incluso a hacer que uno de los personajes

La adaptación española del cartel original de *Zombie*, en la versión cortada por Dario Argento.

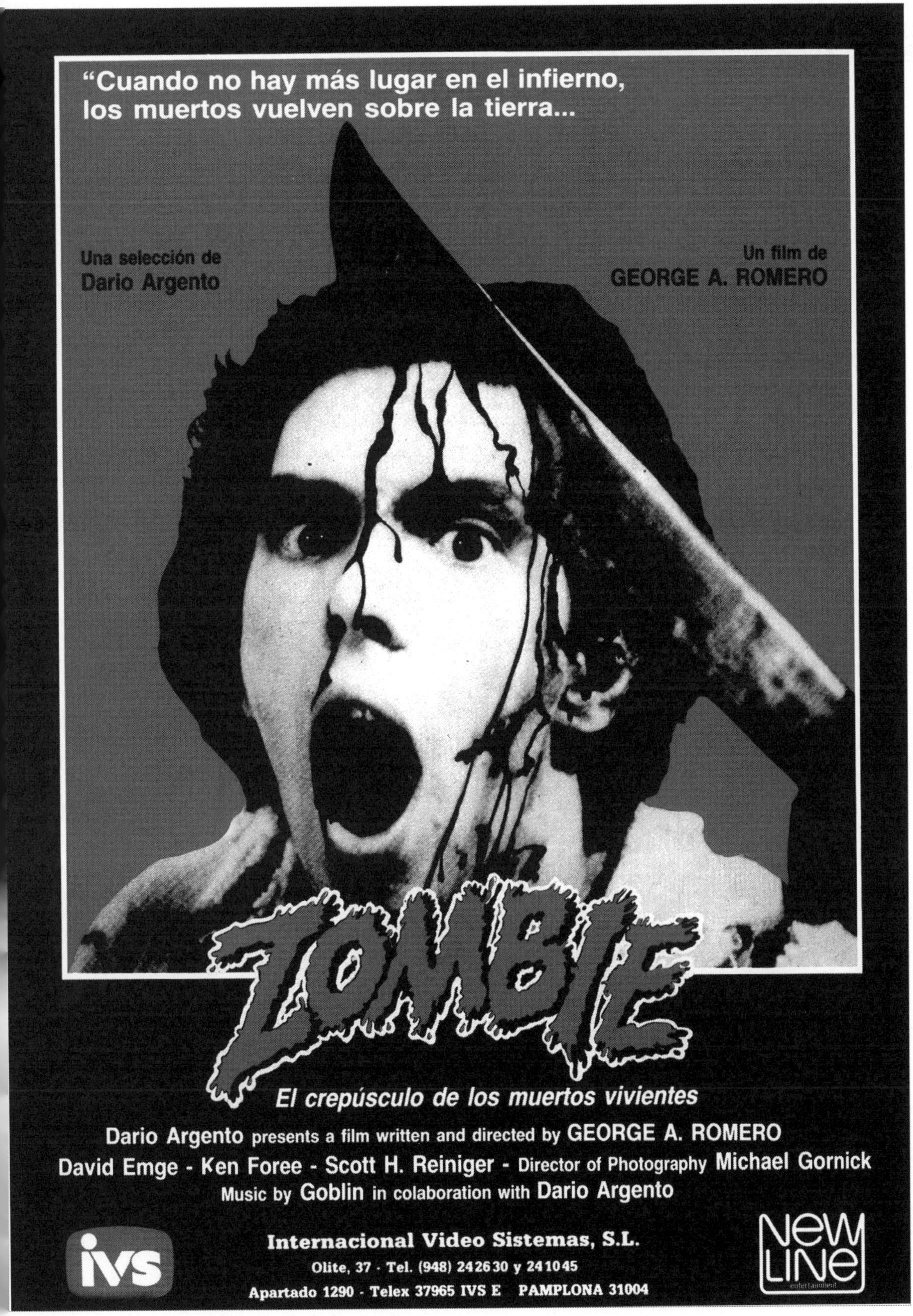
"Cuando no hay más lugar en el infierno,
los muertos vuelven sobre la tierra...
Una selección de
Dario Argento
Un film de
GEORGE A. ROMERO
ZOMBIE
El crepúsculo de los muertos vivientes
Dario Argento presents a film written and directed by GEORGE A. ROMERO
David Emge - Ken Foree - Scott H. Reiniger - Director of Photography Michael Gornick
Music by Goblin in colaboration with Dario Argento
ivs
Internacional Video Sistemas, S.L.
Olite, 37 - Tel. (948) 242630 y 241045
Apartado 1290 - Telex 37965 IVS E PAMPLONA 31004
New LINE

recite una retahíla de comentarios racistas para demostrar lo malo que es (más adelante, aparece otro personaje racista: el motorista interpretado por Tom Savini) antes de empezar con la carnicería. Es una manera sencilla de manipular al público para que acepte las ideas del director, en vez de limitarse a dejar que la historia establezca la caracterización.

Desde el punto de vista racional, no parece del todo incomprensible que las autoridades ataquen un edificio donde sus ocupantes se niegan a entregar a los cuerpos para su incineración, dada la naturaleza del desastre. Si los zombis caníbales fueran reales, imagino que la mayoría de la gente pediría que se tomaran medidas excepcionales contra toda persona que agravara la situación.

Fallos parte, *Zombie de George A. Romero* representa una obra decisiva para el subgénero y contiene algunas imágenes míticas de la historia del cine. Romero nunca lograría superar este trabajo, el cual lo consagró como cineasta. A partir de entones se le conoció por el apodo de el «Sr. Zombi».

Después de *Zombie de George A. Romero*, Romero tenía pensados numerosos proyectos ambiciosos. Además de una tercera película de zombis —un filme a escala épica previsto para 1988 aproximadamente, con una guerra entre ejércitos zombis y humanos— Romero rodó un cinta que no era de terror: *Los caballeros de la moto* (*Knightriders*, 1981).

Creepshow (1982) fue una película antológica, basada en varias historias breves de Stephen King.

También anunció diversas colaboraciones con Stephen King, entre ellas una adaptación cinematográfica de su novela épica apocalíptica *La tienda* (*The Stand*). Mientras que este proyecto demostró ser demasiado ambicioso para hacerse realidad, en 1982 *Creepshow* se convirtió en el mayor éxito de taquilla de Romero.

Creepshow fue una película antológica, basada en varias historias breves de Stephen King, algunos ya publicados, otros inéditos. Estaba inspirada en los cómics de EC de los años cincuenta y combinaba horror con humor negro en una colección de cuentos que —muy parecidos a las películas antológicas de Amicus de los años sesenta y setenta— trataban de todo un poco.

Creepshow combinaba horror con humor negro, y con mucha ironía literaria, aportaba imágenes muy impactantes.

En dos de las historias aparecían zombis, aunque no seguían el modelo tradicional de Romero. En el primer cuento, «El día del padre» (Father's Day), un patriarca anciano y tiránico regresa de entre los muertos para vengarse de su hija (su asesina) y de su familia. El cuerpo horriblemente descompuesto (el maquillaje de Tom Savini es mucho mejor que el que utiliza en *Zombie de George A. Romero*) exige su pastel por el día del padre, el cual al final decide preparar por sí solo, utilizado una cabeza amputada como pieza central de la tarta.

«Algo para cubrirte» («Something to Tide You Over») es menos interesante. En ella, un marido celoso, Leslie Nielsen, entierra a su mujer y a su amante hasta el cuello en la playa y luego los mira mientras la marea los engulle, acabando con sus vidas. Esa noche, la pareja resucita para vengarse.

Creepshow era una película divertida, aunque en cierto modo intranscendente, y su éxito podría haber colocado a Romero en la corriente cinematográfica dominante. Sin embargo, estaba decidido a estrenar su próximo trabajo, la tercera parte de su trilogía de zombis, sin clasificar (al igual que hizo con *Zom-*

bie de George A. Romero), echando por tierra toda oportunidad de recibir el respaldo de productoras importantes. Aunque *Zombie de George A. Romero* había demostrado que una película podía tener éxito y a la vez evitar a la MPAA, en 1985 los tiempos habían cambiado. Durante la era Reagan/Thatcher una ola de conservadurismo censor azotó a América y a Reino Unido. Las medidas drásticas contra la pornografía y violencia gráfica y el ascenso de la derecha religiosa en los Estados Unidos hicieron que las películas lo tuvieron más difícil a la hora de saltarse las normas.

Los títulos sin clasificar empezaron a experimentar los mismos problemas de distribución que las películas X. Muy pocas salas de cines y periódicos estaban dispuestos a promocionar películas X y muchos metían en ese mismo saco a las películas sin clasificar. Invertir varios millones de dólares en un filme que tendría una promoción limitada y pocas oportunidades de distribución no parecía un negocio seguro, sobre todo antes de que los estrenos de vídeo sin clasificar se convirtieran en una inversión rentable. Con una oferta de 7 millones de dólares para crear una versión clasificada como R y la otra mitad de dicho presupuesto para una cinta sin clasificar, Romero escogió la segunda opción. Una mala elección que, irónicamente, se cargó el filme desde el punto de vista artístico. Si, tal y como afirman los fans de Romero, su trabajo no solamente es sangre y vísceras, ¿por qué comprometer sus ideas y reducir su posible público a cambio de mostrar unas cuantas tripas? Parece obstinado.

La versión completa de *El día de los muertos* (*Day of the Dead*) explica la historia de un grupo variopinto de científicos y soldados que están escondidos en

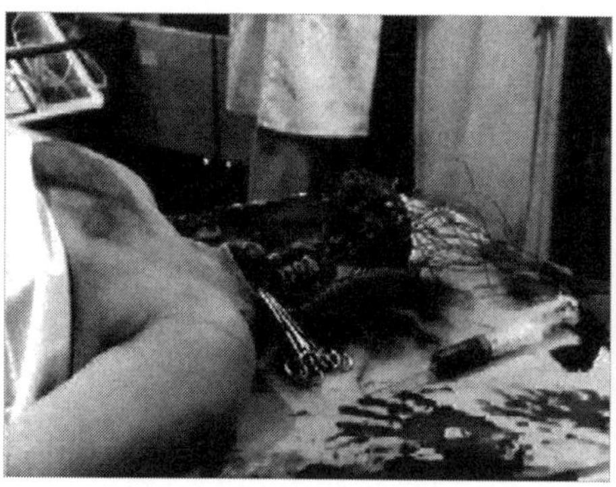

El día de los muertos (*Day of the Dead*, 1985).

un enorme búnker subterráneo mientras los muertos invaden las calles. Las batidas en helicóptero en busca de otros supervivientes no tienen éxito y las tensiones entre los científicos, encargados de encontrar una solución al brote de zombis, y los militares cada vez son mayores.

El loco del capitán Rhodes (Joe Pilatos) ya no soporta más la investigación y amenaza con marcharse del búnker, llevándose a sus hombres y dejando solos a los científicos. Pero el doctor Logan (Richard Liberty) ha hecho algunos progresos adiestrando a un zombi al que llama Bub (Sherman Howard) para que «se comporte» e incluso hable. Finalmente, los zombis logran entrar en el búnker, lo cual lleva (con retraso) a un final cargado de acción y sangre.

Prácticamente desde la llegada de *Zombie de George A. Romero* a la pantalla, todos los adeptos del cine de terror estaban impacientes por ver *El día de los muertos*. Sin embargo, cuando finalmente se estrenó, en general causó decepción y, aunque algunos de los seguidores de Romero aplicaron el revisionismo para proclamar la película como otro clásico, la verdad es que el paso tiempo no le ha sentado demasiado bien.

En *El día de los muertos* Romero optó por convertir a los zombis en objeto de su compasión.

En este filme hay muchos problemas que van más allá de la falta de ambición narrativa. Al igual que *Zombie de George A. Romero*, está llena de diálogos malísimos y de interpretaciones simples, pero a diferencia de su predecesora, hay poco que compense tales defectos. Gran parte de la cinta se basa en la interpretación pobre de Joe Pilato, las muecas ridículas de Richard Liberty y la actuación de Lori Cardille, actriz que simplemente no está preparada para desempeñar la tarea de captar la atención del público interpretando al único personaje al que se supone debemos apoyar.

Una vez más, Romero adopta un punto de vista simplista en cuanto a la caracterización: los chicos malos son absolutamente horribles, propensos a comentarios racistas (muy típico en Romero) que solo enfatizan su mezquindad. Pero mientras los motoristas unidimensionales de *Zombie de George A. Romero* interpretaban un papel menor en la película, estos personajes están por todas partes.

Además, incluso sus personajes «agradables» están poco elaborados y carecen de atractivo. *El día de los muertos* marcó el punto en que Romero perdió el interés por sus actores humanos y optó por convertir a los zombis —los cuales, por si lo habíamos olvidado, son cadáveres resucitados y caníbales descerebrados, no una minoría oprimida— en objeto de su compasión.

Naturalmente, los personajes poco elaborados no serían tan mediocres si la película realmente fuera de terror, ya que durante gran parte de la cinta no salen más que personas gritándose las unas a las otras. El ataque culminante de los zombis es demasiado corto y llega demasiado tarde. Para cuando sucede, todos los espectadores, excepto el fan más acérrimo de Romero, se han dado ya por vencidos. Además, la música de Jim Blazer, John Harrison y Sputzy Saracino (incluida la canción extraordinariamente pésima de los créditos finales) es horrible y el final —basándome en la reacción del público con el que vi por primera vez la película— confunde a los espectadores haciéndoles pensar que toda la película ha sido un sueño. Así pues, no es de extrañar que el filme fuera rechazado tan rotundamente entre el público del año 1985, el cual generalmente prefería el estilo menos pomposo y más entretenido de *El regreso de los muertos vivientes* (*Return of the Living Dead*) de Dan O'Bannon.

La tierra de los muertos vivientes (*Land of the Dead*, 2005).

Hay que admitir que el guión de Romero sufrió importantes cambios antes del proceso de producción que recortaron considerable-

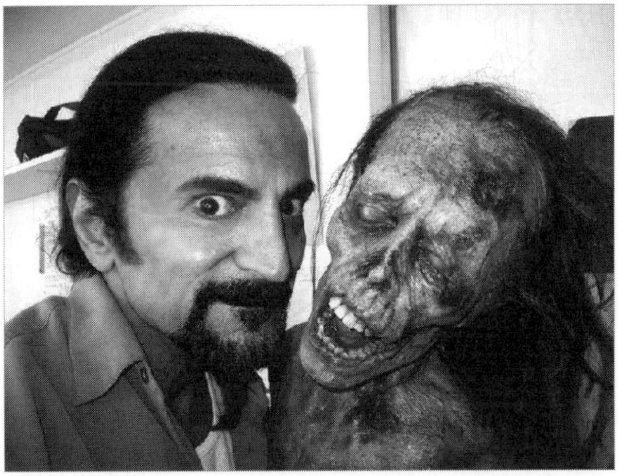

Tom Savigni, el gran maquillador y autor de efectos especiales en gran parte de las películas de George A. Romero.

mente el alcance de la película y, más concretamente, redujeron su ejército de zombis adiestrados a solo un individuo. Algunos aspectos descartados de la historia fueron introducidos más tarde en *La tierra de los muertos vivientes* (*Land of the Dead*). Pero las afirmaciones de que el guión «original» habría logrado producir una obra maestra parecen un poco exageradas, al menos si la versión que hay disponible en internet es la auténtica.

Las diferencias entre el guión *online* y el guión final son bastante significativas, pero todos los fallos que socavan la versión final siguen presentes en la versión *online.* Resulta embarazoso leer gran parte del guión, ya que su autor no deja de utilizar onomatopeyas como: «Bullamm! Bullamm! Phooooomph!» para indicar disparos y explosiones, y escribe el diálogo de un personaje oriental con mala pronunciación: «Doc Logan! Doc Logan! Dere's a lady dead out dere! Gotta hurry! Gotta hurry! Dunno how long she been dat way! Maybe she gettin' ready to come black». Se trata de un material espantoso y solo nos cabe esperar que la versión disponible sea un fraude, algo que siempre es posible cuando se trata de internet.

Algo bueno de la película es que cuenta con los zombis más reales de todos los trabajos dirigidos por Romero. Olvidándose (por suerte) de la pintura azul utilizada en *Zombie de George A. Romero*, el maquillaje de Tom Savini logra crear una serie de cadáveres horripilantes, evita el efecto máscara presente más tarde en *La tierra de los muertos vivientes* y utiliza algunos efectos especiales para las escenas más sangrientas.

Sin embargo, nunca más volvió a verse el tipo de gore que hizo que funcionaran las primeras película de Romero, un aspecto que el director a veces parece esquivar. Cuando los fans del cine sangriento elogiaron a Romero por mantenerse firme en sus convicciones, resultó difícil equiparar la insistente afirmación de que los trabajos de Romero tenían un significado social con su predilección por la violencia gráfica. Después de todo, si las películas eran más que simples espectáculos morbosos, entonces podían producir el mismo efecto con menos escenas gráficas de terror.

Algunas de las escenas más viscerales de *El día de los muertos*, que precisamente quizás sean las mejores de la película, resultan totalmente innecesarias. La escena más gratuita de todas es una en que un zombi semidestripado se desata solo para ofrecer un plano de sus entrañas cayéndose al suelo.

Dos décadas más tarde, los admiradores más fieles de Romero —y Romero mismo— no tuvieron problemas en romper su compromiso con el cine de terror gore cuando el director tuvo la oportunidad de ampliar su mundo épico de los zombis, esta vez con el respaldo de una productora importante y a condición de que sus películas llevaran la clasificación R. No hace falta decir que ninguno de sus fans le llamó «vendido». Al contrario, una vez más se demostraron ser muy indulgentes.

Los ojos del diablo (*Two Evil Eyes*, 1990)

En los años posteriores a *El día de los muertos*, Romero participó en la corriente dominante hollywoodiense, aunque no tuvo demasiado éxito. Contribuyó en *El gato infernal* (tanto en la película como en la serie de televisión) y *Creepshow 2* (1988) como productor y guionista, y también dirigió el mediocre filme *Atracción diabólica* (*Monkey Shines*, 1988).

En 1990, colaboró con Dario Argento en *Los ojos del diablo* (*Two Evil Eyes*), cinta basada en un par de relatos de Edgan Allan Poe. La parte dirigida por Romero —«Los hechos del caso del señor Valdemar»— le devolvieron al reino de los muertos vivientes, ya que el personaje que pone título a la historia sale de su tumba para vengarse de su mujer y de su amante. Hasta hace poco el filme fue considerado el peor con diferencia de la carrera de Romero (aunque solo dirigiese la mitad de la película). La historia es increíblemente lenta y carece de cualquier tipo de emoción, más bien parece un episodio largo de la serie de *El gato infernal*. Aunque Romero ha recibido muchas críticas por este trabajo, ninguna de ellas ha tachado a la película de insulsa, pero sin duda no existe una palabra mejor para describir esta cinta insípida.

El gato infernal (*Tales from the darkside: The Movie*, 1990).

El mismo año, Romero supervisó un remake de *La noche de los muertos vivientes* (algo que sus fans intentan evitar siempre con hipocresía cuando critican las versiones posteriores del filme original). Escribió el guión, pero entregó las riendas de la dirección a Tom Savini, cuya experiencia previa en el tema se limitaba a un par de episodios de *El gato infernal*. La película solamente se rodó por motivos económicos. Ninguna de las personas que participaron en la cinta original recibió mucho dinero por ello y la mayoría de ellos colaboró en la producción de la nueva versión.

Entre otros intentos desesperados por conseguir dinero a partir de la película original se encuentran una edición a color terriblemente mala y una versión sin sentido del año 1998 con motivo del 30 aniversario, que contiene escenas adicionales, añade una trama subyacente innecesaria sobre el zombi Bill Hinzman (aquí llamado Abbot Hayes, el cual resulta ser un infanticida) y aporta un punto de vista religioso sobre los sucesos, el cual sugiere que la fe cristiana en cierto modo puede curar a los infectados. Con secuencias nuevas e interminables al principio y al final de la película, una interpretación desastrosa, una pésima banda sonora creada con sintetizadores y un Hinzman que no se parece en nada a como era hace treinta años, esta versión es una vergüenza.

La noche de los muertos vivientes de 1990 es poco más que una falsa versión revisionista de la película original que imita bastante a esta. Sin embargo, el argumento incorpora cambios que reflejan la filosofía reciente de Romero: estos

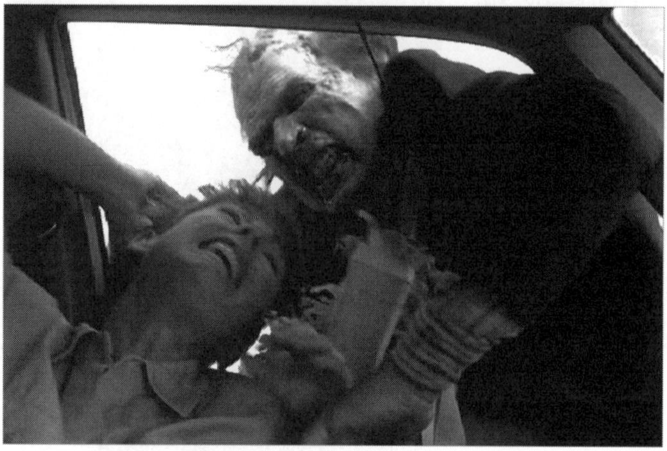

La versión de *La noche de los muertos vivientes* de 1990 es tan fiel a la película original que parece ambientada en la década de los sesenta.

hombres en concreto (en contraposión a «mujeres») no merecen ser salvados.

En esta ocasión, Barbara (Patricia Tallman) sale rápidamente de su estado de shock para convertirse en el punto de referencia de la película y en la voz de la razón, mientras que Ben (Tony Todd) —parece que ahora la política de género es más importante para el director que las cuestiones de raza— se pasa la mayor parte del tiempo discutiendo y peleándose con Cooper (Tom Towles). Por su parte, Cooper no representa aquí a un cobarde, sino a una persona mala e incompetente. El inevitable final de Ben no es culpa de la pandilla, ni de los zombis, sino que es el resultado del intercambio de disparos con Cooper.

El cambio más significativo —e innecesario— es el final. Barbara (transformada en una heroína típica de acción) escapa, mientras que Ben se encierra en el sótano para morir y Cooper sube al desván. Tras encontrarse con un grupo de paletos, Barbara ve cómo tienen colgados a los zombis de los árboles y los utilizan como blancos de tiro mientras gritan regodeándose. Estas imágenes rústicas son un tema bastante recurrente en Romero.

La idea de que la sociedad reaccionaría ante los zombis caníbales como si fueran una especie de bandidos, con los pueblerinos gritando mientras disparan a la cabeza de los muertos vivientes, impregna todo su trabajo, volviendo a insistir en el concepto de pérdida de humanidad, ya que los seres humanos con ese comportamiento se diferencian muy poco de los muertos vivientes que les están atacando.

Es una pena que, una vez que lo piensas, la idea no tenga demasiado sentido. Apenas justifica que la heroína de Romero asesine a Cooper a sangre fría al final de la película. Algunos críticos han sugerido que lo que hace Barbara es acabar simbólicamente con la causa patriarcal de los problemas de la humanidad, lo cual al menos explica por qué Romero ha sido capaz de impresionar a tantos críticos con su repetitivo comentario social (parece que algunos de estos críticos solo son un poco más perspicaces que los zombis).

La película tiene unos cuantos detalles buenos: la idea de que lo que realmente atrae a los zombis es el ruido que hacen los supervivientes al tapar puertas y ventanas con tablas es un buen detalle, igual que lo es la utilización de la primera secuencia de la versión original, ya que utiliza la familiaridad del público con la escena para ofrecer un susto nuevo. Pero en general se trata de una actualización defectuosa porque, a pesar de que transcurre en 1989, es tan fiel a la película original que parece ambientada en la década de los sesenta.

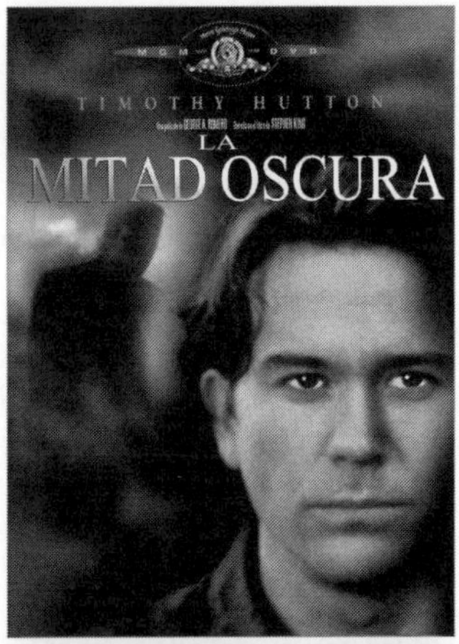

Dos muestras del bajón creativo de Romero en la década de los noventa: *La mitad oscura* (*The Dark Half*, 1993) y *El rostro de la venganza* (*Bruiser*, 2000).

Pese a la combinación de Romero y Savini, el filme no es especialmente sangriento. Hay que admitir que la cinta fue editada con el fin de obtener la calificación R, un hecho que resulta revelador dado que solo cinco años antes Romero se había negado a poner en peligro su estilo gore. Sin duda, el defecto de *El día de los muertos* es su sobriedad. En adelante, todas las películas de zombis de Romero recibirían la clasificación R, sin importar los motivos de los cortes.

Después de 1990 la carrera de Romero sufrió una especie de bajón. *La mitad oscura* (*The Dark Half*, 1993) no logró impresionar al público y Romero no volvió a trabajar de director hasta siete años después, con la desastrosa película *El rostro de la venganza* (*Bruiser*, 2000).

Durante ese período lleno películas mediocres e insípidas, Romero también tuvo algunos proyectos cancelados y fallidos, incluida una versión de *La Momia*. Sin embargo, en 1998 volvió por poco tiempo al reino de los zombis cuando le contrataron para dirigir un anuncio de treinta segundos para el videojuego *Resident Evil 2*. Esta saga de videojuegos estaba inspirada en Romero y, aunque el anuncio solo se emitió en Japón y era poco más que una muestra de *live action*, el trabajo del director impresionó tanto a la empresa de videojuegos Capcom que le pidieron que considerara la opción de rodar una película basada en su producto.

Al principio, el director se mostró reacio a regresar al mundo de los muertos vivientes y al parecer también expresó cierta antipatía hacia los videojuegos, pero finalmente escribió un guión para la película tras hacer que su asistente jugara y grabara la partida para poder estudiarla posteriormente. Su guión, disponible *online*, se ajusta fielmente al argumento del juego y prescinde de los comentarios sociales a favor de la acción continua.

Cómo habría quedado la película es algo que nadie sabe, ya que el guión no logró impresionar a Capcom, que apartó de inmediato a Romero del proyecto. El director inglés Paul W. S. Anderson escribió una versión muy diferente que fue la que utilizaron para la película, estrenada en 2002.

Durante el rodaje del remake *El amanecer de los muertos*, parecía que Romero había superado su rechazo a recordar su pasado profesional como director de películas de zombis. De hecho, empezó a proponer cantidad de proyectos sobre zombis, quizás porque llegados a ese punto se había dado cuenta de que seguramente nadie le volvería a contratar para otra cosa que no fuera eso.

Una idea ridícula fue *Diamond Dead*, una comedia de terror sobre una banda de rock de zombis. Con una historia escrita por Brian Cooper, el filme se parecía más a una desagradable comedia de Troma que a una película tradicional de zombis romerescos, lo cual dejó a la mayoría de los fans sensatos horrorizados ante tal idea. Lo que es peor, el proyecto sigue encima de la mesa en el momento de la impresión de este libro, previsto para 2009.

Diamond Dead, una fallida comedia de terror sobre una banda de rock de zombis.

La otra película de zombis de Romero anunciada por entonces fue *La tierra de los muertos vivientes* (*Dead Reckoning*), que fue aceptada por Universal después del éxito de *El Amanecer de los Muertos* en 2004. Continuando la trilogía original y con elementos tomados de la versión inédita de *El día de los muertos*, fue la primera película de zombis que se benefició del patrocinio de unos estudios importantes, lo cual implicaba que el resultado tenía que ser un filme de clasificación R. Al contrario de lo que sucedió en 1985, año en que Romero rechazó un gran presupuesto a cambio de una clasificación R, esta vez aceptó.

La película resultante superó considerablemente a *El día de los muertos* y demostró que las condiciones de Universal resultaron ser buenas para Romero, ya que le obligaron a ser menos autocomplaciente.

La tierra de los muertos vivientes transcurre en Fiddler's Green, una fortaleza militar de Pittsburg que según parece sustituye al centro comercial de *Zombie de George A. Romero*. Mientras que los ricos pueden vivir una vida segura y llena de lujos, el resto de supervivientes llevan una vida penosa al estilo de *Mad Max*. Fuera de los límites de la ciudad totalmente fortificada, los zombis campan a sus anchas. Las provisiones se consiguen gracias a unos equipos que arriesgan su vida para salir de la ciudad en un vehículo completamente armado llamado Dead Reckoning. Estas unidades utilizan fuegos artificiales para distraer a los zombis mientras buscan comida y artículos de lujo.

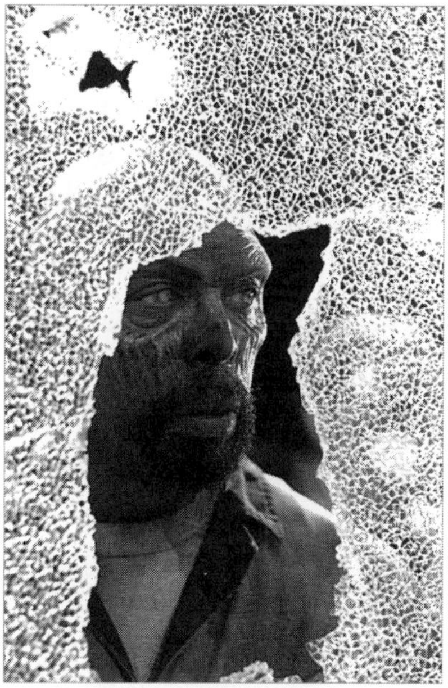

La tierra de los muertos vivientes (*Dead Reckoning*, 2004).

Cuando Kaufman (Dennis Hopper), jefe de Fiddler's Green, se niega a permitir que Cholo (John Leguizamo) se una a la elite de la fortaleza, el mercenario resentido roba Dead Reckoning y amenaza con destruir la ciudad. Kaufman envía a Riley Denbo (Simon Baker) y a su equipo a recuperar el vehículo, valorado en 2 millones de dólares, pero Riley tiene su propio plan. Mientras tanto, los zombis están adquiriendo autoconocimientos y bajo el liderazgo de

Dennis Hopper es el potente Kaufman en *La tierra de los muertos vivientes.*

su cabecilla zombi, Bid Daddy, avanzan hacia la ciudad. *La tierra de los muertos vivientes* es más corta y más tensa que las dos películas anteriores de zombis de Romero. La cinta avanza adecuadamente, mezclando el hilo argumental y la acción bastante correctamente. Sin embargo, todavía se percibe la visión negativa que tiene Romero sobre la humanidad (en su mundo, el dinero significa poder, aunque sin bancos y con una economía basada en bienes recogidos de la basura) y los supervivientes, en lugar de recomponer la sociedad, se contentan con ignorar el problema y vivir de las sobras. Pero al menos en esta ocasión el comentario social de Romero es mucho más discreto (por lo menos si se compara con sus otras películas).

Con mejores actores que en sus primeras películas y diálogos menos rebuscados con los que pelearse, Romero consigue crear también algunas buenas escenas de acción. El uso de efectos especiales distrae la atención del espectador, aunque el filme está lleno de escenas salpicadas de sangre y vísceras (al menos en la versión sin clasificar) para satisfacción de sus fans.

Desgraciadamente, no todo es bueno. Los zombis son poco llamativos, demasiado realzados a base de prótesis para parecer convincentes y la proposición de Romero de que ellos son los verdaderos héroes de la película no es correcta —después de todo, se trata de cadáveres caníbales y agresivos, no de una minoría oprimida tal y como sugiere la película—, aunque sí predecible. A Dennis Hopper se le encomendó la ingrata tarea de devolver a Kaufman a la vida. El veterano icono de culto se encuentra limitado debido a sus diálogos, los peores de la película, que Romero utiliza como evocación de la vileza humana. Kaufman recita retórica capitalista y se permite discursos racistas de vez en cuando.

Romero dice que el personaje y su representación estaban basados en el famoso secretario de defensa estadounidense Donald Rumsfeld, aunque resulta poco probable que mucha gente se haya dado cuenta de ese diminuto detalle. En realidad, se trata simplemente de una interpretación poco comprometida por parte de Hopper y que no añade nada especial al filme.

Como pieza central de la película, Dead Reckoning no es nada del otro mundo. Tanto el vehículo como las miserables calles de la ciudad —donde los supervivientes viven una existencia prácticamente anárquica— parecen propios de una película postapocalíptica de finales de los setenta o principios de los ochenta como *Callejón mortal* (*Damnation Alley*).

Defectos aparte, *La tierra de los muertos vivientes* representó para Romero una especie de regreso a las formas. Por desgracia, a pesar de las críticas generalmente positivas, la película no fue un gran taquillazo y acabó con cualquier oportunidad que le quedaba al director de volver a la corriente cinematográfica dominante. Sin embargo, a Romero no pareció importarle, ya que empezó a planear otra película de zombis. Esta vez volvería a sus orígenes, rodando con una productora independiente, invirtiendo un presupuesto bajo… y llevando a su saga de zombis de vuelta a los orígenes.

El diario de los muertos fue rodado en cámara de vídeo con un presupuesto de solo 2 millones de dólares y en formato de primera persona, como en *El proyecto de la bruja de Blair* (*The Blair Witch Project*). La historia se cuenta desde la perspectiva de un grupo de estudiantes de cine que intentan volver a casa justo cuando empiezan a informar sobre el brote de muertos vivientes. Con las cámaras todo el tiempo encendidas, los estudiantes captan el horror de lo que está sucediendo y el metraje empleado da como resultado la cinta

La peor película de George A. Romero, *El diario de los muertos* (*Diary of the Dead*, 2007).

El diario de los muertos muestra un desprecio explícito por los medios de comunicación *online*.

aquí presentada, a la cual titulan «La muerte de la muerte».

El diario de los muertos es sin duda la peor película de Romero hasta la fecha, superando incluso a su ridícula contribución en *Los ojos del diablo*. Todos los progresos que hizo en *La tierra de los muertos vivientes* se van al garete cuando el director una vez más opta por permitirse un capricho personal. No contento con dejar que su mensaje simplemente se filtrara a través de la historia o que llegara al público mediante sus protagonistas, Romero en esta ocasión utiliza la narración de Debra (Michelle Morgan) para lograr a la fuerza su objetivo. Llegados a este punto, sus ideas empiezan a parecer los despotriques resentidos de un anciano.

Uno de sus nuevos motivos —además de su habitual «ellos son nosotros y nosotros somos ellos» (idea expuesta sin rodeos al final de esta película, por si acaso alguien no se había dado cuenta, a pesar incluso de que sus zombis no tienen ninguna personalidad individual con la que poder simpatizar)— es el desprecio explícito por los medios de comunicación *online*. Para Romero, la creación de espacios como YouTube, blogs y sitios web no representan un medio donde exponer opiniones. Para él, esta explosión en la comunicación es algo malo: «Más voces. Más confusión. La verdad se convierte en ruido».

Todo esto podría tolerarse si la película tuviera algún aspecto decente, pero no es el caso. No existe ningún argumento, solo una serie de incidentes. La sangre y las vísceras (piedras angulares del estilo de Romero) se limitan a efectos especiales totalmente inútiles, mientras que las secuencias de acción brillan por su ausencia.

La interpretación de los actores es malísima, aunque sin duda no les ayuda en absoluto el hecho de interpretar a unos personajes tan poco elaborados. Parece que Romero condena a la humanidad hasta tal punto que al director ya no le interesa darles ningún tipo de personalidad a sus protagonistas. Cuando estos mueren, a nadie le importa, porque Romero considera innecesario infundir en ellos ningún sentimiento de humanidad.

Incluso los actores más buenos tendrían dificultados con un diálogo como: «Antes éramos nosotros contra nosotros. Ahora somos nosotros contra ellos, pero ellos somos nosotros». Es como si Romero estuviera menos interesado en hacer películas de terror que en bombardear al público con un monólogo incesante sobre lo que él considera que está mal en el mundo.

Las críticas de Romero hacia los «zombis que corren» son especialmente implacables. Una frase en el guión de *El diario de los muertos* —la cual Romero repitió en entrevistas a la BBC y a otros medios— rechaza la idea de que los zombis puedan correr «porque los tobillos se les romperían». Se trata de un argumento ridículo, ya que trata de imponer una lógica y unas normas en un reino de fantasía.

Del mismo modo, podríamos preguntarnos cómo los zombis pueden morder a la gente sin romperse la mandíbula o sin que les caigan los dientes; cómo pueden desgarrar estómagos sin romperse los dedos; digerir la comida si no tienen aparato digestivo; arremeter contra gente cuando en realidad sus movi-

El diario de los muertos estuvo en cartelera durante muy poco tiempo y recaudó menos de un millón de dólares en las taquillas estadounidenses.

George A. Romero durante el rodaje de *El diario de los muertos.*

mientos son lentos; o desarrollar de repente la capacidad de razonar si tienen el cerebro muerto. Pero no nos hacemos estas preguntas porque *los zombis no son reales* y toda la base de una película de zombis depende de la voluntad por parte del espectador de dejar a un lado su incredulidad, y de aceptar la ridícula idea de que los muertos puedan resucitar y quieran comernos.

Por extraño que parezca, parece que Romero cree que está ofreciendo algo novedoso en esta película. Cosa que sería cierta si antes no hubiéramos visto *El proyecto de la bruja de Blair, The Last Broadcast* y *Holocausto caníbal* (*Cannibal Holocaust*). Pero sí las hemos visto y el enfoque del formato que utiliza Romero es inferior al de esas tres películas, así como al de *Monstruoso* (*Cloverfield*), la cual se estrenó poco después de *El diario de los muertos.*

En cualquier caso, los espectadores parecen haber elegido ya. *El diario de los muertos* estuvo en cartelera durante muy poco tiempo y recaudó menos de un millón de dólares en las taquillas estadounidenses. Con toda certeza, las ganancias en el resto de países y las ventas de DVD convertirán esta película de bajo presupuesto en un negocio rentable, pero más que nada por la fama que tiene el director entre sus fans.

Sea como sea, a medida que este libro va avanzando, Romero ha anunciado *El diario de los muertos 2* (*Diary of the Dead 2*), un proyecto que solo puede ser interpretado como un intento desesperado de un director que al parecer sigue una senda que no hace más que socavar su reputación.

6 «CUANDO NO QUEDA ESPACIO EN EL INFIERNO, LOS MUERTOS PERMANECEN EN LA TIERRA»

Holocaustos zombis europeos

La noche de los muertos vivientes abanderó una nueva generación de cine de terror en los Estados Unidos, pero en Europa tuvo un impacto menos inmediato. Eso no quiere decir que el género no estuviera cambiando —el éxito del thriller *giallo El pájaro de las plumas de cristal* (*L'uccello dalle piume di cristallo*) de Dario Argento a finales de los sesenta, junto con una relajación de las limitaciones de la censura, abrieron las puertas al cine de terror europeo—, por no mencionar a su pariente cercano británico, el cual poco a poco estaba empezando a quitarse las telarañas góticas de Hammer y de sus imitadores.

Sin embargo, los zombis siguieron en un segundo plano hasta finales de los setenta, momento en que de repente se colocaron a la cabeza de la era dorada final del cine de terror europeo.

Durante la primera parte de la década, los muertos vivientes hicieron pocas apariciones y rara vez participaron en el revolucionario desarrollo del subgénero que estaba teniendo lugar en los Estados Unidos En Europa, en lugar de aterradores caníbales, los zombis seguían siendo más bien personajes inútiles que infundían poco temor.

Aunque durante la década de los setenta las películas británicas de terror seguían vivas y en buen estado, los zombis rara vez aparecían en ellas. Los cineastas británicos de la época solían preferir argumentos góticos tradicionales o relatos de asesinos psicópatas contemporáneos. A lo largo de la década, solo hubo dos apariciones de zombis y ninguna de ellas protagonizada por cadáveres hambrientos de carne.

Amicus Films había estado haciendo películas antológicas desde mediados de los sesenta, cuando *Dr. Terror's House of Horrors* demostró tener éxito suficiente para allanar el terreno por el que más tarde pasarían múltiples secuelas. El formato era simple: se trataba de encontrar un puñado de relatos breves y unirlos sobre una endeble estructura unificadora. Normalmente el protagonista de la historia explicaba un cuento a sus acompañantes. Estas películas solían funcionar porque ninguna de las historias era lo bastante larga para resultar aburrida y porque, de este modo, se ofrecían diferentes dosis de escalofríos.

Condenados de ultratumba (*Tales from the Crypt*, 1972).

En 1972, Amicus realizó la primera de las dos adaptaciones de cómics de EC: *Condenados de ultratumba* (*Tales from the Crypt*) y, un año después, *La bóveda de los horrores* (*The Vault of Horror*). Ambas eran en cierto modo contradictorias. Si bien eran aceptables como películas de terror, de alguna manera consiguieron despojar a los cómics de su humor negro y de su simpático mal gusto. Gran parte de esto se puede atribuir al director de Amicus y guionista Milton Subotsky, un hombre que era totalmente inadecuado para dicha tarea. La obsesión de Subotsky era hacer películas de terror aptas para niños, lo cual finalmente le llevó al desastroso filme *El club de los monstruos* (*The Monster Club*) en 1980.

Condenados de ultratumba incluye una historia sobre un zombie solitario: *Justicia poética* (*Poetic Justice*). Se trata de una historia que ha sido sobrevalorada y que protagoniza Peter Cushing en el papel de Arthur Grimsdyke, un amable anciano que se ve empujado al suicidio por culpa de sus vecinos, quienes le consideran la oveja negra de la comunidad. La gota que colma el vaso llega cuando Grimsdyke recibe una serie de odiosas tarjetas por San Valentín. Tras leer el contenido de las tarjetas, se ahorca. Una año más tarde, Grimsdyke sale de su tumba para arrancarle el corazón a su atormentador.

Aunque el tono de la historia es demasiado sensiblero, las escenas de Grimsdyke saliendo de la tumba son realmente espeluznantes y el maquillaje del cadáver interpretado por Cushing es impresionante, suficiente para convertir a este filme en una de las cintas de terror británicas más memorables de la época.

La otra película británica de zombis de los años setenta no podía haber sido más diferente. *Psicomanía* (*Psychomania*, 1973) forma parte del pequeño subgénero de filmes de zombis motoristas. Otros ejemplos de este subgénero son *La ciudad de los zombies hambrientos* (*Chopper Chicks in Zombietown*) y el primer intento rodado en vídeo de *Bikers vs. The Undead.* En esencia, *Psicomanía* se acerca más a las novelas de New English Library escritas por Mick Norman, Peter Cave y otros autores, los cuales presentaban una versión muy británica de los Ángeles del Infierno en una colección de relatos breves pero intensos, dignos de poco mérito literario pero repletos de sexo, drogas, violencia y acción.

Zombis motoristas en la británica *Psicomanía* (*Psychomania*, 1973).

Situadas en la misma estantería que ocupaban las sórdidas historias de miedo de Guy N. Smith y las novelas *Skinhead* de Richard Allen, estos libros eran devorados por un público que no tenía ningún interés en la «literatura». Algunos de estos libros —*The Bike from the Hell* de Alex R. Stuart, por ejemplo— tocaban temas sobrenaturales y resulta fácil pensar en *Psicomanía* como una de estas novelas. Al igual que ellas, es barata, mala, desprovista de cualquier mérito literario y, no obstante, muy entretenida.

La película narra las aventuras de una pandilla de motoristas británicos especialmente patéticos y con una educación ridícula —«Los muertos vivientes»— cuyas hazañas consisten más que nada en molestar a la gente en los centros comerciales. El líder de la banda —el personaje de clase media Tom Latham (interpretado por Nicky Henson)— descubre que su madre (Beryl Reid) posee el secreto de la vida eterna. Todo lo que tiene que hacer él es suicidarse con la absoluta creencia de que volverá de entre los muertos.

Henson lo intenta y lo consigue, y poco después el resto de la banda sigue su ejemplo, lo cual les permite continuar molestando a la gente igual que lo hacían antes (si la historia hubiera transcurrido en la actualidad, probablemente el grupo ni siquiera habría recibido un castigo por conducta antisocial).

Psicomanía fue protagonizada por un George Sanders de aspecto avergonzado —quien poco después se suicidó, algo en cierto modo irónico teniendo en cuenta el subtexto a favor del suicidio de la película— y por la reina británica de la inmoralidad, Ann Michelle. El filme es espantosamente malo, aunque entretenido. El mejor elemento es la banda sonora de misterio al principio de la película, pero los fans del cine cutre de terror encontrarán más cualidades.

Los zombis también tuvieron un papel pequeño y sin sentido en *Kung Fu contra los siete vampiros de oro* (*The Legend of the 7 Golden Vampires*, 1974) de Hammer, película que intentaba casar las tradiciones góticas de la compañía con el género de kung-fu para llegar al público de la corriente dominante occidental. Los cineastas de Hong Kong ya estaban produciendo extrañas películas híbridas de terror para el mercado nacional.

Con un conde Drácula de risa y amanerado (insertado en la historia en el último momento), la película en realidad nunca llegó a funcionar. Quizás fue debido a que el director Roy Ward Baker y el guionista Don Houghton no comprendían del todo las películas de artes marciales ni las posibilidades del terror oriental. Pero algunas escenas, entre ellas la imagen del ejército de muertos vivientes que acompaña a los vampiros de oro, son admirables y la cinta se conserva bien a pesar del paso de los años. No se recomienda ver la versión estadounidense, titulada *The Seven Brother Meet Dracula* y reeditada hasta el punto de la incoherencia.

Ni el mar ni la arena (*Neither the Sea Nor the Sand*, 1972).

En *Ni el mar ni la arena* (*Neither the Sea Nor the Sand*, 1972) el presentador de telediario Gordon Honeycombe adapta su propia novela a una historia lenta y depresiva donde el amor vence a la muerte cuando Michael Petrovich resucita para continuar su historia de amor con Susan Hampshire. Aunque la película no da nada de miedo, tiene sus momentos, pero son pocos y salteados.

Menos serio fue *Horror en el hospital* (*Horror Hospital*, 1973) de Antony Balch, donde un doctor chiflado interpretado por Michael Gough experimenta con desafortunados huéspedes de un «balneario», convirtiéndolos en zombis sin cerebro. Balch había trabajado con William Burroughs en la década de los sesenta y como distribuidor fue una de las primeras personas en defender las películas independientes sórdidas. Sus dos largometrajes (el otro fue *Secrets of Sex*, más conocido por *Bizarre*) así lo demuestran, ofreciendo una mezcla embriagadora de sexo, terror, estética de cine basura y cinematografía experimental. Ambas películas son recomendables.

Horror en el hospital (*Horror Hospital*, 1973).

Mientras Gran Bretaña y el resto de Europa continuaban haciendo películas sobre Drácula, Frankenstein, fantasmas y asesinos trastornados durante principios de los setenta, los cineastas españoles le dieron a los zombis una nueva vida. Algunas de estas películas españolas eran muy malas, pero unas pocas señalaron el camino hacia el cine de terror europeo en general y el de zombis en particular.

En 1972, Paul Naschy dirigió la mirada hacia los muertos vivientes en *La rebelión de las muertas*, una historia torpe sobre vudú indio dirigida por León Klimovsky. En la película Naschy interpreta a un faquir que convierte en zombis a las hijas de antiguos colonos.

La rebelión de las muertas, dirigida e interpretada por Paul Naschy en 1972.

Después, ese mismo año, Naschy volvió a trabajar bajo la dirección de José Luis Merino en la pésima cinta *La orgía de los muertos*, donde interpreta al ayudante necrófilo de un científico loco que resucita a los muertos. Ninguna de estas dos películas añade mucho al subgénero y, aunque algunos de los trabajos de Naschy hacen que las películas resulten misteriosamente interesentes, lo cierto es que ambos intentos son sencillamente malos.

El director español Jesús Franco ya llevaba una década haciendo todo tipo de películas insólitas de terror, sexo y acción por toda Europa (y bajo diversos seudónimos) cuando filmó *La noche de las estrellas fugaces* (1971). Rodada en mitad de la apretada agenda de un estudio donde solían rodarse películas chapuceras, góticas y surrealistas de directores de toda Europa, el filme es uno de los trabajos más llamativos a nivel visual. Titulado inicialmente *Cristina, princesa del erotismo*, la película tiene un argumento pobre pero un estilo rico y, siempre y cuando al espectador no le importe sumergirse en la atmósfera, tiene mucho que ofrecer.

El filme gira alrededor de la visita de la heroína del título a la elegante finca de su tío, donde suceden todo tipo de sucesos insólitos, los cuales suelen implicar escenas de desnudos y la aparición de zombis poco aterradores. No ocurre mucho más, pero el filme está envuelto en una atmósfera de misterio que logra captar la atención del espectador.

El público debería evitar ver la edición estadounidense para televisión que apareció en formato de vídeo a mediados de los ochenta, ya que se cortaron todas las secuencias de sexo y violencia, el argumento tiene menos sentido incluso que en la versión original y la evocadora atmósfera desaparece por culta de los chapuceros asesinatos.

Más interesantes, y sin duda más populares, fueron las películas de «los muertos sin ojos» del director Amando de Ossorio durante la primera mitad de la década. Este cuarteto de cintas devolvieron al zombi a su puesto como personaje de terror en Europa y dieron un nuevo giro de tuerca al subgénero.

Las cuatro películas componen una serie bastante libre. Aparte de la premisa principal, no existen conexiones importantes entre cada una de las cintas y, en realidad, todas van más o menos de los mismo.

En *La noche del terror ciego,* de 1971, los zombies son antiguos caballeros templarios.

Basadas libremente en las leyendas de los caballeros templarios —un ejército de las cruzadas del siglo XIII— las películas de Ossorio explican cómo estos soldados, fallecidos hace mucho tiempo, resucitan tras haber cambiado el cristianismo por las artes ocultas durante las cruzadas. Normalmente, esto último se explica en una secuencia inicial anterior a los créditos donde los templarios sacrifican una joven virgen como ofrenda a Satanás. Como castigo por sus crímenes, los caballeros son colgados de árboles donde los pájaros les picotean los ojos, de ahí su falta de visión cuando despiertan como cadáveres momificados sedientos de sangre. Pero este handicap no les frena, ya que utilizan otros sentidos para localizar a sus víctimas.

La primera película de la saga, *La noche del terror ciego* de 1971, sitúa la escena adecuadamente. Una joven pareja se encuentra con una vieja amiga mientras están viajando por Europa, pero tras una discusión (a consecuencia de los celos de la chica porque su novio se siente atraído por la amiga y culpable, también, por una relación lésbica anterior) la chica salta del tren y acaba en un cementerio en ruinas. Para su desgracia, allí es donde se encuentran la tumbas de los templarios, los cuales resucitan y la asesinan brutalmente.

Su novio y la otra chica investigan su desaparición, lo cual los lleva a enfrentarse a los muertos sin ojos en una película lenta pero que logra su cometido, con una atmósfera intensa y, en según qué escenas, repleta de sangre y desnudos.

Los muertos sin ojos regresaron en 1973, con *El ataque de los muertos sin ojos*, donde los habitantes de un pequeño pueblo descubren que los zombis ciegos han resucitado y que están matando a personas durante las fiestas locales. El alcalde del pueblo intenta encubrir la verdad, pero al final consigue los medios necesarios para luchar contra los templarios resucitados. A la película le falta un poco del entusiasmo de su predecesora, pero aun así no está mal para pasar un poco de miedo.

El buque maldito (1974) fue un regreso a las formas. En esta ocasión, los habitantes de un pequeño pueblo pescador aplacan a los muertos sin ojos sacrificando a chicas jóvenes durante siete noches cada siete años. Un doctor y su esposa, recién llegados al pueblo, encuentran a los habitantes fríos y hostiles, así que se proponen averiguar qué ocultan sus vecinos. Es un filme que intenta crear una atmósfera extraña y misteriosa, y logra terminar la serie con una nota bastante aceptable.

Como saga, las películas de los muertos sin ojos son en general bastante impresionantes. Tienen una música excelente y algunos efectos visuales magníficos. En especial, las escenas de los templarios cabalgando sobre los lomos de sus caballos también resucitados resultan impresionantes (la ausencia de estas en *El buque maldito* es una de las razones por la que la película resulta menos atractiva).

Curiosamente, De Ossorio siempre mantuvo que sus creaciones eran momias, no zombis (y dijo para *Fandom's Film Gallery* que las acciones de sus personajes eran el resultado de «un desplazamiento en la relación entre el espacio y el tiempo»).

Los templarios hicieron una breve aparición en *La cruz del diablo* (*The Devil's Cross*, 1974) de John Gilling, pero desde entonces no han vuelto a aparecer. Parece que su resurgimiento tardará en llegar.

La película española más importante de los años setenta también fue la más parecida al modelo de Romero. De hecho, *No profanar el sueño de los muertos* imitaba claramente a *La noche de los muertos vivientes*, pero fue más allá de su trillado modelo para ofrecer al público algunos buenos sustos y algún que otro comentario social propio.

Estrenado bajo una plétora de títulos ingleses por lo general horribles (*Don't Open the Window, Breakfast at the Manchester Morgue, Let Sleeping Corpses Lie*), la película de Jorge Grau es, a su manera, tan innovadora como la versión original de Romero.

No profanar el sueño de los muertos (1974), primera coproducción hispanoitaliana de zombis.

Esta coproducción de España e Italia no se rodó en Manchester (localización que se utilizó únicamente para el inhóspito escenario inicial) sino en Lake District. El punto de vista foráneo con el que Grau describe el paisaje británico le da a las localizaciones un matiz siniestro. Poco a poco se va desvelando la historia de unos muertos que han resucitado por ondas sónicas diseñadas para matar insectos.

Realmente, la mayor amenaza en *No profanar el sueño de los muertos* no son los zombis caníbales que vuelven de entre los muertos, sino el obstinado sargento de policía McCormick (Arthur Kennedy) que se niega a creer al anticuario George (Ray Lovelock) y a Edna (Cristina Galbó) cuando estos intentan explicarle que un pirado (de hecho, un habitante recién fallecido, Guthrie el Solitario) ha matado al cuñado de Edna. En lugar de hacerles caso, el sargento sospecha que la pareja es la responsable de tal asesinato, una teoría al parecer sostenida por el hecho de que Lovelock tenga el pelo largo y lleve ropa moderna.

Más tarde, tras la masacre de los zombis en una comisaría, McCormick culpa nuevamente a los dos «adoradores de Satán». Mientras George y Edna intentan detener la rebelión de los no muertos, McCormick les localiza y dispara a George en la cabeza. «Ojalá los muertos pudieran volver a la vida, cabrón», declara, «así podría volver a matarte».

La película de Grau es un éxito prácticamente en todos los aspectos. El ritmo adecuado, la excelente cinematografía y la adecuada dirección hacen que el filme brille como pocas películas de zombis europeas han conseguido hacerlo. Por su parte, la atmósfera de misterio es impresionante. Las primeras escenas de un Manchester totalmente contaminado y masificado parecen sugerir que la civilización ya está condenada.

El obstinado sargento de Manchester recuerda al famoso jefe de policía James Anderton de la misma ciudad (un predicador laico que dirigió una cruzada personal contra la pornografía y que en una ocasión llegó a acusar a las víctimas de SIDA de «girar en su propia espiral»).

A un nivel más inmediato, la película sin duda ofrece suficientes escenas de sangre y vísceras para contentar incluso al admirador más acérrimo del cine gore. La violencia gráfica de la película resultó bastante extrema ya en 1973 y todavía hoy sigue impactando. Grau también creó algunos de los mejores zombis que han aparecido jamás en pantalla y las imágenes icónicas de este filme estimularon la imaginación infantil de muchos cuando fueron publicadas en los libros de Ana Frank durante los años setenta.

Aunque triunfó entre el público, *No profanar el sueño de los muertos* no abrió las puertas a los zombis. Pero en 1978, una película con vínculos italianos generaría gran cantidad de imitaciones. La versión de Dario Argento de *Zombie de George A. Romero* se estrenó en Europa antes que en los Estados Unidos y se convirtió en un taquillazo. Tras su éxito, empezaron a aparecer numerosas películas de zombis originarias de Italia, encabezadas por *Nueva York bajo el terror de los zombies* de Lucio Fulci.

Fulci era un director aceptable que había pasado de un encargo a otro desde los años sesenta, trabajando en diversos géneros. Hacía de todo, desde comedias sexuales hasta películas del oeste, pasando por el subgénero *giallo*. A lo largo de todos estos trabajos, pocas veces demostró una chispa de talento. Como muchos directores a destajo italianos, las películas de Fulci eran tan buenas como los guiones con los que trabajaba, y aunque sus filmes *giallo* (*Angustia de silencio*, *Una lagartija con piel de mujer*, *Siete notas en negro*) tenían algunas cosas buenas, no había nada en su trabajo que indicara ninguna afinidad en particu-

La violencia gráfica de *No profanar el sueño de los muertos* resultó bastante extrema ya en 1973 y todavía sigue impactando en la actualidad.

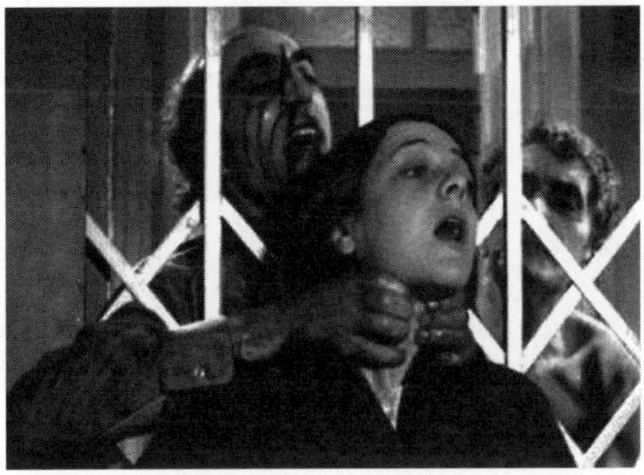

lar con el género del terror. Sin embargo, al cabo de unos años el nombre de Fulci empezó a relacionarse estrechamente al cine de terror y dicha conexión se prolongó hasta el resto de su vida.

Nueva York bajo el terror de los zombies se rodó como resultado del enorme éxito de *Zombie de George A. Romero* en Italia, donde la edición de la película de Dario Argento se tituló *Zombi*. La poca solidez de las leyes italianas sobre los derechos de autor no solo permitían que los directores rodaran plagios de grandes éxitos de taquilla, sino que también intentaran hacer pasar esas copias por filmes originales. Eso fue lo que sucedió con la película de Fulci *Zombi 2* estrenada en 1979. Para acabar de confundir a la gente, mientras que la cinta de Romero se tituló *Zombies* en Gran Bretaña, el trabajo de Fulci apareció en América como *Zombie*.

La película de Fulci resultó toda una sorpresa. En Reino Unido, se estrenó en los cines (con unos cuatro minutos menos de escenas sangrientas) con el título de *Zombie Fleash Eaters* unas pocas semanas antes del estreno de la cinta de Romero y demostró ser un gran taquillazo. Su éxito en Gran Bretaña posiblemente fue debido a su título sensacionalista, su buen cartel promocional y su coletilla novedosa y romeresca: «Cuando la tierra escupe a los muertos... Éstos regresan para arrancarles la carne a los vivos».

En los Estados Unidos la película siguió los pasos de Romero y se estrenó sin clasificar. De nuevo, tuvo un éxito inesperado. Su aparición en la portada de la revista *Fangoria* indicó también un cambio en la postura de la publicación: pasó de tener un amplio contenido de fantasía a centrarse en el terror cargado de sangre y vísceras.

El cartel de la versión americana de *Nueva York bajo el terror de los zombies*, titulada *Zombie,* resultaba bastante explícito.

La película es bastante básica a nivel estructural: al encontrar un yate a la deriva cerca de la costa de Nueva York, la policía empieza a investigar y termina siendo atacada por un zombi grande y horrible. El periodista de investigación Peter West (interpretado por Ian McCulloch, conocido por su papel de Greg Preston en la serie postapocalíptica de la BBC *Survivors*) se une a la hija del dueño del yate, Anne Bowles (la actriz americana Tisa Farrow) para averiguar qué ha sucedido. Su investigación les lleva a la isla de Matul a bordo de un yate junto con Brian (Al Cliver) y Susan (Auretta Gay). Al llegar, conocen al doctor Menard (Richard Johnson), quien les explica que la isla está siendo invadida por muertos vivientes. Mientras el doctor trata de encontrar la cura, los zombis entran en el hospital y solo West y Bowles consiguen escapar. De camino a casa, las emisoras de radio de Nueva York informan que la infección se ha propagado a los Estados Unidos y la película termina con los zombis cruzando el puente de Brooklyn. Con este final, la película se presenta como una presaga para *Zombie de George A. Romero.*

En el momento de su estreno, *Nueva York bajo el terror de los zombies* fue rechazada rotundamente por ser considerada una película desagradable, mala y violenta, sobre todo por críticos prestigiosos de cine de terror y fantasía. Randall Larson de *Cinefan* tachó la cinta de: «festival de sangre repugnante y asqueroso», y añadió: «películas como ésta son las que dan una mala reputación al género de terror». Sin embargo, la fama de la película —y de su director— ha ido creciendo gradualmente con el paso del tiempo.

En realidad, no es una obra maestra. Tiene unos valores de producción pobres, el doblaje es pésimo en todas sus versiones (al igual que muchas películas italianas de explotación de la época, el reparto multinacional recitaba el guión en diversos idiomas y más tarde se añadía el sonido), cuenta con algunas interpretaciones poco elaboradas (los actores internacionales como Johnson, McCulloch o Farrow eran habituales en el cine italiano de explotación, pero solo Johnson parece esmerarse en su papel) y el guión presenta algunas lagunas.

Pero la película tiene un «algo» innegable. La atmósfera es intensa (casi se puede oler la carne podrida de los zombis cuando estos se arrastran por las desiertas calles). Hay moscas por todas partes, los actores están empapados de sudor y la ubicuidad de los muertos y de los moribundos en el hospital atestado de infectados otorgan a la película una sensación claustrofóbica y visceral que sin duda surte efecto.

Los zombis de Fulci, creados por Gianetto De Rossi, son mucho más creíbles que los diseños que Tom Savini ideó para Romero. Estos zombis sí parecen muertos andantes y Fulci los capta perfectamente. Las escenas sangrientas de De Rossi son igualmente impresionantes, tanto que la violencia gráfica sufrió un corte de varios minutos a manos de la censura británica y el estreno de la sección no censurada se prohibió de acuerdo a la Video Recordings Act. Sin embargo, la escena más famosa de *Nueva York bajo el terror de los zombies* —aunque sin duda también es una imagen de absoluto mal gusto— mostró el punto débil de

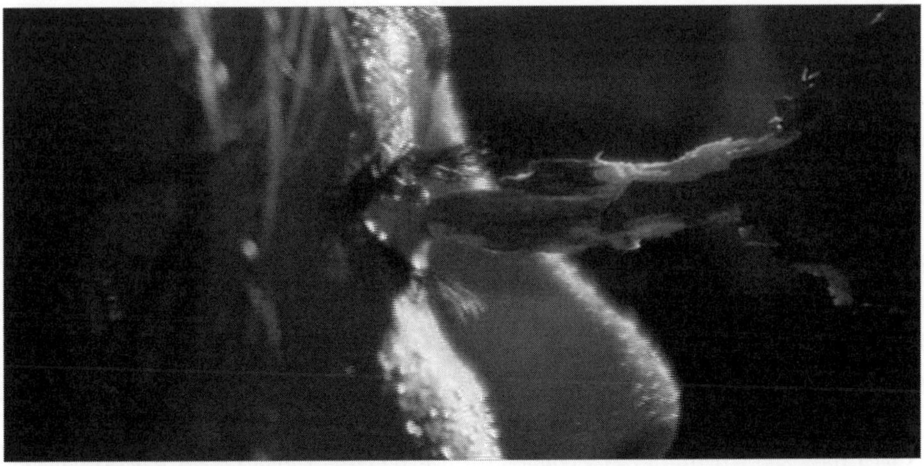

La escena más famosa de *Nueva York bajo el terror de los zombies,* cuyo metraje sufrió el hachazo de la censura británica.

Fulci, el cual estaría presente a lo largo de toda su carrera. La escena del globo ocular —cuando la esposa del doctor Menard sale de la ducha y es atacada por un zombi que le agarra del pelo y la arrastra lentamente hacia una puerta astillada, perforándole el ojo con un pincho de madera— prolonga la acción y requiere que la víctima se quede inmóvil mientras el plano de la tortura continúa. Esta escena habría tenido el mismo efecto si hubiese durado la mitad de tiempo.

El trabajo posterior de Fulci contenía escenas prolongadas innecesariamente durante todavía más tiempo (en particular, la interminable escena del ataque de la araña en *El más allá*), cosa que hacía difícil contrariar a los críticos que tachaban a la película de poco más que pornografía del terror por su fijación en prolongar las escenas más desagradables para deleite del público.

Sangre y vísceras aparte, la película tenía muchas otras cosas buenas. La banda sonora —ya sean los temas creados por sintetizador de Fabio Frizzi o los golpes de tambor casi constantes en Matul— mejora considerablemente la atmósfera de la película, mientras que la escena totalmente gratuita donde un zombi lucha contra un tiburón debajo del agua (a continuación de una escena igualmente innecesaria de Gay haciendo topless) quizás no aporten demasiado al argumento, pero no se puede negar que son momentos memorables.

Nueva York bajo el terror de los zombies es el único de los filmes de terror de Fulci que todavía hoy merece la pena. Por desgracia, no se puede decir lo mismo de sus cintas posteriores, las cuales —paradójicamente— eran mucho más ambiciosas, pero también mucho menos originales que *Nueva York bajo el terror de los zombies*. Las tres películas están claramente inspiradas en *Suspiria* y *Tinieblas* de Dario Argento, y todas presentan problemas significativos de ritmo y estructura.

Aunque en estas películas hay muchas cosas dignas de admiración (su estilo visual, la atmósfera lovecraftiana), actualmente ninguna de ellas resulta especialmente entretenida. Hasta qué punto es culpa de Fulci o responsabilidad del guionista Dardano Sacchetti es algo que todavía no se sabe, ya que ambas partes afirman ser la fuerza creativa del equipo y ambos tienen seguidores y detractores.

La primera película del declive de Fulci, es decir, la primera de la trilogía tras *Nueva York bajo el terror de los zombies*, fue *Miedo en la ciudad de los muertos vivientes* (*City of the Living Dead*, 1980). Ambientada en un pequeño pueblo de Dunwich, el filme narra una serie de extraños sucesos desencadenados a raíz del sui-

"¡Vivirás en el terror!". Cartel de *El más allá,* de Lucio Fulci, según la versión italiana.

cidio de un sacerdote. Su muerte abre las puertas del infierno y pronto el mal empieza a poseer a los habitantes del pueblo, al tiempo que los muertos resucitan. En mitad de este alboroto se encuentran el reportero Peter (Christopher George), la psíquica Mary (Catriona MacColl), el psiquiatra Gerry (Carlo do Mejo) y su paciente Sandra (Janet Agren).

El guión de Dardano Sacchetti es poco claro, ya que se limita a reunir una serie de secuencias sin conexión y sin introducción que resultan solo mínimamente relevantes en relación al argumento central. Pese a esto, contiene algunos momentos memorables a la vez que absurdos: George tratando de liberar a MacColl (la cual ha sido enterrada viva) rompiendo su ataúd con un pico, sin apenas importarle hacerle daño en la cara, y la ambigua escena final.

Una vez más, Fulci vuelve a recrearse excesiva e innecesariamente en sus escenas de sangre y vísceras. El asesinato con taladro de Bob (John Morgen, alias Giovanni Lombardo Radice) y los vómitos de tripas serían admirables si no tuvieran un ritmo tan lento (en el segundo caso, otorga más tiempo del necesario a algunas prótesis poco conseguidas). Vistas hoy, estas escenas frenan el hilo de la película por completo.

El más allá (*The Beyond*, 1981) es, según la mayoría de los admiradores de Fulci, su obra maestra. Con toda certeza, a nivel visual es el más impresionante de sus trabajos y como ejercicio de surrealismo empapado de sangre funciona bastante bien. Desgraciadamente, también es la cinta más floja de la trilogía e incluye una de las secuencias menos convincentes de la historia del cine de terror.

El director repite reparto con Catriona MacColl, esta vez interpretando a Liza, una mujer que acaba de heredar un viejo hotel en Nueva Orleans. Por desgracia, éste ha sido construido sobre una entrada al infierno —el «más allá»— y durante su restauración empiezan a ocurrir sucesos extraños. Los obreros sufren accidentes, la gente empieza a morirse y una chica invidente llamada Emily (Sarah Keller) le advierte que se vaya. Con la ayuda de un doctor de la ciudad, John McCabe (David Warbeck), Liza empieza a investigar el enigma, pero las puertas del infierno están abiertas y los muertos salen de sus tumbas.

No se puede negar que *El más allá* parece una película increíble y tiene algunas escenas estremecedoras. Un ejemplo es la secuencia antes de los créditos iniciales, en que un pintor muere al golpearse, abriendo así las puertas del infierno (esta escena se muestra en tonos sepia, aunque algunas versiones la han coloreado). Asimismo, el ataque culminante de los zombis es espectacular, igual que la escena en que una joven pierde la mitad frontal de la cabeza pero mantiene intacta la otra mitad. El deprimente final también es turbador.

Una vez más, Fulci vuelve a alargar excesivamente determinadas escenas. Las secuencias de violencia suelen durar siglos y, en realidad, entre medio hay pocas cosas interesantes. La muerte de Emily imita una escena de la película *Suspiria* y la obsesión de Fulci por los ojos, marca de la casa, fracasa nuevamente.

El peor momento de *El más allá* es cuando entran en acción las arañas de mentira. La escena es interminable; las pésimas imitaciones de arácnidos avanzan poco a poco hacia su víctima y seguidamente se la comen a un ritmo igual de lento. En esta escena, la gente que no ha crecido con esta película se da por vencida.

Aquella casa al lado del cementerio (The House by the Cemetery, 1981).

Aquella casa al lado del cementerio (*The House by the Cemetery*, también de 1981) volvió a contar con MacColl, esta vez en el papel de Lucy Boyle, una mujer que se muda a una enorme casa con su marido Norman (Paolo Malco) y con su hijo Bob (Giovanni Frezza), donde descubren una serie de sucesos misteriosos al estilo de *La morada del miedo.* Bob empieza a jugar con el fantasma de una niña, un murciélago ataca a Lucy, una pared chorrea sangre y empiezan a escucharse sonidos fantasmales.

Toda esta actividad maléfica puede atribuirse al anterior propietario de la casa, el doctor Freudstein, cuyo cadáver transformado en zombi se esconde en el sótano, donde continúa realizando sus experimentos sin éxito para conseguir la inmortalidad, los cuales inevitablemente conllevan asesinatos y mutilaciones.

Con una argumento más convencional que el de las dos cintas anteriores, *Aquella casa al lado del cementerio* supera a *El más allá* y a *Miedo en la Ciudad de los Muertos vivientes.* Contiene menos escenas excesivamente lentas y en realidad el argumento tiene sentido. Sin embargo, muchas personas que podrían disfrutar con esta historia aceptable de casa embrujada seguramente lo pasarían mal por la gran dosis de sangre y vísceras que contiene la película, ya que el gore sigue tan presente como en el resto de cintas de Fulci. La trama secundaria de la niña fantasma es un poco sensiblera y los niños no ayudan precisamente al desarrollo de la película. La elección de Frezza para interpretar al niño —papel que saca de quicio a cualquiera— puede resultar desconcertante para aquellos espectadores que no hayan visto muchas películas de terror italianas, donde los niños de aspecto raro suelen ser la norma (véase también: *La noche del terror*).

Zombie 3 fue estrenada en 1988 con muy poco éxito de público.

Después de *Aquella casa al lado del cementerio*, la carrera de Fulci decayó. Su cinta gótica *El gato negro* (*Gatto nero*, 1981) y *Manhattan Baby* (que según muchos debería formar parte de la trilogía, pero suele ser descartada porque no aparecen Catriona MacColl ni zombis) no gozaron de muy buena acogida, mientras que *El destripador de Nueva York* (*Lo squartatore di New York*, 1982) fue un regreso inútil al subgénero *giallo*.

Marcado por un salud frágil, Fulci dirigió varios filmes poco interesantes en diversos géneros, normalmente imitaciones de éxitos de cartelera como *Mad Max 2, el guerrero de la carretera* (*Mad Max 2*) y *Conan el bárbaro* (*Conan the Barbarian*) antes de volver al subgénero de los zombis en 1988. Lamentablemente, con *Zombi 3* no logró una reaparición fulgurante.

Anunciada como secuela de *Nueva York bajo el terror de los zombies* (y al principio pensada para ser proyectada en 3-D), *Zombi 3* es pésima se mire por donde se mire. Presenta un argumento que es una copia de *Apocalipsis caníbal* de Bruno Mattei, por no decir de *El regreso de los muertos vivientes* (*Return of the Living Dead*) y Mattei intervino para completar el rodaje cuando Fulci tuvo que retirarse debido a motivos de salud. El guionista de poca monta Claudio Fragasso también participó en el guión.

Como era de esperar, el resultado final no es bueno. Los horribles diálogos en boca de pésimos actores, la torpe dirección (dado la calidad del trabajo de Fulci en aquel momento, resulta difícil culpar a Mattei por el resultado final) y una atmósfera impregnada de baratura hacen que esta película sea una experiencia totalmente deprimente.

El éxito de *Nueva York bajo el terror de los zombies* animó a otros productores italianos a subirse al carro de los muertos vivientes en un ataque caníbal de plagio que todo zombi habría deseado. Como cabía esperar de las películas que eran una imitación de otra imitación, ninguna de ellas logró igualar el trabajo de Fulci. Bajo el mando de directores mediocres que carecían de la inspiración que embriagó brevemente a Fulci, la oleada de cintas sobre zombis que aparecieron en los años 1980 y 1981 no estaban del todo mal y son sin duda una pérdida de tiempo inofensiva, pero ninguna de ellas tenía auténtico valor.

La naturaleza incestuosa y caníbal del cine italiano de zombis probablemente se resuma en *Zombie holocausto* (*Zombi Holocaust*). Estrenada en 1980, la película —titulada en inglés inicialmente como *Queen of the Cannibals*— comparte tanto productor (Fabrizio De Angelis) como protagonista (Ian McCulloch)

Zombie holocausto, con una nueva banda sonora, pasó a llamarse *Dr. Butcher, Medical Deviate* en Estados Unidos.

con *Nueva York bajo el terror de los zombies* y presenta un argumento muy similar. También cuenta con algunos caníbales (tan de moda en Italia como los zombis).

El título se inspira claramente en el éxito de *Holocausto caníbal* del año anterior. La película toma prestados elementos de ambos géneros (especialmente la ceremonia de iniciación de una tribu caníbal donde aparece Alexandra Delli Colli, escena que está copiada de una secuencia protagonizada por Ursula Andrews en *La montaña del dios caníbal*, a la que más tarde se aludirá con una Margit Evelyn Newton maquillada con pintura tribal en *Apocalipsis caníbal*).

El argumento presenta a McCulloch a la cabeza de un grupo de exploradores que se dirigen a una isla remota tras descubrir la relación entre una tribu de dicha isla y una serie de mutilaciones de cadáveres sucedidas en un hospital de Nueva York. Una vez en la isla, sufren un ataque de caníbales y más tarde conocen a Obrero (Donald O'Brien), un doctor que ha estado llevando a cabo extraños experimentos médicos con los nativos, devolviéndoles a la vida.

Aunque no es exactamente una obra maestra, *Zombi holocausto* es un filme bastante entretenido y la mezcla de caníbales, zombis y doctores chiflados funciona, o al menos no llega a ser aburrida, y los amantes de la sangre pueden estar más que satisfechos con la dosis de violencia gráfica. Su director, Marino Girolami (bajo el nombre de «Frank Martin») hace un buen trabajo, aunque tampoco es para echar cohetes. En cuanto a los actores, como suele ser el caso, hay desde insípidos hasta sobreactuados. En los Estados Unidos, la película fue comprada por Aquarius Releasing, distribuidora que procedió a reeditar la cinta utilizando metraje de una película sin terminar, *Tales That Will Tear Your Heart Out*. Añadieron una nueva banda sonora y el título de la película pasó a ser *Dr. Butcher, Medical Deviate*.

Una gigantesca campaña de publicidad que incluía una «carnicería móvil» por las calles de Nueva York logró obtener más beneficios de los que la película realmente merecía. Desgraciadamente, esta versión no está disponible actualmente. El título en Reino Unido del rompedor filme de Fulci supuestamente fue la inspiración del título británico *Zombie Creeping Flesh* (conocido en las demás partes del mundo como *Hell of the Living Dead* o *Virus*, y titulado originariamente como *Inferno dei morti viventi*) y, al igual que su nuevo nombre, la película fue una tosca imitación de *Nueva York bajo el terror de los zombies* (en inglés *Zombie Flesh Eaters*).

Para ser justos, la trama intenta ser mínimamente original en lugar de limitarse a imitar lo que ya estaba creado. Esta vez, los muertos han regresado a la vida tras un accidente en una planta química de Papúa Nueva Guinea (donde los científicos estaban investigando la manera de acabar con el hambre en el tercer mundo… comiéndose los unos a los otros). Una reportera de televisión y su equipo de noticias llegan al lugar de los hechos para informar sobre lo sucedido y se ven atrapados entre los zombis hambrientos. Son rescatados por una unidad SWAT totalmente inepta que parece sacada de *Zombie de George A. Romero* y el resto de la película sigue el argumento habitual: los supervivientes se refugian en una casa abandonada y se enfrentan a los zombis mientras la infección se extiende por todo el mundo.

Apocalipsis caníbal está bien para echar una risas (cosa que la película no pretendía) y ciertamente presenta una gran dosis de sangre y vísceras, pero el director Bruno Mattei (bajo el seudónimo de «Vincent Dawn») no tiene sentido del ritmo ni del dramatismo, por lo que película resulta muy poco atractiva. El filme reutiliza descaradamente los temas de Goblin que forman parte de la banda sonora de *Zombie de George A. Romero* y añade gran cantidad de secuencias ambientadas en la selva, lo que solo sirve para poner en relieve la falta de originalidad del filme.

Sin duda, la peor película italiana de zombis de este período fue *La noche del terror* (*Le notti del terrore*), conocida en inglés por *Nights of Terror/Zombie Horror/Zombie 3/Burial Ground*. Este intento chapucero del director Andrea

Bianchi comienza cuando un profesor estudioso de los ritos etruscos resucita a los muertos y éstos le devuelven el favor comiéndoselo. A continuación, llega un grupo de turistas a la residencia del doctor para pasar el fin de semana. Entre ellos se encuentra la estrella incondicional italiana de las películas sórdidas, Maria Angela Giordano, y su hijo, interpretado por Peter Bark.

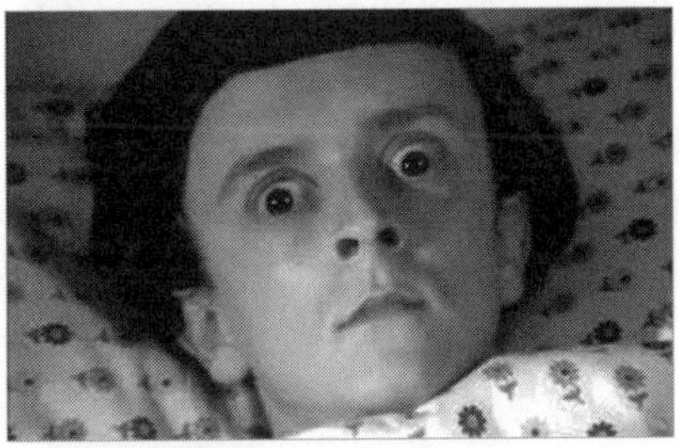

Peter Bark, actor terrorífico en *La noche del terror.*

Bark es, sin duda, la persona más rara jamás vista en pantalla, y todavía hoy la gente se pregunta si es un niño de apariencia extraña o un enano (siendo esto último lo más probable). Sea como sea, su personaje es tan insólito como su aspecto y la escena donde intenta acariciar a su propia madre sería suficiente para hacer que se le revolvieran las tripas al propio Edipo.

Lo cierto es que no sucede demasiado en *La noche del terror* hasta el desenlace, momento en que los zombis —con armas y en un estado lamentable de descomposición— logran entrar en la casa y causar todo tipo de estragos. Los supervivientes huyen a otra casa, pero poco después se convierten en comida para zombis. Sin embargo, todo pasa a un segundo plano comparado con las escenas finales, en que Bark (transformado ya en zombi) se encuentra con su madre, quien voluntariosa le ofrece el pecho al niño para que mame de él. Su hijo zombi se apresura a clavarle los dientes y le arranca el pecho, convirtiéndose así uno de los momentos de más mal gusto de la historia del cine.

Mal gusto aparte, *La noche del terror* no destaca por nada. Bianchi es un director terrible y el ritmo de la película es pesado. Aunque es un filme extremadamente sangriento, las escenas de asesinatos se prolongan al estilo de Fulci y los actores —o al menos sus personajes— resultan antipáticos hasta el punto de irritar.

La naturaleza inmoral de todo el proyecto quizás pueda resumirse en la cita tomada de la «Profecía de la araña negra» que aparece al principio de le película, que dice (textualmente): «La Tierra se estremecerá… las tumbas se abrirán… los muertos se mezclarán entre los vivos como mensajeros de la muerte y llegarán las noches del terror». Con tanta atención al detalle, ¿qué esperanza cabría para el filme? *La noche del terror* era prácticamente el último aliento que le quedaba al boom de los zombis en Italia. Los cineastas de películas de explotación se pusieron a trabajar en otros temas y los muertos por fin pudieron descansar de paz. En la segunda mitad de la década, la industria de peliculuchas italianas iba perdiendo fuerza. Los días se gloria se habían acabado y todas las películas que salían no eran más que imitaciones pobres, destinadas a desaparecer en las tinieblas del formato de vídeo.

Zombie 4: After Death (1988) fue un ejemplo típico de estas chapuzas sin sentido. A pesar del fracaso de *Zombi 3* ese mismo año, el guionista de esa película, Claudio Fragasso, dirigió este proyecto en vano, en el cual unos exploradores desencadenaban una plaga de zombis en una isla tropical. En realidad, el filme es mejor que *Zombi 3*, aunque lo difícil habría sido que fuera aún peor. Tampoco ayuda el hecho de que contara con un presupuesto de risa. La presencia de la estrella porno homosexual Jeff Stryker resultaba brevemente entretenida, pero su interpretación es tan pobre que enseguida se hace pesada.

Ese mismo año se estrenó *Los pájaros asesinos* (*Killing Birds*), también conocida como *Zombie 5* (es decir, que en doce meses se habían estrenado 3 secuelas falsas). La película era un insólito popurrí cuya trama principal era el ataque de unos zombis a unos estudiantes en un pantano. También aparece sin razón alguna un veterano ciego de la guerra de Vietnam, a quien unos pájaros vengativos le arrancaron los ojos. La película no tiene ningún sentido y el director Claudio Lattanzi (reemplazado a mitad de rodaje por el productor Aristide Massaccessi, alias Joe D'Amato) no logra inyectar ningún tipo de terror ni tensión a los sucesos. El antiguo protagonista de *El agente de CIPOL* (*The Man from U.N.C.L.E.*), Robert Vaughn, hace una aparición breve y tímida.

En 1994 se estrenó *Mi novia es un zombie* (conocida internacionalmente por *Dellamorte Dellamore* y en los Estados Unidos por *Cemetery Man*) bajo las órdenes del director Michele Soavi, un cineasta proclamado en determinado momento como el siguiente gran maestro del cine italiano de terror, pero que en realidad nunca estuvo a la altura de su potencial.

Adaptado a partir de una novela gráfica escrita por Tiziano Sclavi, el filme fue protagonizado por Rupert Everett en el papel de Francesco Dellamorte, un empleado de un cementerio encargado de eliminar a los resucitados que regresan a la vida una semana después de ser enterrados. Su vida de matazombis es rutinaria y aburrida hasta que se enamora de una reciente viuda, cuyo marido fallecido resucita y les pilla haciendo el amor. La mujer recibe un mordisco y Dellamorte tiene que matarla, lo cual lo deja al borde de locura.

Mi novia es un zombie tiene muchas cualidades: está muy bien rodada y el humor sarcástico resulta efectivo. La ironía del protagonista (Dellamorte parece estar menos vivo que los muertos vivientes) también funciona correctamente. Sin embargo, la cinta se hace demasiado larga, aunque el metraje total es de 105 minutos, y las secuencias de acción resultan pesadas.

Aunque sin duda es una película que merece la pena, *Mi novia es un zombie* es más bien un heroico fracaso que un triunfo absoluto y tampoco obtuvo el éxito comercial que muchos esperaban. Sin embargo, muchos de los temas sobre banalidad y evasión que ocupan la primera parte del filme volverían a aparecer en las películas de zombis de finales del milenio.

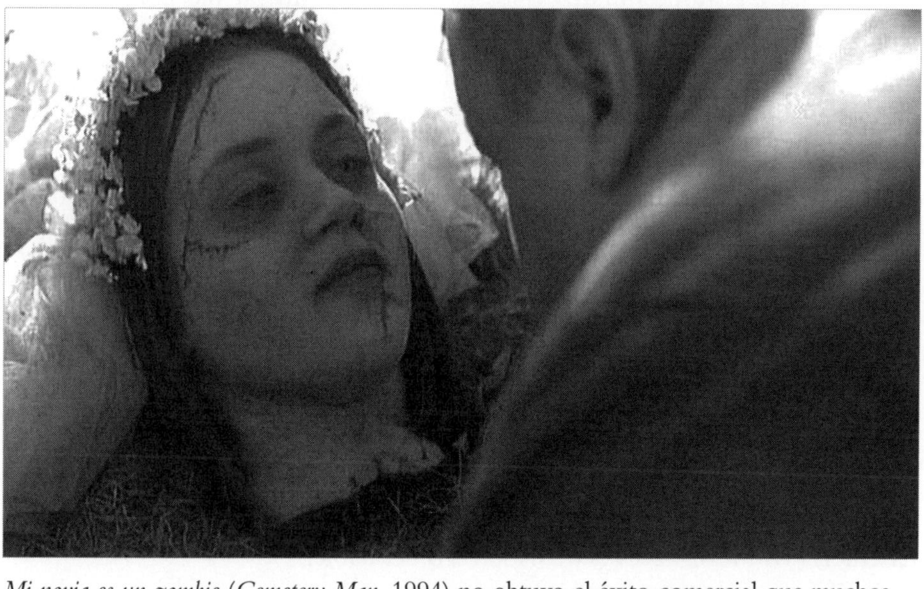

Mi novia es un zombie (*Cemetery Man,* 1994) no obtuvo el éxito comercial que muchos esperaban.

Fuera de Italia, fueron los franceses —por sorprendente que pueda parecer— quienes intentaron aprovechar el tirón de los zombis europeos durante los años ochenta. Por desgracia, pocas de estas película francesas de zombis poseen algún valor.

Jean Rollin adquirió prominencia a principios de la década de los setenta con diversas películas de vampiros bonitas, lentas e incoherentes que combinaban el erotismo discreto y el terror ambiental. Aunque su trabajo rara vez llamó la atención fuera de Francia, Rollin se formó una reputación gracias a su originalidad en el subgénero. Pero, como muchos otros cineastas franceses de películas de explotación, a mediados de los setenta empezó a rodar cintas pornográficas, ya que el mercado nacional se encontraba prácticamente atascado para todos los demás géneros excepto para éste. Más tarde la censura del gobierno cortó el grifo del porno y, a finales de la década, Rollin volvió a hacer películas de terror. Sin embargo, no recuperó el carácter elegante de sus primeros filmes.

En 1978, Rollin rodó *Las uvas de la muerte* (*Les Raisins de la Mort*, también conocida por *Pesticide* e internacionalmente por *The Grapes of Death*). Inspirado en cierta manera por *No profanar el sueño de los muertos* (y pensada inicialmente como una cinta apocalíptica antes de ser reinventada como una película de zombis), el filme muestra a los habitantes de un pueblo convertidos en zombis tras contaminar el vino con pesticida. Marie Georges Pascal interpreta a la joven viajera desafortunada que aguanta los ataques de los muertos vivientes (los cuales tienen algo de inteligencia y utilizan armas).

Rollin utiliza una buena dosis de gore, pero en esta ocasión el ritmo lento que hacía tan intrigantes sus películas de vampiros no juega a su favor. Aunque el director avanza de un incidente a otro bastante rápidamente, sus escenas de acción no logran impresionar y, aunque en conjunto no está mal, la cinta no consigue captar la atención del público. Dicho esto, la película tiene sus admiradores, los cuales son capaces de percibir elementos de estilo y calidad que la mayoría de espectadores no encuentran.

Por el contrario, *El lago de los muertos vivientes* (*Le lac des morts vivants*) cuenta con pocos fans. El endeble argumento de unos zombis nazis volviendo a la vida para vengarse de la resistencia, responsable de su muerte, durante la Segunda Guerra Mundial no es demasiado recomendable.

El ritmo de la película es lento como una tortuga y lo único que salva al filme es la cantidad de escenas de desnudos gratuitos, cosa que sirvió para que la

Impactante imagen de *Las uvas de la muerte,* película francesa claramente inspirada en *No profanar el sueño de los muertos.*

película atrajera a espectadores que no se decidían a comprar ni a alquilar cintas de porno blando y a los que apenas les importaba el cine de terror. Algunas versiones ni siquiera tienen ese punto a favor, ya que se rodaron escenas alternativas con ropa para los mercados menos liberales, como el de Reino Unido a principios de los ochenta, a cuyos espectadores se les negó cualquier escalofrío lascivo que les evadiera del aburrimiento.

Los zombis nazis de Rollin llevan maquillaje verde muy poco elaborado y hacen poca cosa. La película se anima ligeramente gracias a la trama secundaria del encuentro de una niña con su padre no muerto, quien se convierte más tarde en un zombi «heroico» (el zombi equivale quizás al «nazi heroico» estereotipado protagonista de tantas películas de explotación).

No sería justo responsabilizar a Rollin por muchos de estos defectos. La película en principio iba a ser dirigida por el inconformista Jesús Franco, pero este no se presentó, así que los productores de Eurocino le encargaron el proyecto a Rollin en el último momento. El nuevo director no tuvo tiempo ni de leerse el guión y mucho menos de hacer cambios. Por lo tanto, Rollin no reconoce como propio el desastre resultante.

Sin embargo, Franco sí dirigió otra película de zombis nazis para Eurocine, *La tumba de los muertos vivientes* (*L'abîme des morts vivants*, 1982) pero su trabajo no fue mejor que el resto de intentos en vano. En esta ocasión, las hordas de zombis aparecen en el desierto, donde atacan a un grupo de buscadores de tesoros que están buscando el famoso Santo Grial nazi. A falta de desnudos gratuitos que animen la velada, la película es totalmente intranscendente y sin duda uno de los peores trabajos de Franco.

Rollin volvió a probar suerte una vez más con el subgénero en 1982 y esta vez sí que le fue bien. *La muerta viviente* (*La morte vivante*) recuperó la belleza poética de sus primeras películas de vampiros, aunque añadió algunas escenas de terror cargadas de sangre. Una fuga de residuos tóxicos cerca de una finca devuelve a Catherine (Francoise Blanchard) a la vida con un apetito devorador por la carne humana. Se come a unos turistas como tentempié antes de ser descubierta por su amiga Helene (Marina Pierro). Helene ayuda a Catherine a encontrar víctimas, al tiempo que intenta devolverle la conciencia. Pero cuando lo consigue Catherine se siente consternada por su estado y le pide a su amiga que termine con su desgracia. Helene se niega a matarla, preparando así la escena para el trágico (y sumamente discreto) final, el cual, a pesar de su naturaleza sutil, está cargado de muerte, angustia e impacto emocional.

La muerta viviente avanza a paso lento, pero nunca se hace pesado, gracias sobre todo a las dos protagonistas. Aunque Rollin se recrea en la sangre y los desnudos, la esencia de la película es un tratado evocador sobre la locura, el amor y la obsesión. Brian Yuzna más tarde utilizaría de manera más efectiva la historia de un zombi al que le repulsan sus necesidades en *Mortal Zombie* (*Return of the Living Dead 3*), pero la cinta de Rollin posee una atmósfera indiscutible que la convierte en uno de sus trabajos más elaborados.

El cine de explotación europeo siempre ha mezclado el sexo y la violencia. No necesariamente en las mismas películas, pero el gore y la excitación a menudo iban de la mano. Muchos de los títulos más famosos del cine europeo de bajo presupuesto combinaban ambos géneros, obteniendo a la vez películas de terror y pornografía blanda o dura. Así pues, no es de extrañar que exista un buen puñado de películas eróticas de zombis.

La revanche des mortes vivantes de 1987 (conocida en inglés como *Revenge of the Living Dead Girls*) es una mezcla excitante de erotismo, mucha sangre e incompetencia. Una planta de producción de leche se contamina con una sustancia química tóxica y mueren tres chicas, pero vuelven a la vida sedientas de sangre y hambrientas de sexo. Ése es más o menos el argumento. El resto de la película es una sucesión de escenas gráficas de las zombis (que tienen la cara y las manos putrefactas pero el resto del cuerpo en perfecto estado) manteniendo encuentro sexuales que suelen terminar con una violencia extrema.

El filme destaca por su mal gusto. Las escenas son muy gráficas (aparece una mutilación genital y una embarazada a la que le abren violentamente el vientre) y la mezcla de terror y erotismo hace que muchos de los espectadores se sientan incómodos. El decepcionante final (cortado en algunas versiones) explica los sucesos de una manera que hace que todo lo ocurrido parezca una tontería. La interpretación es horrible y, aunque el director de cine porno Pierre B. Reinhard mantiene un ritmo adecuado, la película en conjunto es mala. Al público que esté buscando una experiencia morbosa quizás le guste, pero al resto de espectadores simplemente les dará asco.

Joe D'Amato había dirigido las películas de *Emanuelle negra* (*Black Emanuelle*) durante los años setenta así como varias películas de terror como *La muerte sonríe al asesino* (*La morte ha sorriso all'assassino*) y *Demencia* (*Buio Omega*), así que era casi inevitable que mezclara ambos géneros. Las películas de *Emanuelle* dirigidas por D'Amato se hicieron cada vez más oscuras y violentas, y dos de ellas (*Emanuelle en América* y *Emanuelle y los últimos caníbales*) trasladaron la serie al terreno del terror (*Emanuelle en América* contiene algunas de las imágenes más perturbadoras capturadas jamás en el celuloide: un material snuff que parece espantosamente real pero que, afortunadamente, es ficticio).

A finales de la década, Joe D'Amato estaba haciendo sus pinitos en el cine erótico y quizás por eso no sorprende que sus dos películas de zombis de 1980 combinen el sexo explícito con la sangre y las vísceras.

Aunque ninguno de los dos filmes es demasiado bueno, *Erotic Nights of the Living Dead* es la mejor, ya que al menos tiene algo parecido a un argumento. George Eastmen, protagonista habitual de las películas de D'Amato, interpreta a un marinero que lleva a un hombre de negocios y a su hija a una isla remota, donde se encuentran con Laura Gemser y son acosados por los zombis.

Lo cierto es que no sucede mucho más que llene un metraje total de dos horas. Hay escenas sangrientas y un montón de escenas de sexo duro (en la versión original sin cortes, muy difícil de encontrar, ya que la mayoría de mercados cinematográficos eliminó muchas de esas escenas; también existe una versión que consiste en una simple película de terror, sin nada de sexo). Del resto del argumento poco más se puede decir.

El hecho de que ni Gemser ni Eastman estuvieran preparados para rodar sexo duro le da a la película una cualidad extraña, ya que se pasa del sexo real a las relaciones sexuales simuladas. Con todo, el filme no es más que un intento fallido. D'Amato no era el *auteur* de porno que creía ser (como puede confirmar cualquiera que haya visto sus trabajos de finales de los noventa) y sus películas de terror eran poco más que tediosas. Así pues, no es de extrañar que sus experimentos de mezcla de géneros fracasaran.

Aun así, el filme es un clásico si se compara con *Holocausto porno* (*Porno Holocaust*). Lo mejor —en realidad, lo único decente— que tiene la película es la audacia del título. El resto es una combinación de mala dirección, porno cutre y terror pobre. La cinta cuenta con muchos de los actores de *Erotic Nights of the Living Dead* (y una vez más Eastman evita las escenas explícitas, igual que algunos de sus compañeros de reparto). La historia trata sobre un zombi bien dotado que (al final) perturba a una isla caribeña con sus asesinatos y violaciones. La dosis de terror es mínima y las escenas de sexo de D'Amato están rodadas con muy poco gusto, eliminando todo el erotismo posible. Ni excitante ni terrorífica, el final del filme es sórdido, cutre, aburrido y desagradable.

A D'Amato a menudo se le atribuye la película *Orgasmo erótico* (1982), aunque oficialmente fue dirigida por Mario Siciliano. La confusión surge de la similitud de estilos y reparto entre esta cinta y el trabajo pornográfico de D'Amato. Se trata de un filme de terror en el que una bruja resucita a unas esclavas sexuales. La consecuencia es una cinta llena de sexo duro por todas partes. Es un intento fallido que seguramente demuestre que el sexo y los zombis no forman un buen equipo, a pesar de que los cineastas siguieran intentándolo.

Los días gloriosos del cine europeo de zombis —de hecho, del cine europeo de explotación en general— hace tiempo que se acabaron. Los zombis europeos actuales se limitan a protagonizar los pésimos trabajos filmados en vídeo de directores chapuceros (la mayoría alemanes) como Olaf Ittenbach (*La legión de los muertos*), Patrick Hollman (*Urban Scumbags vs. Countryside Zombies*) y Andreas Schnas (*Zombie 90: Extreme Pestilence*).

Es poco probable que la reaparición del interés por los muertos vivientes que existe en la actualidad se refleje en el cine europeo. Una pena, ya que los mejores zombis europeos no solo ampliaban los horizontes de las formas, sino que también ofrecían un planteamiento increíblemente único y diferente a todo lo procedente de América.

7 «¡CEREEEEBROOOS!»

La resurrección americana de los zombis y la industria casera del gore mundial

Tras el éxito de *La noche de los muertos vivientes*, la película de Romero sirvió de inspiración para varias imitaciones, la primera de las cuales fue la producción *Los niños no deben jugar con cosas muertas* (*Children Shouldn't Play with Dead Things*).

La película fue el resultado inmediato de la observación por parte de los aspirantes a cineastas Ben Clark y Alan Ormsby del éxito que había tenido la película de bajo presupuesto de Romero. Se dieron cuenta de que una película de terror podía hacerse con muy poco dinero y, sin embargo, ser todo un éxito, y también de que, en muchos sentidos, la falta de unos estudios de grabación impecables era lo que hacía que películas de miedo como *La noche de los muertos vivientes* funcionaran tan bien.

Por entonces, Ormsby era un artista convertido en actor y apasionado de los efectos de caracterización que había rodado en unas cuantas cintas domésticas. En cambio, Clark era un dramaturgo y director que había filmado un par de largometrajes muy poco conocidos (*The Emperor's New Clothes* en 1966 y *She-Man* en 1967).

Ambos coincidieron en la Universidad de Miami, donde empezaron a escribir, dirigir y actuar el uno en proyectos del otro. Unos años después de licenciarse (durante los cuales Ormsby iba convirtiéndose en un serio dramaturgo cuyos trabajos a veces llegaban a interpretarse), sus caminos volvieron a cruzarse. Clark le contó a Ormsby que había logrado conseguir un pequeño presupuesto para rodar una película de terror y le pidió que lo ayudara a completar el guión y a protagonizar el papel principal. El polifacético Ormsby también se encargaría de los efectos de caracterización de los zombis.

Mientras que *La noche de los muertos vivientes* tenía un estilo serio casi propio de un documental, el guión de *Los niños no deben jugar con cosas muertas* de Clark y Ormsby contenía una dosis tan grande de risas como de terror. Ormsby protagonizaba al líder egocéntrico de una tropa de actores que sin querer resucitan a los muertos tras gastar algunas bromas de muy mal gusto a costa de un cadáver llamado Orville (incluida una boda necrófila entre gays).

A pesar de esto —y de las posteriores escenas de zombis realmente escalofriantes— la MPAA de América clasificó a la película como PG (no apta para niños sin permiso paterno), ignorando las críticas sobre la clasificación de apta para todos los públicos que había recibido la película de Romero hacía solo tres años.

Filmada en una cámara de 35mm por menos de 100.000 dólares, *Los niños no deben jugar con cosas muertas* parecía una película de mala calidad pero en realidad era bastante decente y, gracias en parte a su maravilloso título y a su irónico trailer, obtuvo un éxito moderado en autocines y salas viejas de cine de todo el mundo.

Para su estreno inicial, el filme recibió un empujón promocional extra mediante el viejo truco publicitario tan utilizado en películas de terror: la «póliza de seguro gratuita». Sin embargo, como la póliza solo cubría «los gastos del funeral», si alguien tenía la mala suerte de ser «atacado por un monstruo caníbal» durante la proyección, era poco probable que los distribuidores tuvieran que pagar nada.

Mientras que algunos críticos y fans consideraron la cinta como una obra maestra de bajo presupuesto, a otros les pareció que la mezcla de comedia y terror sencillamente no funcionaba. En particular, la interpretación claramente sobreactuada de Ormsby en el papel del cabecilla arrogante de ropa ridícula crea un efecto polarizador entre los espectadores.

Sin embargo, es la falta de ritmo y de acción lo que estropea la película, ya que carece de caracterización y estructura argumental para dar coherencia a una hora de metraje en que no sucede casi nada.

Aun así, *Los niños no deben jugar con cosas muertas* se convirtió en una especie de película de culto, especialmente en Gran Bretaña durante los primeros años de existencia del vídeo, época en que pasó a estar mucho más solicitada entre los fans que solo habían podido leer cosas sobre ella.

Los niños no deben jugar con cosas muertas (*Children Shouldn't Play with Dead Things,* 1973) contenía una dosis tan grande de risas como de terror.

Clark y Ormsby retomaron el tema de los muertos vivientes en 1974 con *Dead of Night* (alias *Deathdream*), aunque la película no podría ser más diferente de su predecesora. El filme sustituyó el humor negro por una versión repetitiva y deprimente de la historia de *La pata de mono* (*The Monkey's Paw*), con la guerra de Vietnam como trasfondo.

Al morir su hijo en la guerra de Vietnam, una madre trastornada (Lynn Carlin) desea que éste vuelva. Esa noche, Andy regresa a la casa familiar y sus parientes aliviados suponen que la notificación de su fallecimiento había sido un terrible error. Pero Andy ya no es el chico de siempre. Está ausente, hosco y solitario. No quiere ver a sus amigos y le atraen los actos de violencia. Finalmente, descubren que en realidad está muerto.

Dead of Night es una potente alegoría de los traumas causados a consecuencia de la guerra de Vietnam. El cambio de personalidad de Andy podría deberse a su condición de zombi, pero su comportamiento no se diferencia demasiado de los síntomas postraumáticos que presentan muchos de los combatientes veteranos. Con está película, Clark y Ormsby nos están diciendo que la guerra deshumaniza, en este caso, literalmente.

Dead of Night es un trabajo sutil, que ha sido subestimado y que incluye un final triste como no podría ser otra forma, con Andy visitando el cementerio, donde cava su propia tumba. Se trata de un zombi muy consciente de su estado, al que odia. La película presenta un clímax fuera de lo común, pero que encaja perfectamente con la historia cuidadosamente pensada.

Por supuesto, no todos los filmes americanos de zombis de los años setenta eran tan inteligentes como *Dead of Night*. Hubo cantidad de películas chapuceras, baratas y de explotación. De entre éstas, algunas eran geniales, otras malísimas y la mayoría igual que la media.

La venganza de los zombis (*Sugar Hill*) de 1974 fue la primera película de zombis de «blaxplotación», en la línea de cintas como *Blácula, Blackenstein* o *Dr. Black & Mr. Hyde*. En este caso, el motivo de «blaxplotación» al menos contaba con las vinculaciones históricas del vudú como base de su premisa principal, lo cual ya es un algo (aunque nada fuera de lo común).

Cuando el prometido de Sugar es asesinado por unos matones del hampa que quieren quitarle su negocio, Sugar vuelve a sus raíces vudú y le pide al Barón Samedi que la ayude a vengarse. Logran resucitar a un grupo de zombis para que maten a los malos de diferentes maneras.

Marki Bey interpreta a la actriz principal, convirtiendo a la víctima en una despiadada asesina. Con actores de reparto como el veterano Robert Quarry, habitual en televisión y en películas de terror, *La venganza de los zombis* es una de las mejores películas de terror afroamericano de los años setenta. Una cosa curiosa en este género es que la cinta consiguió ofrecer la dosis exacta de escalofríos para obtener una clasificación PG. Para Paul Maslansky —más conocido por producir clásicos de terror como *Subhumanos* (*Death Line*) y *Revenge of the Blood Beast* y más tarde la serie *Loca academia de policía* (*Police Academy*)— ésta fue la única vez que ocupó el puesto de director.

Desde Canadá llegó la desconocida *The Corpse Eaters*, una película rodada en 1973 con un guión escrito por el propietario de un autocine, Lawrence Zazelenchuk, y con un presupuesto de solo 36.000 dólares. Dirigida por Klaus Vetter (después de que el primer director, Donald Passmore, fuera despedido a los cuatro días por razones que se desconocen), se retrasó un año porque estaban esperando reunir dinero para su distribución. Finalmente acabó siendo proyectada en el autocine Zazelenchuk's 69 antes de caer en el olvido.

En *The Corpse Eaters* un grupo de personas en busca de emociones nuevas visitan un cementerio para practicar sexo e invocar al diablo. Sin embargo, en realidad invocan a los zombis, que los atacan, los persiguen hasta la ciudad y asaltan una funeraria.

A pesar de las escenas sangrientas, los desnudos y la brevedad de la cinta (inferior a una hora), cuesta mucho aguantar hasta el final, gracias a los penosos valores de producción, las malísimas interpretaciones y la pobre trama. Por desgracia, películas como esta se convertirían en algo normal en el cine de terror de la década de los noventa.

En *Garden of the Dead* (1974), un grupo de convictos deciden evadirse de la triste realidad drogándose con aldehído fórmico. Cuando los matan durante un intento de huída, sus cuerpos terminan enterrados en tumbas cubiertas de aldehído fórmico (cosa que sucede solo en las películas) y enseguida resucitan, salen de sus ataúdes y provocan una aburrida carnicería en venganza a los guardias de la prisión.

Los zombis llegaron a la pequeña pantalla con la película *Los muertos no mueren jamás* (*The Dead Don't Die*) estrenada en 1974 para televisión, dirigida por Curtis Harrington y adaptada a partir de una novela escrita por Robert Bloch, guionista de *Psicosis*. Como la mayoría de producciones televisivas de por entonces, estaba limitada por un presupuesto bajo y por las restricciones de contenido de las cadenas estadounidenses, pero aun así consiguió ser una de las películas para televisión que mejor ha funcionado.

Ambientada en los años treinta, fue protagonizada por el rompecorazones de Hollywood George Hamilton en el papel de Don Drake, un hombre que intenta limpiar el nombre de su hermano después de que éste fuera sentenciado a muerte por asesinato. Drake enseguida descubre que su propia vida está en peligro, ya que está muy cerca de averiguar los planes de Varrick (Ray Milland), conocido por «zombi máster».

Aunque no es tan buena como la novela en la que se basa, *Los muertos no mueren jamás* es una historia entretenida, aunque actualmente resulta muy difícil encontrarla.

La niña (*The Child*, también conocida en inglés como *The Zombie Child*) fue producida en 1977 por el legendario cineasta de películas de explotación Harry Novak. Se trata de una cinta de miedo discreta pero efectiva sobre una niña (Rosalie Cole) que tiene el poder de resucitar a los muertos. Al principio, los zombis se convier-

Garden of the Dead (1974).

ten simplemente en sus compañeros de juego, pero al poco la niña se da cuenta de que puede utilizarlos contra cualquiera que se cruce en su camino, incluida su tutora Laurel Barnett. Robert Voskanian hace un gran trabajo como director generando tensión y los ataques culminantes de los zombis resultan realmente terroríficos, con las horribles criaturas devorando a sus presas.

Los zombis nazis hicieron una primera aparición en 1977 con *Ondas de choque* (*Shock Waves*), en que un grupo de sobrevivientes de un naufragio (entre ellas la televisiva actriz Brooke Adams) quedan atrapados en una misteriosa isla, donde se encuentran con un antiguo oficial de las SS (Peter Cushing, poco habituado a apariciones en películas que no fueran británicas). Cushing es el único superviviente del naufragio de un submarino alemán de la Segunda Guerra Mundial que estaba lleno de súper soldados (guerreros no muertos que pueden sobrevivir en la tierra o debajo del mar). Acto seguido, los muertos vivientes se ponen en marcha y empiezan a atacar a los náufragos.

Con escenas submarinas realmente espeluznantes y con algunos de los zombis más estremecedores que se hayan visto jamás en pantalla (el departamento de maquillaje hizo un gran trabajo al simular no solo la descomposición de los zombis, sino también el efecto del agua en sus cuerpos, más pálidos y arrugados), *Ondas de choque* es una película de terror admirable. Cushing otorga cierta seriedad a los hechos, igual que John Carradine, en otro de sus muchos papeles pequeños pero logrados. El director Ken Wiederhorn hace un buen trabajo con pocos recursos y el resultado es bastante mejor que su siguiente película de zombis: *La divertida noche de los zombies* (*Return of the Living Dead II*).

La divertida noche de los zombies (*Return of the Living Dead II*, 1988).

Fred Olen Ray, director de cine de explotación, empezó su larga carrera en el mundo de las películas de bajo presupuesto con *Alien Dead* en 1980. Después de que un meteoro se estrelle contra un barco vivienda, los habitantes de la localidad se convierten en zombis, los cuales al principio se alimentan de los caimanes que viven en el pantano pero después de los humanos. El filme es bastante malo, con unos valores de producción que más tarde se repetirán en las numerosas producciones de vídeo realizadas por simples aficionados en la década de los noventa, para las cuales esta película fue una gran precursora. La cinta ni siquiera incluye el humor satírico que convirtió en aceptable el posterior trabajo de Olen Ray.

Heavy Metal (1981) fue una ambiciosa película de dibujos animados para adultos basada en el libro de cómics del mismo nombre, el cual adaptaba la revista francesa de fantasía *Métal Hurlant* al mercado estadounidense. La cinta contenía seis historias (algunas basadas en anteriores tiras de cómic, otras originales) y combinaba la ciencia ficción, la acción, la fantasía, el sexo y el terror en diversos estilos y con diferentes resultados, ya que cada historia tenía su propio equipo de trabajo. Como era de esperar, la calidad del filme es desigual, pero no por eso deja de ser fascinante, convirtiéndose en una película de culto.

En una de las historias, B-17, un bombardero de la Segunda Guerra Mundial recibe un gran impacto durante una batalla y regresa a la base con dificultades. Cuando el avión es alcanzado por el Loc-Nar (un orbe verde que actúa como el conector omnipotente de la película), sus aviadores muertos son devueltos a la vida convertidos en zombis caníbales. El piloto superviviente consigue resistirse a los zombis, pero seguidamente aterriza en una isla repleta de más muertos vivientes. Escrita por Dan O'Bannon, la historia es una de las mejores del filme, con unos personajes animados siniestros y espeluznantes como nunca antes se había visto.

Los zombis nazis volvieron en 1981, con *Night of the Zombies* de Joel M. Reed. Desgraciadamente, esta película hace que hasta la peor de las cintas europeas del subgénero parezca todo un éxito. El filme trata sobre un detective de la CIA, Jamie Gillis, que busca pistas sobre la supervivencia de soldados alemanes de la Segunda Guerra Mundial. Y es que resulta que un gas experimental (llamado Gamma 693) les ha convertido —así como a algunos soldados americanos— en zombis que necesitan una dosis regular de gas y de carne humana para seguir «vivos».

Con unos valores de producción por los suelos y un argumento absurdo (a veces parece que los zombis sean unos descerebrados, otras veces mantienen conversaciones), esta película es una de las más lamentables del género. El trabajo anterior de Reed, la famosa *Bloodsucking Freaks*, quizás resultara totalmente repugnante, pero al menos tenía un poco de brío. Esta película sencillamente es un rollo. Más tarde, *Night of the Zombies* se estrenó con diversos títulos alternativos (*The Chilling, Night of the Zombies 2, Gamma*), así que tengan cuidado.

Raw Force (1981) es sin duda una de las películas más extrañas de zombis que existen, y nadie puede acusar al guionista y director Edward D. Murphy por no cumplir con su deber. Se trata de una cinta que combina diversos géneros con total desenfreno, mezclando zombis, monjes caníbales, esclavistas de blancos, artes marciales, comedia de tetas y culos y otros, y garantiza que por muy mala que sea la película, el espectador nunca se aburrirá.

La historia empieza en la isla Warriors, donde unos monjes malvados apenas pueden contener su alegría cuando un criminal de la localidad (parecido a Hitler pero en regordete) les vende unos esclavos blancos. Está previsto que un crucero visite la isla y el traficante de esclavos está decidido a detenerlo. A bordo del barco va un grupo de expertos en artes marciales y un montón de chicas que no pueden evitar quitarse la ropa, incluida Camille Keaton de *La violencia del sexo* (*I Spit on Your Grave*) y la reina de los gritos Jewel Shepard. A pesar de los esfuerzos del infame esclavista, el crucero llega a la costa, donde sus pasajeros son atacados por hordas de zombis con la cara azul.

Raw Force tiene un argumento desastroso y sin embargo es un clásico del cine de explotación, con desnudos totalmente gratuitos, gore cutre, peleas de kung-fu y la participación del icono del cine trash: Cameron Mitchell. No es precisamente una película de calidad, pero es muy divertida. La secuela prometida (el filme termina con «continuará...») por desgracia todavía no ha llegado.

La película de zombis con mayor presupuesto de 1981 fue *Muertos y enterrados* (*Dead & Buried*). Escrita por Dan O'Bannon, tras su éxito reciente con *Alien*, y bajo las órdenes de Gary Sherman, director de *Subhumanos* (*Death Line's*), *Muertos y enterrados* tenía mucho a su favor, pero la producción fue accidentada.

Muertos y enterrados empezó siendo una comedia negra, pero cuando la productora original fue vendida, los nuevos dueños decidieron eliminar gran parte del contenido humorístico. Entonces la empresa volvió a cambiar de dueños, y los nuevos productores insistieron en que la película tuviera un tono todavía más serio, terrorífico y sangriento. Por desgracia, los distribuidores prefirieron las versiones anteriores, así que reeditaron excesivamente la cinta, lo cual terminó en una versión que al parecer no dejó a nadie satisfecho.

Temas de producción aparte, *Muertos y enterrados* sigue siendo una película fascinante, repleta de todo tipo de detalles. La acción transcurre en la pequeña ciudad de Potter's Bluff, donde un grupo de habitantes están cometiendo crímenes espantosos y misteriosos contra los turistas. El sheriff Dan Gillis (James Farentino) no consigue averiguar qué está pasando, pero poco a poco empieza a darse cuenta de que el dueño de la funeraria, Dobbs (Jack Albertson), está metido en el asunto. Finalmente se descubre que Dobbs está resucitando a los muertos y que la mayoría de los habitantes son zombis.

Muertos y enterrados es fantástica a nivel visual. La decisión de Sherman de eliminar el color rojo (excepto en las escenas sangrientas, claro está) es todo un acierto, ya que le película transmite una apariencia pálida, una impresión propia de otro mundo. El filme no logró triunfar demasiado entre el público (aunque la adaptación a novela de Chelsea Quinn Yarbro brilló por sí misma y se convirtió en éxito de ventas en Reino Unido), pero en la actualidad es una de las películas de culto preferidas.

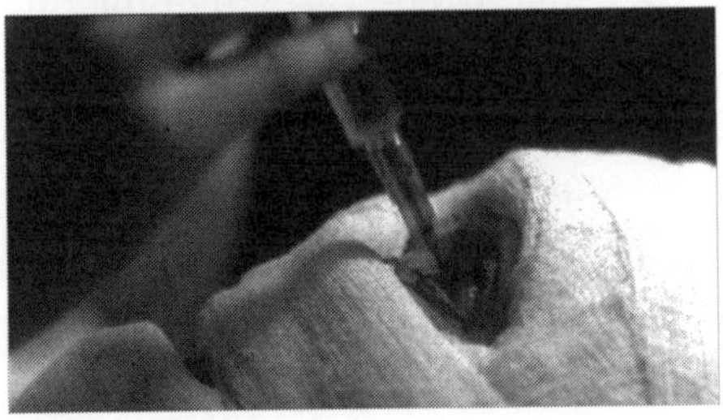

Raw Force (1981) y *Muertos y enterrados* (*Dead & Buried*), la película de zombis con mayor presupuesto de 1981.

Sin duda, la película de zombis esencial de los ochenta fue *Posesión infernal* (*The Evil Dead*, 1981) de Sam Raimi. Esta sobrecogedora cinta de bajo presupuesto se convirtió en un trabajo tan influyente como lo fue antes *La noche de los muertos vivientes*, sobre todo en Gran Bretaña, donde fue todo un éxito gracias al estreno simultáneo en cine y vídeo y a la gran campaña publicitaria de Palace Video.

Posesión infernal se merece una nota muy baja por la originalidad del argumento: cinco estudiantes se adentran en el bosque para pasar el fin de semana en una cabaña vieja y ruinosa. Una vez allí, encuentran una grabación antigua de un profesor recitando un ritual demoníaco. Sus palabras desatan las fuerzas del mal y,

La sobrecogedora *Posesión infernal* (*The Evil Dead*, 1981), de Sam Raimi.

uno a uno, los estudiantes son poseídos. Al cabo de un rato, solo queda Ash (Bruce Campbell), quien tiene que enfrentarse al ataque masivo de sus ex amigos, a los cuales solo se les puede detener con «el acto del desmembramiento del cuerpo».

Raimi mezcla con destreza los sustos y las risas en esta película notablemente sangrienta, magnificando así lo absurdo de la situación. Campbell interpreta correctamente a un desventurado héroe que se enfrenta todo el tiempo a unos muertos de risa, y transmite perfectamente el terror y la paranoia que siente su personaje. Los efectos visuales son asombrosos (la cámara desciende en picado, planea y avanza precipitadamente por el bosque) y varios momentos surrealistas (por ejemplo, Campbell atravesando un espejo con la mano) añaden al conjunto una sensación de locura desquiciante.

Evidentemente, se nota el bajo presupuesto de la película. Varios actores abandonaron el proyecto antes de acabar el rodaje (y fueron sustituidos por lo que Raimi llamó «los falsos Shemps», en alusión a la serie «Three Stooges») y Hal Delrich (interpretado inicialmente por Richard DeManincor) tiene el pelo más largo en unas escenas que en otras. Pero estos fallos apenas se perciben, gracias al ritmo incesante de la película.

En el momento del estreno, *Posesión infernal* generó gran controversia. Aunque en el Reino Unido muchas de las escenas más sangrientas fueron eliminadas, la película no se libró de estar en el punto el de mira durante la oleada de pánico suscitado por los vídeos de contenido violento o pornográfico. Así pues, *Posesión infernal* fue llevada ante los tribunales británicos hasta en sesenta ocasiones, casi siempre por cargos de obscenidad.

En los Estados Unidos costó mucho encontrar una distribuidora para la película y finalmente se estrenó sin clasificar, pero más tarde, en 1994, la MPAA la clasificó como NC-17 (no recomendada para menores de 18 años). Lo que les molestaba a los críticos no eran solo las escenas de sangre y vísceras, también condenaban la escena en que unos árboles demoníacos violan a la hermana de Ash (Ellen Sandweiss) por considerarla una secuencia demasiado gráfica. Pero los críticos no entendieron la película: toda la violencia de *Posesión infernal* es tan exageradamente excesiva que la hace cómica (en realidad, las escenas de violencia que omitió la censura británica fueron las menos sangrientas pero las más realistas). La película está más cerca de *Monty Python* que de George A. Romero.

A pesar de los problemas de censura, *Posesión infernal* se convirtió en un éxito mundial. En Reino Unido fue el vídeo más vendido en 1983. Tal triunfo hacía inevitable la aparición de una secuela.

Terroríficamente muertos (*Evil Dead II*) fue financiada por el legendario productor Dino De Laurentiis y, aunque el presupuesto seguía siendo bajo en comparación con otras películas (3,6 millones de dólares), era bastante mayor que el de la primera parte. Sin embargo, pidieron a Raimi que el resultado fuera una película de clasificación R. El director trató (sin éxito) de conseguirlo reduciendo el nivel del gore. Así pues, en esta película sigue habiendo sangre, pero rara vez es de color rojo intenso, sino granate, negro o incluso verde. La idea que se intentaba transmitir era la de que «sin sangre no hay crimen».

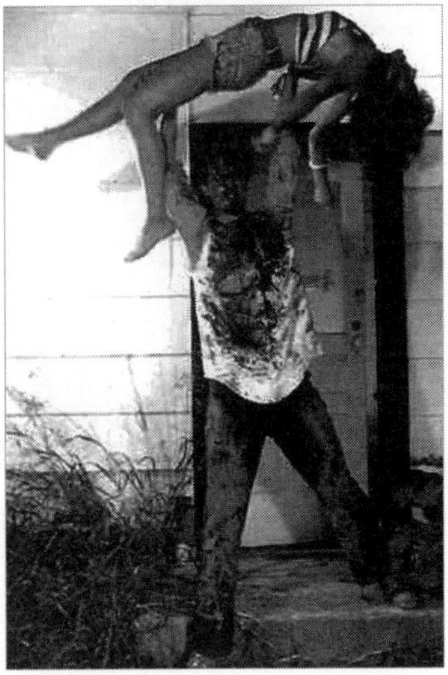

Terroríficamente muertos (*Evil Dead II*, 1987).

La película empieza con un mini remake de la primera entrega (el metraje original no estaba disponible debido a cuestiones legales) y continúa a partir del momento en que terminó *Posesión infernal*. La segunda parte prosigue a un ritmo frenético. Bruce Campbell se pasa gran parte de la película solo, Ash pasa de ser un pobre desgraciado a todo un héroe (y eso a pesar de tener una sola mano, ya que tuvo que amputarse su miembro poseído y sustituirlo por una sierra mecánica) y el resto del reparto está compuesto por personajes que causan risa.

Aunque técnicamente es superior, *Terroríficamente muertos* impacta menos que la primera parte. Los movimientos robotizados de los demonios, la falta de sangre real y la predisposición a la ironía suelen hacer de esta película una experiencia menos que satisfactoria, al menos para quienes hayan crecido con el primer filme. Sin embargo, hay unas cuantas personas (por lo general, aquellas que han visto *Terroríficamente muertos* antes que *Posesión infernal* y sienten predilección por las películas de terror de finales de los ochenta) que prefieren la segunda parte y que no disfrutan tanto con el estilo visceral de bajo presupuesto de la primera cinta.

Las secuencia finales de *Terroríficamente muertos* son especialmente buenas, cuando Ash queda atrapado en un vórtice temporal y termina en el pasado, en una guerra entre humanos y muertos. Este desenlace deja entrever el contenido de una supuesta tercera entrega, pero no sería hasta seis años más tarde cuando la saga se ampliaría con una película muy diferente a sus predecesoras.

El ejército de las tinieblas (*Army of Darkness,* 1992), continuación de *Terroríficamente muertos.*

El ejército de las tinieblas (*Army of Darkness*) empieza donde termina *Terroríficamente muertos*: con Ash en la época medieval. El protagonista prosigue con sus aventuras cuando convence a los caballeros que le han capturado de que está de su lado y en contra de las hordas de zombis (los «Deadites»). Ash se une a los caballeros en la batalla a la vez que intenta encontrar el *Neocronomicón*, clave para volver a casa.

Aunque es una película bastante aceptable, *El ejército de las tinieblas* no es precisamente una película de miedo, sino más bien de aventuras y acción, que más tiene que ver con los trabajos de Ray Harryhausen o con la reciente saga de *El señor de los anillos* (*Lord of the Rings*) que con *Posesión infernal.* Los coproductores de Universal insistieron en que fuera una película apta para menores de 14 años. El filme al final se clasificó como R, pero para ello Raimi tuvo que eliminar hasta el más mínimo derramamiento de sangre presente en *Terroríficamente muertos*. El final original de la película (Ash atrapado en un futuro postapocalíptico) también fue rechazado y sustituido por un nuevo final más optimista.

One Dark Night (alias *Entity Force*) se estrenó en 1983 y, a pesar de las críticas positivas que recibió por parte de la prensa, pronto cayó en el olvido. Una pena, ya que esta película anticuada tiene muchas cosas buenas. Mientras Julie Wells (Meg Tilly) pasa la noche en un antiguo mausoleo como parte de la ceremonia de iniciación de una hermandad femenina de estudiantes, sus «amigas» planean asustarla gastándole bromas de fantasmas. Pero por desgracia para ellas, el ocultista y asesino en masa Raymar se encuentra enterrado en ese mausoleo y no está del todo muerto. Gracias a sus poderes psíquicos, Raymar resucita a los muertos para que aterroricen a las chicas.

El director Tom McLoughlin crea una atmósfera bastante sobrecogedora, y las escenas finales, en que los cadáveres empiezan a echar chispas y se deshacen, sin duda son espectaculares (aunque están inspiradas claramente en *Posesión infernal*).

Hard Rock Zombies fue la primera película —pero no la última— en mezclar los zombis y el heavy metal (aunque el «rock duro» de la banda sonora forma parte de la insípida variedad de los años ochenta, así que solo gustará a los metaleros melenudos). En este filme de Krishna Shah, toda una banda de rock asesinada resucita junto a Adolf Hitler. Ni es divertida ni da miedo. Es una película a evitar.

La noche del cometa (*Night of the Comet*, 1984) es un gran ejemplo de las películas de terror de la corriente cinematográfica dominante de los años ochenta: elaborada, original, con una banda sonora de rock pretenciosa pero horrible, unos personajes con el pelo largo y la ropa desastrosa y nada que ofendiera ni sorprendiera al público. Se trata de una película típica de clasificación PG-13, con poca sangre, nada de sexo y un lenguaje comedido. Sabiendo todo eso, la película resulta bastante entretenida.

Cuando un cometa aniquila a la mayoría de la población terrestre, las hermanas adolescentes Regina (Catherine Mary Stewart) y Samantha (Kelli Maroney) tienen que cuidar de sí mismas en un mundo donde al parecer todos los demás supervivientes se han convertido en zombis. Las chicas se refugian en una estación de radio local donde conocen a otro superviviente sano, Héctor (Robert Beltran), y juntos contactan con un grupo de científicos (entre los que destaca la actriz de culto Mary Woronov) que intentan encontrar un remedio para la infección. El único problema es que la cura implica quitarles la sangre a los supervivientes.

La noche del cometa (*Night of the Comet*, 1984).

La película tiene poco que cautive a los fans acérrimos de los zombis. De hecho, los zombis se limitan a realizar breves apariciones nada impactantes y parecen conservar todas sus facultades intactas. Pero *La noche del cometa* está bien como película postapocalíptica para pasar el rato, y las dos protagonistas resultan atrayentes y graciosas. No es precisamente la cinta esencial del cine clásico de terror ochentero que algunos fans han sugerido pero, teniendo en cuenta sus cualidades y no sus defectos, es un intento sumamente cohesivo y, a pesar de ser un ejemplo típico de la época, ha soportado el paso del tiempo mucho mejor que muchas de sus contemporáneas.

Curiosamente, mientras que las escenas que transcurren en un enorme centro comercial recuerdan a *Zombie de George A. Romero* (con personajes que incluso mencionan el hecho de que tales lugares sean santuarios del consumismo), las que contienen referencias a la ciencia se pueden interpretar como un precedente para *El día de los muertos* (película estrenada al año siguiente). Finalmente, la idea de utilizar una emisora de radio como escondite volvería a aparecer en la nueva versión de *El día de los muertos* de 2008.

En 1985 se estrenó una secuela alternativa de *La noche de los muertos vivientes*, que más tarde generó su propia franquicia.

A mediados de la década de los setenta, tras una disputa legal entre George A. Romero y John Russo, guionista de *La noche de los muertos vivientes*, se llegó al acuerdo de que Russo podría emplear la parte «muertos vivientes» del título para sus futuros proyectos, mientras que Romero utilizaría simplemente «muertos» para los suyos. Cuando Romero empezó a trabajar en *Zombie de George A. Romero*, Russo se apresuró a publicar masivamente una terrible novela titulada *El regreso de los muertos vivientes* (*Return of the Living Dead*), un refrito de *La noche de los muertos vivientes* que no tuvo demasiado éxito. Después de que *Zombie de George A. Romero* se convirtiera en un taquillazo, los derechos de la película *El regreso de los muertos vivientes* fueron comprados por el productor Tom Fox en 1979.

Russo en principio pensaba escribir e incluso dirigir *El regreso de los muertos vivientes*, pero esa idea enseguida fue descartada; un alivio para cualquiera que haya visto sus cintas *Tras la medianoche* (*Midnigh*) y *Una por una* (*One by One*). El proyecto anduvo de aquí para allá por todo Hollywood durante varios años hasta que Tobe Hooper aceptó dirigir el filme a partir de un guión escrito por Dan O'Bannon. Inicialmente querían proyectar la película en 3-D (durante la breve reaparición del formato en 1982), pero más tarde tanto la idea de la tercera dimensión como la de Hooper a la dirección fueron descartadas y este último fue sustituido por O'Bannon.

Aunque Romero y su productor Richard Rubenstein hicieron varios débiles intentos para llevar el proyecto ante los tribunales y expresaron su inquietud explicando para *Fangoria*: «Lo que nos preocupa es que se dé a entender que algo es de George cuando no lo es… Nos preocupa cualquier cosa que pueda afectar equivocadamente a la reputación de George». *El regreso de los muertos vivientes* no podría haber sido más diferente de *Zombie de George A. Romero*.

El regreso de los muertos vivientes, 1985.

Le película empieza con James Karen y Thom Matthews interpretando a dos encargados de almacén de suministros médicos que están hablando sobre *La noche de los muertos vivientes* (una manera hábil de relacionar el filme con la cinta anterior pero presentándola como una entidad diferente). Karen explica que los sucesos mostrados en la película fueron reales y que ocurrieron cuando se liberó en la atmósfera un gas llamado trioxina, el cual resucitó a los muertos.

Algunos de los muchos cuerpos que se recogieron durante el brote de la infección han sido guardados en barriles y almacenados en un depósito de cadáveres, pero uno de esos barriles sufre una fuga y los muertos empiezan a revivir de nuevo. Mientras tanto, un grupo de adolescentes se están divirtiendo en el cementerio y de pronto los fiambres recién resucitados empiezan a atacarlos.

El regreso de los muertos vivientes juega deliberadamente con las normas establecidas en las películas de Romero. Durante su primer encuentro con los zombis, los trabajadores de la funeraria Clu Gulager, James Karen y Thom Matthews coinciden en que una bala o golpe en la cabeza acabará con las criaturas, pero pronto descubren que no es así. Los zombis se mueven rápidamente y siguen teniendo capacidad para hablar, aunque lo único que repiten es su único deseo: «¡Cerebros!» (otra cosa que diferencia a estos zombis de los de Romero es que solo se comen los cerebros de sus víctimas).

Estos cambios afectaron a la figura tradicional de los zombis de la época. Si se le preguntaba a la gente qué eran los zombis, responderían que eran muertos vivientes que comían cerebros (como causa inmediata de esta película).

El regreso de los muertos vivientes fue una película elaborada de terror mezclado con humor que dividió la opinión de los admiradores del género: a unos les encantó mientras que a otros les molestó el uso del humor «splatstick» cada vez más presente en las películas de zombis (entonces, como ahora, los fans del cine de terror serio condenaban el carácter comercial del género; paradójicamente, muchas películas como ésta, que fueron objeto de menosprecio en su época, hoy en día se consideran clásicos según aquellos adeptos al cine de terror que odian la nueva generación de películas viscerales como *Saw* y *Hostel*). Pero al público en general le gustó mucho la película, la cual se convirtió en un gran éxito y sirvió para mantener alejados a los espectadores de *El día de los muertos*.

Desde luego, *El regreso de los muertos vivientes* no es una obra maestra, pero sí es una película tremendamente divertida. Tiene un ritmo rápido y transmite auténticas sensaciones de anarquía (con una banda sonora rockera idónea para el filme que incluye colaboraciones de The Cramps, The Damned, T.S.O.L. y del antiguo componente de 13th Floor Elevator, Roky Erickson). El filme está lleno de sangre y vísceras, los toques cómicos suelen funcionar correctamente y los momentos de mal gusto no escasean. Este trabajo lanzó a Linnea Quigley (protagonista de una escena de striptease memorable) al mundo del terror y, desgraciadamente, preparó el terreno para un torrente de películas tontas de miedo que no lograron igualar la calidad de *El regreso de los muertos vivientes*.

Una de esas películas fue *El regreso de los muertos vivientes 2* (*Return of the Living Dead II*), escrita y dirigida por Ken Wiederhorn, autor de la impactante *Terror en las Aguas*. Esta secuela de 1988 imitaba a la primera parte pero tuvo mucho menos éxito. En esta entrega James Karen y Thom Matthews vuelven a aparecer, a pesar de haberse convertido en zombis en la primera parte (en esta interpretan a otros personajes).

En 1993 apareció una tercera entrega, aunque no podía haber sido más diferente. En la década de los noventa, los productores se dieron cuenta de que ya existía un mercado cinematográfico para las franquicias de terror y que, según parecía, un filme de miedo podía tener garantizado el éxito si utilizaba un título ya conocido. Por lo tanto, daba igual si la película en realidad estaba relacionada o no con sus predecesoras.

Así pues, cuando Brian Yuzna, director de *Society*, se puso al timón de la siguiente entrega de *El regreso de los muertos vivientes*, no se sintió obligado a añadir nada relevante al material ya existente. Así que no lo hizo. Yuzna omitió el humor y elaboró una película de zombis y sangre que incluía una conmovedora historia de amor.

El rebelde Curt (J. Trevor Edmond) y su novia Julie (Mindy Clarke) se cuelan en una base militar donde trabaja el padre del chico, un coronel, pensando que van a destapar la práctica de experimentos con animales. Allí se dan cuenta de que en realidad están experimentando con trioxina con la finalidad de resucitar a los muertos y utilizarlos como súper soldados.

Más tarde, después de pelearse con su padre, Curt vuelve a casa con Julie, pero cuando ésta fallece en un accidente de motocicleta, Curt vuelve a colarse en la base militar y utiliza la trioxina para resucitar a su novia. Sin embargo, aunque al principio todo parece ir bien, Julie no es la misma. La chica siente debilidad por la carne y recurre a la autolesión para frenar sus instintos. La pareja se convierte en objetivo de una banda latina cuando interrumpen un atraco, pero una vez que Julie sucumbe a sus impulsos, los gamberros del barrio son el menor de sus problemas.

Mortal Zombie (*Return of the Living Dead III*) sin duda es la mejor película de zombis de los noventa. La desafortunada pareja presenta una interpretación adecuada, mientras que las escenas de acción son bastante espectaculares. Pero lo que la hace destacar por encima del resto es la idea de que a un zombi con conciencia le aterrorice su necesidad de comer carne humana. Mindy Clarke (que, conocida como Melinda Clarke, trabajó durante mucho tiempo en la popular serie de adolescentes *The O.C.*) transmite estupendamente el terror y sufrimiento que implican su con-

Mortal Zombie (*Return of the Living Dead III*, 1993), sin duda la mejor película de zombis de los noventa.

dición y los métodos drásticos que utiliza para acabar con tales sensaciones resultan asombrosos.

Yuzna convirtió en inspiración gráfica la subcultura de modificación del cuerpo que estaba surgiendo por aquel entonces, con Julie como su modelo más radical (no solo por los aros del pezón y del labio, sino también por los trozos de metal y cristal que se clava en la carne para intentar sentir algo que no sea hambre). Como el mismo Yuzna señaló: «La dicotomía se basaba en que solo el amor o el dolor evitaban que sintiera hambre, que fuera un mero animal sin alma. Y para mí eso es la vida real, porque es algo que se ve en todas partes; la gente que no recibe cariño suficiente se hace daño a sí misma».

La cinta de Yuzna es una clásico menor. Con un final triste pero adecuado, va más allá de sus limitaciones como secuela de terror. Por entonces, muchas personas la subestimaron por no ser más que otra entrega de la franquicia. Por desgracia, *Mortal Zombie* no fue un gran éxito comercial y cayó en el olvido hasta 2005, en que se rodaron dos entregas más.

Por otro lado, Russo todavía no había terminado de aprovecharse de *La noche de los muertos vivientes*. En 2001, produjo *Los hijos de los muertos vivientes* (*Children of the Living Dead*), una secuela increíblemente mala del remake que Russo había lanzado con motivo del 30 aniversario de la película original. En el filme, el asesino en serie Abbott Hayes (el zombi del cementerio de *La noche de los muertos vivientes*, visto anteriormente en la versión en conmemoración al 30 aniversario) ataca a la gente y, por alguna razón, secuestra a unos niños (aunque luego curiosamente no se los come).

A pesar de contar con Tom Savini entre el reparto en un intento por dar un poco de legitimidad al filme, este pobre proyecto realmente nunca tuvo posibilidades de triunfar, pero, según el director Tom Ramsey, todas las posibilidades que pudiera haber tenido se fueron al garete por culpa de Russo, ya que insistió en contratar a su propio equipo y a la coproductora/guionista Karen Lee Wolf, que prohibió cualquier cambio en el guión que ella misma había escrito, despidió a Ramsey del proyecto durante el proceso de edición y, posteriormente, volvió a insertar todos sus diálogos.

Como era de esperar, el resultado final fue un desastre. Ramsey escribió una larga carta a *IMDB* en respuesta a los comentarios negativos de los espectadores sobre la película, en la que decía: «Les escribo para ofrecerles mis más sinceras disculpas por los noventa minutos de su vida que han perdido viendo la película *Los*

Re-Animator (1985) estaba basada en la obra de H. P. Lovecraft.

hijos de los muertos vivientes. Karen Lee Wolf, la hija del productor ejecutivo, escribió un guión tan terriblemente malo que casi una docena de guionistas y directores abandonaron el proyecto debido a su obsesión porque no se realizara ningún cambio sobre su guión [...] Russo insistió en rodar el filme sin contratar ningún departamento artístico de decorado, ni ayudante de dirección, ni supervisores del guión, ni departamento de vestuario, ni de maquillaje, ni director de producción. Básicamente, éramos un equipo de nueve personas formado por amigos de Russo».

Russo no era el único veterano de *La noche de los muertos vivientes* que intentaba beneficiarse todo lo posible de la película. En 1988, Bill Hinzman pensó que haber interpretado al zombi protagonista en la cinta de Romero le capacitaba para hacer su propia película de zombis. Hinzman escribió, produjo y dirigió *La venganza de los zombis vivientes* (*Flesh Eater*, más conocida en inglés como *Revenge of the Living Zombies* o *Zombie Nosh*). También interpretó al zombi principal, el cual sembraba el pánico desgarrando camisetas a las mujeres y comiéndose a unas cuantas personas.

Es una cinta espantosa a todos los niveles. Las interpretaciones pésimas, la dirección chapucera y el horrible guión se combinan para producir un resultado todavía más pobre que su personaje principal. Fue un insulto para el público y hace que uno se pregunte si existe algún límite que los antiguos actores y miembros del equipo de *La noche de los muertos vivientes* no rebasarían a cambio de explotar su pasado. Mientras escribo esto, Russo ataca de nuevo con la producción de *Escape of the Living Dead*, película que protagonizará Gunnar Hansen y Tony Todd.

Estrenada poco después de *El regreso de los muertos vivientes*, *Re-Animator* demostró ser otro clásico del terror cómico y una película muy influyente. Estaba basada (libremente) en la serie de poca calidad *Herbert West: Re-Animator* de H. P. Lovecraft y trataba sobre los experimentos de West (Jeffrey Combs), un estudiante de medicina que había inventado un suero para resucitar a los muertos.

West involucra a su compañero de habitación Dain Cain (Bruce Abbott) en su experimento, el cual sin duda tiene un resultado inesperado: aunque los muertos realmente resucitan, suelen regresar convertidos en maníacos pirados con una fuerza increíble. El decano Halsey (Robert Sampson) es asesinado, resucitado y encerrado en un manicomio, y el tutor y rival de West, el doctor Hill (David Gale) es decapitado, pero su cabeza y cuerpo son resucitados por separado. Sin embargo, Hill no está dispuesto a que un pequeño detalle como la muerte le impida apoderarse de la fórmula de West o acosar sexualmente a la novia de Cain, Megan (Barbara Crampton), desembocando en un enfrentamiento final entre West y sus creaciones.

Mezclando hábilmente el humor negro y el terror extremo, el coguionista y director Stuart Gordon creó una película de miedo bastante efectiva. La violencia fue suficiente para que la película se estrenara sin clasificar en los Estados Unidos. En Gran Bretaña, la censura insistió en realizar algunos cortes, concretamente la desagradable escena subida de tono en que la cabeza sin cuerpo del doctor Hill se sitúa entre las piernas de Megan desnuda. De hecho, los elementos de mal gusto presentes en la película son los que la hacen más atractiva, evidenciando la sensación de falta de control a lo largo de la cinta.

Combs y Gale son unos protagonistas excelentes, con algunos combates verbales geniales: (West: «Usted nunca se llevará la fama por mi descubrimiento, ¿quién iba a crear a una cabeza parlante? Consiga trabajo en un circo»), y los valores de producción son excelentes teniendo en cuenta que se trata de un filme de bajo presupuesto rodado en poco tiempo.

Re-Animator tuvo dos secuelas, ambas dirigidas por el productor de la primera entrega, Brian Yuzna. *La novia de Re-Animator* (*Bride of Re-Animator* o *Re-Animator 2*) se estrenó en 1990 y presentaba un estilo más sombrío. Aparecen de nuevo West y Cain, pero esta vez intentan crear a una mujer para poder resucitar a Megan (a quien Cain no logró salvar en la primera parte, pero de la que conserva el corazón). West también ha estado planeando crear algunas insólitas criaturas a partir de partes del cuerpo (una mano con un ojo, por ejemplo). Mientras

La novia de Re-Animator (*Bride of Re-Animator* o *Re-Animator 2*, 1990).

tanto, la cabeza del doctor Hill también vuelve a entrar en escena, esta vez luciendo alas de murciélago. *La novia de Re-Animator* funcionó peor que la primera entrega, pero contiene multitud de escenas que merecen la pena. Esta imitación de *La novia de Frankenstein* (*Bride of Frankenstein*) le da un giro de tuerca a la película original y la dirección de Yuzna es correcta. El humor sigue presente, pero se trata de una cinta mucho más cruda que la anterior, con una oscuridad y un sentido de la tragedia que Yuzna perfeccionaría más tarde en *Mortal Zombie*.

Trece años más tarde, Yuzna volvió a resucitar el concepto con *Beyond Re-Animator*. La película empieza con West arrestado (Cain finalmente lo delata). A continuación la cinta avanza doce años, donde podemos ver a West internado en una estricta prisión.

A la cárcel llega un nuevo doctor, Howard Phillips (Jason Barry), y West es nombrado su ayudante. Enseguida descubrimos que West ha seguido trabajando en sus experimentos. Inevitablemente, todo sale mal y al poco tiempo la mitad de internos de la prisión se convierten en maníacos resucitados.

Aunque su calidad es considerablemente inferior a la de las entregas anteriores, *Beyond Re-Animator* es una película entretenida. Está claro que Yuzna no contaba con un presupuesto demasiado grande, pero presenta tantos momentos de mal gusto e imágenes ridículas (un pene cortado no solo sigue vivo, ¡sino que se pelea con una rata!) que resulta inevitable disfrutar viéndola.

No todas las películas de zombis de bajo presupuesto de la época podían competir con *Re-Animator* o con *Mortal Zombie*. De hecho, la mayoría por entonces ya eran horribles y no se puede decir que hayan mejorado con el tiempo.

Zombie Island Massacre (1984) fue un filme malísimo con poca acción zombi que animara el ambiente. La masacre sucede en la isla que da nombre al título (y que también da lugar a confusión) pero no es obra de los zombis, sino de unos traficantes de droga. *Zombie Nightmare* (1989) fue protagonizada por el actor de segunda fila y músico de heavy metal Jon Mikl Thor (cuyo breve período de fama más que a su música se debió a su habilidad de inflar y explotar botellas de agua con la boca durante sus conciertos) que interpretaba a un zombi deseoso de venganza que había sido resucitado mediante un ritual vudú. La película es bastante mala, sin nada que llame especialmente la atención, aparte de la novedad de ver a Thor, quien por desgracia no repite el número de las botellas.

Guerreros del más allá (*Raiders of the Living Dead*, 1985) intentó aprovecharse de la fiebre de Indiana Jones, pero esta historia insípida de zombis en una antigua prisión fracasó a casi todos los niveles. Por su parte, *Estamos muertos... ¿o qué?* (*Dead Heat*, 1989) tuvo un presupuesto mucho mayor y un reparto apenas conocido (Treat Williams, el cómico Joe Piscopo y Vincent Price en un pequeño papel), pero esta película medio policíaca medio de zombis tampoco logró tener éxito.

La cinta *La maldición del templo azteca* (*The Laughing Dead*, 1989) del novelista S. P. Somtow intentó crear una mezcla interesante, pero defectuosa, de zombis y cultura popular azteca. El reparto estaba formado principalmente por amigos del escritor y la película contiene una buena dosis de sangre y vísceras, así como una insólita escena en que los zombis juegan a baloncesto con una cabeza cortada.

Parodias nostálgicas como *I Was a Zombie for the FBI* (1984), *I Was a Teenage Zombie* (1986) y *El terror llama a su puerta* (*Night of the Creeps*, 1986) no consiguieron dar en el blanco. La mejor de las tres fue *El terror llama a su puerta*, aunque la historia de dominio alienígena de Fred Dekker era demasiado incoherente para funcionar. El siguiente proyecto de Dekker en la línea de los clásicos de terror —la película para niños *Una pandilla alucinante* (*Monster Squad*)— fue algo mejor.

Una pandilla alucinante (*Monster Squad*, 1986), dirigida por Fred Dekker.

Gore-Met Zombie Chef from Hell (1986) es una producción en formato de vídeo digna de ocupar el rincón de las gangas que no cumple lo prometido en su título (aunque el póster de la película era bueno), mientras que *La universidad de los zombies* (*Zombie High*, 1987), *Redneck Zombies* (1987), *La muerte viaja en vídeo* (*The Video Dead*, 1987), *Neon Maniacs* (1986) y *Night Life* (1989) fueron insípidas, poco originales y cayeron pronto en el olvido.

Zombiethon (1986) no fue exactamente una película. Su director, Ken Dixon (que anteriormente había dirigido *The Best of Sex and Violence*, cinta recopilatoria de trailers esenciales) reunió diversos metrajes extraídos sobre todo de un puñado de películas europeas de zombis y añadió algunas secuencias cohesivas de estilo surrealista donde los zombis de aspecto cutre pero inquietante perseguían a mujeres en la playa o en los teatros. Estas secuencias de relleno están rodadas de modo que parezcan sueños y casi pueden considerarse artísticas (aunque sin llegar a tanto).

Como muestrario de películas de zombis, el filme presenta pocos defectos. Dixon seleccionó las «mejores» partes (concretamente aquellas donde había más sangre y desnudos) de películas como *El lago de los muertos vivientes*, *Nueva York bajo el terror de los zombies*, *La tumba de los muertos vivientes* (*Oasis of the Zombies*), así como de películas donde no aparecían zombis como *Orloff y el hombre invisible* (*La vie amoureuse de l'homme invisible*) y *Fear*. Las secuencias incluidas de sexo y violencia gratuita de *Astro Zombies* están totalmente fuera de lugar.

Otro recopilación fue *Mad Ron's Prevues from Hell* (1987) en la que el ventrílocuo Nick Pawlow y su muñeco zombi Happy presentan una selección estelar de trailers de películas. Las secuencias que unían los trailers entre sí mostraban anuncios promocionales proyectados en un cine lleno de zombis, a veces lo bastante largos para que los zombis se mordieran entre sí o empezaran a arrastrarse por la sala. A muchos espectadores esto último les molestó, ya que preferían más trailers y menos relleno. Aun así, *Mad Ron's Prevues from Hell* sigue siendo la recopilación de este tipo preferida por el público.

El muñeco zombi de un ventrílocuo no fue el peldaño más bajo al que descendió el subgénero durante este período. El último peldaño probablemente fuera el que pisó *Linnea Quigley's Horror Workout* en 1989. Desde *El regreso de los muertos vivientes*, Linnea Quigley se había ganado un puesto como reina de las películas de terror gracias a series de bajo presupuesto y a películas para formato de vídeo. No obstante, no está claro a quién iba dirigida la película, ya que lo único que hacen Linnea y sus amigas es desnudarse hasta quedarse en ropa interior, lucir cuerpo y realizar algunos ejercicios.

T&A tampoco se quedó atrás con *Night of the Living Babes* (1987) (protagonizada por Michelle Bauer, compañera de gritos de Quigley), *Gore Whore* (1994) de Hugh Gallagher, *Hot Wax Zombies on Wheels* (1999) y la pésima *Zombie Ninja Gangbangers* (1998), donde aparecían los primeros —y esperemos que los últimos— zombis violadores.

Wes Craven intentó devolver los zombis a sus raíces en *La serpiente y el arco iris* (*The Serpent and the Rainbow*, 1987), película basada en el libro de Wade Davis. Bill Pullman interpreta a un científico enviado a Haití para descubrir qué hay de verdad en unos informes sobre una droga capaz de convertir a la gente en zombis. Una vez allí, se convierte en el objetivo del gobierno corrupto y de los sacerdotes vudús. *La serpiente y el arco iris* es un trabajo logrado y efectivo, aunque más que una película de terror es un estudio sobre cómo los líderes políticos de Haití como el infame Baby Doc Duvalier (a cuyo derrocamiento hace referencia el relato) han utilizado los fenómenos de los zombis como herramienta de poder. Como era de esperar, Craven ofrece una gran dosis de terror (tomándose esa libertad a partir del relato basado en hechos reales de Davis) y el resultado es un punto de vista extraordinariamente inteligente de los zombis tradicionales.

Los zombis se mezclaron con los alienígenas en *Mal gusto* (*Bad Taste*, 1987), el inesperado éxito de Peter Jackson. Esta producción de bajo presupuesto procedente de Nueva Zelanda no defraudó. El Servicio de Investigación y Defensa Astral (o AIDS) lucha contra unos invasores del espacio que han resucitado a los muertos. Esta película estuvo bastante bien valorada pero en realidad es muy pobre; su humor absurdo y sus escenas extremadamente sangrientas atraen sobre todo a los más jóvenes, pero los fans más perspicaces necesitan algo más, una historia, por ejemplo. La película tiene sus momentos, pero la verdad es que no hay demasiada diferencia entre ésta y otras cintas estrenadas directamente en formato de vídeo.

Jackson volvió a recurrir al tema de los zombis en 1992 con *Braindead*, título que le iba como anillo al dedo. Esta vez su presupuesto era mayor, pero su sentido del humor seguía siendo pueril. Después de que un mono mutante mordiera a su madre, Lionel (Timothy Balme) observa cómo ésta se va convirtiendo en un zombi sediento de sangre. Inevitablemente, la madre empieza a comerse a las visitas y en poco tiempo Lionel se encuentra con la casa llena de zombis. La últi-

Una escena brutal de *Braindead* (1992), de Peter Jackson.

ma parte del filme es un bombardeo incesante de sangre y vísceras, ya que Lionel tiene que enfrentarse a los zombis hambrientos, lo cual es bastante espectacular, pero también demasiado simple.

Si *Mal gusto* cumplió con lo que prometía en el título, *Braindead* hizo más o menos lo mismo, pero además añadió breves instantes de ingenio. Al final, la película está tan vacía como cualquier otra película barata de terror y es menos subversiva que la mayoría.

Sorprende que Jackson más tarde rodara la épica trilogía de *El señor de los anillos* (*The Lord of the Rings*) —que tiene sus propios demonios zombis—, lo cual nos recuerda que nunca hay nada imposible.

Nudist Colony of the Dead (1991), rodada en vídeo, sin duda es una de las películas de zombis más excéntricas. Se trata de una comedia musical protagonizada por nudistas escasos de ropa y zombis con cara de circunstancia. El filme toma como referencia el argumento de una película tradicional de miedo y le da un giro de tuerca: después de que los habitantes puritanos de una localidad obliguen a cerrar un asentamiento nudista, los apasionados del sol se suicidan. Años más tarde, cuando se establece un campamento de verano en el antiguo asentamiento nudista, los muertos desnudos resucitan para cobrarse venganza.

Nudista Colony of the Dead no es tan mala como puede parecer y, para un rato, resulta bastante divertida. Pero después de ese primer rato, empieza a cansar, con canciones pobres e interpretaciones pésimas que no ayudan en absoluto. Curiosamente, dada la premisa, es una película tímida en desnudos (la mayoría de los zombis «desnudos» están cuidadosamente tapados). Desde luego, no merece la pena buscarla y casi tampoco verla, incluso aunque te la encuentres por casualidad. Es poco probable que tenga admiradores, aunque, por extraño que parezca, seguro que no será el último musical de zombis.

Mondo zombie (*The Dead Next Door*, 1988) es la madre de todas las películas de zombis posteriores rodadas en vídeo, y solo por eso merece un castigo. Pero aunque no hubiera engendrado descendencia bastarda, seguiría siendo un intento lamentable. Irónicamente, no fue filmada en vídeo, sino en película Súper 8.

Imitando descaradamente a Romero, *Mondo Zombie* comienza con una plaga de zombis y avanza a cinco años después. Las brigadas antizombis patrullan por el país intentando contener a los zombis sin demasiado éxito, mientras que los científicos, como siempre, intentan encontrar una cura.

No fueron las películas de terror de la corriente dominante lo que decepcionó a los adeptos al género. Ni las cintas de miedo para mayores de trece años que disminuyeron la dosis de sangre y vísceras con tal de ganar más dinero. El terror estaba siendo destruido por las muchas personas que le profesaban su amor, por los fans a los que, tras alquilar una de estas horrorosas cintas, se les iban las ganas de volver a ver ninguna más. En un momento en que los filmes de terror vuelven a ser populares, cuesta recordar la marginación que sufrieron en los años noventa. Sin embargo, así fue, y los más ignorados fueron los protagonizados por zombis, los cuales pasaron al control casi absoluto de directores inútiles y descerebrados que seguían dándole a la máquina de hacer churros.

Mondo zombie (*The Dead Next Door*, 1988).

Pocas películas superaron a la serie de *Zombie Bloodbath* de Todd Sheets, la cual posiblemente sea la peor serie de películas de zombis de aficionados. Se trata de una sucesión de filmes horribles con un reparto totalmente desfasado y sin ninguna cualidad en absoluto. Las entregas se limitan a repetir los motivos de Romero que supuestamente el director considera más atrayentes: el gore y los zombis zarrapastrosos. El hecho de que Sheets haya hecho tantas de estas películas indica que en alguna parte, por alguna razón, existe un público que ve este material, cosa especialmente deprimente.

Pero por debajo de todos estos trabajos se encuentra el de Andreas Schnaas, quien por algún motivo consigue seguir explotando sus intentos patéticos, repugnantes e incompetentes a nivel técnico. Desde que empezó su carrera en 1989 con *Violent Shit* (título totalmente acertado), no dejó de hacer películas de vídeo sin valor alguno. Su obra magna *Zombie 90: Extreme Pestilence* de 1990 es un ejemplo claro de su trabajo. Odiosa a todos los niveles, la cinta explica cómo un avión militar que lleva armas biológicas se estrella, lo cual provoca que los muertos regresen a la vida.

Se trata de poco más que una excusa para mostrar escenas de violencia sexual mal recreadas (pechos arrancados, una vagina desgarrada) y chorradas de mal gusto (resulta que el virus es una nueva cepa del SIDA). Es una película basura, con unos valores de producción que hacen que incluso las producciones más baratas rodadas en vídeo parezcan profesionales. Otros filmes de Schnaas a evitar son: *Demonium* (2001) y *Don't Wake the Dead* (2008).

Day of the Dead 2: Contagium es digna de mención solo por su atrevido título. No guarda ninguna relación con Romero, pero los creadores de esta tosca película consiguieron salir indemnes de tal descarado robo porque Romero ya no poseía los derechos de la película original. Título aparte, no hay nada que diferencie este intento del resto de producciones amateur filmadas en vídeo que han devaluado el subgénero de los zombis. Una mala interpretación, unos valores de producciones pobres, un ritmo lento y un sentido totalmente injustificado de presunción es lo que hizo que esta cinta fracasara.vNaturalmente, había algunas excepciones. Un par de películas rodadas en vídeo demostraron que, si se tenía una ligera idea, se podía hacer un trabajo original o atractivo.

Shatter Dead (1994) de Scooter McCrae presentó una visión diatópica de la vida tras una plaga de zombis, donde los muertos vivientes se equiparan a las personas sin hogar o a los desposeídos. Los muertos aquí no son caníbales sin cerebro, sino que conservan sus facultades y son plenamente conscientes de su condición. Simplemente existen entre los vivos, incapaces de conseguir trabajo y de pagar sus facturas. La heroína Stark Raken intenta volver a la casa de su novio (muerto) mientras a su alrededor una multitud de zombis suplican, reclaman sus derechos y se enfrentan a evangelistas que quieren destruirlos.

Shatter Dead ofrece a los espectadores un mezcla inquietante de violencia gráfica, sexo explícito (al menos en algunas versionas) y sensibilidad casera con un presupuesto de cero dólares. La cinta es deprimente, lenta, poco atractiva y diferente a todo lo ya visto. La disposición de McCrae para crear escenas sangrientas innecesarias es bastante buena.

La película británica *I Zombie: A Chronicle of Pain* (1998), rodada en película de 16 mm, es incluso más triste. Cuenta la historia de Mark (Giles Aspen), víctima de un zombi al principio de la película. El espectador sigue su proceso gradual de descomposición a medida que muere y resucita encerrado en su pequeño apartamento, del que solo se atreve a salir para alimentarse de los sin techo.

Dead Creatures (2001), de Andrew Parkinson.

Esta cinta dirigida por Andrew Parkinson es la película de zombis más deprimente de la historia y podría haber sido un éxito. Para muchos, la serena descripción del deterioro físico y mental de su «héroe» puede resultar desagradable, pero a quienes puedan soportarlo les parecerá brutal al tiempo que fascinante. El siguiente filme de Parkinson fue *Dead Creatures* en 2001, en el cual continuó su trabajo anterior sobre el apocalipsis de los zombis con una historia igualmente dura de unas mujeres zombis que atraían a víctimas masculinas a su guarida.

McCrae y Parkinson marcaron la nueva dirección del subgénero: lejos de las imitaciones baratas de las películas de Romero y de vuelta a la originalidad y a la respetabilidad crítica. Seguro que lo único que faltaba para volver a colocar a los zombis en el número uno de la lista era un par de películas.

8 LIBROS DE MUERTOS

Los zombis en la literatura

No ha sido hasta hace poco cuando los zombis se han hecho un hueco en el campo literario. Anteriormente, los muertos vivientes casi siempre habían sido invisibles para la literatura. Los escritores de libros de terror normalmente preferían centrarse en los arquetipos clásicos de vampiros, fantasmas y hombres lobo. Pero, al igual que en el cine, los zombis poco a poco han ido avanzando hasta conseguir un lugar en primera línea en la literatura de ficción de terror.

Uno de los problemas a la hora de analizar los primeros libros de zombis subyace en la definición exacta de qué constituye un zombi. Ciertamente, muchos libros y relatos cortos incorporaban muertos vivientes (o al menos criaturas que parecían zombis) en sus historias, pero algunos de éstos eran el resultado del vampirismo, de experimentos llevados a cabo por científicos chiflados, de invasiones alienígenas y de hipnosis. Lo mismo se puede aplicar al cine; la diferencia está en que mientras las películas de zombis utilizan un código visual para identificar a estos personajes, la literatura de zombis lo tiene más difícil.

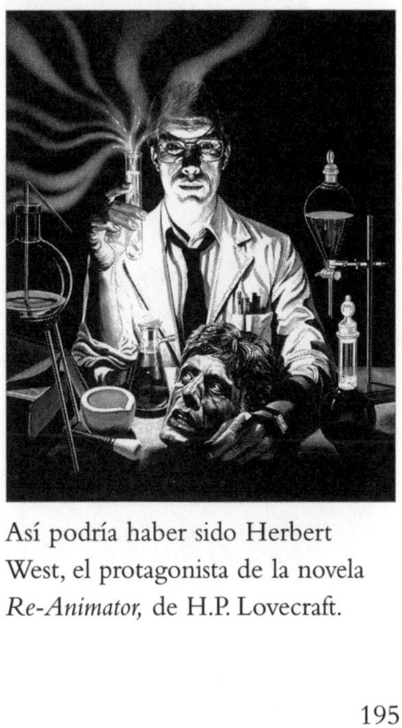

Así podría haber sido Herbert West, el protagonista de la novela *Re-Animator,* de H.P. Lovecraft.

Herbert West: Re-Animator de H.P. Lovecraft es un buen ejemplo. Mientras no cabe duda que la visceral interpretación cinematográfica de Stuart Gordon es una película de zombis —aunque con referencias a Frankenstein—, la cosa no está tan clara en la historia original de Lovecraft. Escrita inicialmente como un serial para la revista *Home Brew* bajo el título de *Gruesome Tales* en 1922, la historia apenas contiene muestras del estilo y de la atmósfera propias del autor, su formato episódico resta mérito a la fluidez narrativa y Lovecraft se ve obligado a resumir episodios anteriores para poner al día a los nuevos lectores.

Herbert West: Re-Animator narra los experimentos del personaje que da nombre a la historia en su lucha por vencer a la muerte, tras los cuales obtiene diversos resultados. El decano Halsey de Miskatronic University resucita, pero regresa a la vida convertido en un maníaco, mientras que sus experimentos posteriores no salen mucho mejor. Así pues, West se va de viaje antes de que alguien se dé cuenta de sus fracasos. En un episodio aparece en la Primera Guerra Mundial (un motivo que también se utiliza en *La novia de Re-Animator*) y, al final, West «desaparece».

Aunque la historia es entretenida, en realidad no lleva a ninguna parte, excepto en el capítulo final, cuando las víctimas de West —incluido un doctor decapitado que «se disfraza» con la cabeza de un maniquí y lleva su propia cabeza resucitada en una caja— por fin se vengan del científico loco. Dichos sucesos demuestran que las escenas similares que salen en la película de Stuart Gordon no eran simples anécdotas, sino detalles tomados de la historia de Lovecraft.

La película *Los muertos no mueren jamás* (*The Dead Don't Die!*) está basada en la novela de Robert Bloch.

La novela *Los muertos no mueren jamás* (*The Dead Don't Die!*) de Robert Bloch también apareció primero en la revista *Fantastic Adventures* en 1951. Filmada como una película para televisión en 1974, la historia de Bloch es una combinación fascinante de los géneros policíaco y de terror.

Explica la historia de un guardia de prisión conocido solo como «Bob» y de un preso a su cargo, Cobo Colluri, un hombre forzudo que trabajaba en un circo y que espera su hora en el corredor de la muerte tras haber sido condenado por error a la pena capital. Justo antes de su ejecución, Colluri le entrega una carta a Bob para que se le entregue a El

Gran Ahmed, que practica la quiromancia, donde le pide al adivinador que le dé al guardia todos sus ahorros, 8000 dólares, para que le ayude a limpiar su nombre. Pero a medida que avanza la investigación, Bob se introduce en un mundo de crímenes, vudú, chantaje, zombis y alucinaciones surrealistas.

Digno de mención es *Soy leyenda* (*I am Legend*) de Richard Matheson, ya que aunque no es exactamente una novela de zombis, indudablemente ha influido en el género, convirtiéndose en inspiración para *La noche de los muertos vivientes* de George A. Romero. Adaptada a la gran pantalla nada más y nada menos que en tres ocasiones (siendo *El último hombre vivo* la versión más efectiva), se puede decir que la historia apocalíptica de Matheson prácticamente es el anteproyecto de películas nihilistas de zombis que aparecerían a finales de los setenta.

La novela *I am Legend*, de Richard Matheson.

La primera novela sobre zombis que dejó una profunda huella en el género fue la adaptación a novela de *La noche de los muertos vivientes* de John Russo. La adaptación de una película a novela después de tanto tiempo desde su producción resultaba poco habitual, sin embargo, Russo apenas aportó nada nuevo, sino que se limitó a volver a contar más o menos la misma historia, sin esforzarse en desarrollar los personajes para la versión impresa. Aun así, el libro fue todo un éxito gracias a la popularidad todavía viva de la película, tanto que Russo editó una segunda parte.

La novela de Russo es bastante floja. Con un argumento poco atractivo y mal estructurado y unos personajes en general poco interesante, *El regreso de los muertos vivientes* no es más que un ejemplo de literatura barata de usar y tirar, y por desgracia carece del entusiasmo que hacía que el género literario de mala calidad de los sesenta y setenta resultara tan atrayente.

Así pues, no es de extrañar que el argumento del libro no fuera el elegido para la versión cinematográfica (aunque las horribles adiciones de Russo a la «edición especial» de *La noche de los muertos vivientes* y la pésima *Los hijos de los muertos vivientes* están inspirados en su novela). Cabe mencionar que la palabra «zombi»

John Russo (en la foto saludado por un fan) escribió su novela *La noche de los muertos vivientes* a partir de la película de George A. Romero.

no parece en el libro, sino que los muertos vivientes son llamados «demonios necrófagos», lo cual refleja la descripción original empleada en *La noche de los muertos vivientes*.

Russo más tarde prescindió de los zombis en sus novelas, aunque recurría a ellos de manera regular para sus películas y últimamente para sus libros de cómics.

Para no ser menos, George A. Romero (en colaboración con Susanna Sparrow) adaptó a novela *Zombie de George A. Romero* ese mismo año. Al igual que el de Russo, el libro de Romero aportó muy poco a la versión cinematográfica, sin embargo, el resultado fue una buena novela de terror. Los diálogos artificiosos de Romero no parecían tan forzados ni pesados como los de Russo, y tanto las secuencias de acción como las de tensión fueron adaptadas correctamente del guión a la novela.

El autor británico Peter Tremayne (cuyo nombre real es Peter Berresford Ellis) fue un autor de fantasía y terror bastante prolífico durante finales de los años setenta, ya que escribió cantidad de novelas entretenidas sin demasiada calidad. Éstas a menudo estaban inspiradas en personajes literarios o de películas. Entre ellas escribió algunas novelas populares de Drácula, *The Vengeance of She* (que no tiene nada que ver con la película de Hammer llamada igual), *The Curse of Loch Ness*, *The Ants* y muchas más. En 1981 probó con los zombis, aunque su historia hacía caso omiso a las normas cinemáticas contemporáneas para esas criaturas. El protagonista en *Zombie!* no era un caníbal en absoluto, ya que Tremayne devuelve el género a sus raíces caribeñas.

Zombie! explica la historia de June y Steve Lambert, un pareja londinense a la que invitan a una pequeña isla caribeña para reclamar la herencia de June después del fallecimiento de su abuela. Desgraciadamente, la isla de San Miguelón no es el acogedor paraíso tropical que esperaban, con habitantes hoscos, avisos de peligro y extraños sucesos relacionados con el vudú.

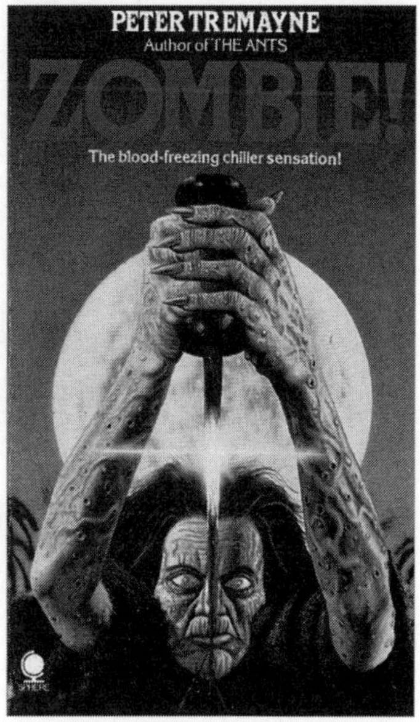

Cubierta original de la novela *Zombie!* de Peter Tremayne.

La novela de Tremayne mantiene un ritmo constante y, aunque no es su mejor trabajo, sí es entretenida. Su heroína de color (totalmente atípica) resulta poco común teniendo en cuenta la época y el género del libro, y Tremayne consigue sacar del argumento más jugo del que realmente tiene. Sin embargo, puede que los admiradores del subgénero se sientan un poco decepcionados, ya que en el libro no solo no hay zombis caníbales, sino que tampoco contiene ninguna escena de auténticos zombis excepto al final, en que aparecen muy brevemente.

Tendría que pasar otra década más para que los zombis penetraran de verdad en el mundo de la literatura de terror a través de la influyente colección de relatos cortos *El libro de los muertos* (*Book of the Dead*, 1990). Este libro y su continuación en 1992, ambos editados por John Skipp y Craig Spector —por entonces a la cabeza del movimiento «splatterpunk»—, presentaban cuentos modernos de zombis escritos por algunos de los nombres más célebres del género de terror. No se trataba de un exquisito compendio de viejas historias de miedo que evitaban los excesos, sino más bien de relatos terroríficos y gráficos influenciados por Romero. Entre los autores colaboradores destacan Stephen King, Ramsey Campbell, Richard Laymon y Poppy Z. Brite.

Esta intensa colección de historias tuvo un éxito enorme y diversos imitadores. Uno de ellos fue Stephen Jones con su *Mammoth Book of Zombies* de 1993, en el que mezclaba cuentos modernos y antiguos mente por los mismos autores que aparecían en todas las colecciones de Jones) en una recopilación que triunfó tanto en cantidad como en calidad. Algunas historias son muy buenas, otras no tanto.

La novela de zombis ha alcanzado la mayoría de edad a partir del cambio de siglo. En los últimos años ha tenido lugar una repentina oleada de literatura sobre zombis.

Guerra mundial Z (*World War Z*) de Max Brooks es una muestra de la prosa posmoderna del nuevo milenio. En 2003, Brooks escribió *Zombi: Guía de superviven-*

Max Brooks y su *Guerra Mundial Z*, la prosa posmoderna del nuevo milenio.

cia (*Zombie Survival Guide*), un manual en clave de humor que explica qué hacer en caso de ataques zombis. Fue un éxito inesperado y varios sitios web, escritores y cineastas aficionados lo han emulado.

La novela *El alzamiento* (*The Rising*, 2003) de Brian Keene nos brindó zombis caníbales inteligentes, esta vez como resultado de una posesión demoníaca (una extraña explicación religiosa para una plaga de zombis). El héroe del relato, Jim Thumond, viaja por América en busca de su hijo y por el camino se le unen un grupo improvisado de supervivientes. Durante el trayecto, luchan juntos contra zombis y humanos. La aventura mantiene un ritmo adecuado, pero sin duda decepcionará a algunos fans de los zombis por sus referencias al demonio. Keene escribió una secuela para *El alzamiento* titulada *City of the Dead* (2005).

Igual que sucedió con las películas de vídeo, la literatura de zombis generó gran cantidad de trabajos menores. En *Deathbringer* de Bryan Smith, una Parca (encargada de recoger las almas de los difuntos) se rebela contra Dios y desata una plaga de zombis en Dandridge, Tennesee. La novela es un ejemplo que demuestra que la ficción barata de terror no está perdida.

Eve of the Dead de Nathan Tucker es poco más que un plagio a Romero. Sus personajes planos incluso se esconden en un hipermercado (o centro comercial, si se prefiere) y copia algunos aspectos de *Zombie de George A. Romero* de manera totalmente descarada.

La trilogía *As the World Dies* de Rhiannon Frater ofrece una punto de vista femenino. Sus protagonistas, un ama de casa maltratada y una abogada lesbiana, se unen para huir del apocalipsis. Por lo demás, no aporta demasiado al subgénero. A parte de estos esfuerzos en vano, el género disfrutó de algunos trabajos realmente atractivos.

Day by Day Armageddon de J. L. Bourne es más interesante de lo que pueda sugerir su torpe título. Se trata de una historia de supervivencia urbana al estilo de Romero con zombis repartidos por todo el mundo. El narrador (y autor) es un oficial de la marina estadounidense, lo que le da al relato un punto de vista militar único. La novela tiene un final abierto, lo cual puede frustrar a algunos de sus lectores.

Posiblemente la franquicia sobre zombis con más éxito de los últimos años, desde el punto de vista creativo, haya sido la saga *Autumn* de David Moody. Este autor británico autopublicó *Autumn* en internet en 2002 (libro que se puede descargar gratuitamente). Moody no solo escribe sus novelas sin ninguna colaboración, sino que también las diseña y publica sin ayuda de nadie.

Hasta el momento, su colección está compuesta por cuatro entregas que explican cómo se va desmoronando la sociedad después de que la mayor parte de la humanidad sea erradicada por una misteriosa plaga que también resucita a los muertos. A medida que la saga progresa, los muertos vivientes poco a poco van evolucionando de criaturas tontas y torpes a seres conscientes de sí mismos y sensibles.

La saga *Autumn*, de David Moody, autor que diseña y publica él mismo sus obras.

La primera novela de la serie *Autumn* es aceptable como historia independiente, pero fue con *Autumn: The City* cuando el relato épico de Moody cobró importancia. Tomando como punto de partida los primeros días de la infección —con el noventa y nueve por ciento de la población mundial aniquilada inmediatamente tras una plaga desconocida—, el libro sigue las vidas de los pocos supervivientes inmunes a la infección que quedan, mientras van relacionándose poco a poco entre sí. Inicialmente, los personajes solo tienen que soportar la muerte repentina de todo el mundo, pero pronto algunos de los cadáveres empiezan a resucitar. Al principio, los resucitados no son más que cuerpos vacíos que se arrastran sin enterarse de nada de lo que pasa a su alrededor, pero cada vez van volviéndose más agresivos y peligrosos. Los zombis de Moody no son caníbales, la única amenaza que representan en su número tan elevado y, con el paso del tiempo, es tal la enemistad que desarrollan hacia los vivos que cualquiera que tenga la mala suerte de caer en sus redes no saldrá con vida.

Autumn: Purification completa el arco narrativo con un argumento en que los supervivientes, cada vez más desesperados, intentan esquivar al creciente número de «cuerpos» (Moody evita la palabra «zombi») y esperan como pueden a que los muertos vivientes por fin desaparezcan.

Autumn es sin lugar a dudas un relato desolador e inquietante, pero no por eso menos fascinante. La saga posiblemente represente un punto de inflexión en cuanto a calidad para la novela de zombis. En estos libros no hay sensacionalismo, solo el sentimiento incesante de desesperación transmitido a través del pequeño grupo de supervivientes que lucha por resistir.

La innovación de Moody es la idea de que cualquier sonido (en un mundo muerto, hasta el más mínimo sonido es audible) atrae inmediatamente a cientos de zombis. La forma en que el autor describe los edificios asediados por ejércitos interminables de zombis es realmente asombrosa.

El cuarto libro, *Autumn: The Human Condition*, es un complemento de la serie que contiene tramas subyacentes sobre algunos de los personajes habituales y que también presenta algunas caras nuevas. Es un extra fascinante, aunque los lectores no deberían leerlo antes de terminar el resto de entregas, ya que si no muchas de las historias no tienen sentido.

Moody no es el único escritor que hace uso de internet para promocionar su libro. Dado que las editoriales tradicionales muestran poco interés por las historias de terror, los autores han empezado a promocionar y presentar sus trabajos en la red.

Zombie Island (*Monster Island*), la impresionante novela de David Wellington, nació como un serial en forma de blog antes de adaptarse a la versión impresa. Le siguieron las secuelas: *Zombie Nation* (*Monster Nation*) y *Zombie Planet* (*Monster Planet*). *Dead Ends* de Nathan Piekos es una serie esporádica publicada en internet, mientras que *Zombie Bukkake* de Joe Knetter es una novela autopublicada que mezcla porno, gore y mal gusto a partes iguales.

La trilogía (por el momento) *Reign of the Dead* de Len Barnhart narra una plaga apocalíptica de zombis en los Estados Unidos mediante una sucesión impresionante de historias, mientras que *Zombie Me: Patchwork and Pieces* de William Zedalis aparece en otro blog, esta vez narrado desde el punto de vista de los zombis. Evidentemente, el carácter de la literatura «autopublicada» *online* hace difícil que se pueda seguir la pista a todo lo que se publica en la red. Es bastante probable que las mejores novelas de zombis del mundo estén en alguna parte del ciberespacio, esperando a que alguien las descubra.

9 VIDEOJUEGOS DE MUERTOS

El ascenso de los zombis virtuales

Parece como si cada generación tuviera que soportar un pánico moral cuya causa se atribuyera a una nueva forma de medio de entretenimiento. En la década de los cincuenta los culpables eran los cómics de terror, en los ochenta se culpó de todos los males de la sociedad a los «vídeos desagradables» y en la primera década del siglo XXI sucedió lo mismo con los videojuegos.

Sea de internet, de ordenador o de consola, el videojuego actualmente es la bestia parda de la prensa sensacionalista, de los políticos oportunistas y de los padres propensos al pánico. Tampoco ha ayudado la ignorancia actual de los críticos, quienes dan por supuesto con plena convicción que los juegos van dirigidos a niños (a pesar de las clasificaciones de edad de la BBFC y de que la edad media de los jugadores en la actualidad es de veintiocho años).

Uno de los primeros videojuegos sobre zombis, *The Evil Dead* para consola Commodore 64.

Mientras que juegos violentos y sofisticados como *Grand Theft Auto* y *Manhunt* han sido objeto de gran controversia, los juegos ambientados en temas de terror han recibido mucha menos atención por parte de la prensa. Y eso a pesar de que una de las franquicias de juegos más grandes de todos los tiempos fuera una superproducción de zombis cargada de sangre e inspirada en Romero. Pero *Resident Evil* se encuentra muy lejos del primer juego protagonizado por zombis. En 1984, cuando los videojuegos domésticos eran una cosa bastante primitiva, *The Evil Dead* reunió a un selecto número de películas de terror (*Halloween* y *La matanza de Texas*, entre otras) para adaptarlas a videojuegos de consolas, en este caso a la Commodore 64 y a la ZX Spectrum.

Como imaginará, el juego tenía poco en común con la película aparte de la premisa principal. Ash (el jugador) debe intentar impedir que los muertos entren en la cabaña cerrando puertas y ventanas, a la vez que debe enfrentarse a los Deadites que ya están dentro. Este juego, producido por Palace Software, ofrece poco entretenimiento, incluso para los estándares de por entonces, con unos gráficos penosos y una acción prácticamente inexistente.

A pesar de esto, *The Evil Dead* también se produjo en formato para ordenador y alrededor de 1987 sacaron el subproducto *Evil Dead* compatible con Atari 2600, igual de intrascendente. La calidad mejoró ligeramente en el año 2000 con el estreno de *Evil Dead: Hail to the King*. Ambientado siete años después de *Army of Darkness*, el juego presenta a Ash y a Jenny, su compañera de trabajo en S-Mart, regresando de nuevo a la vieja cabaña del bosque, donde una vez los Deadites les atacan. En lo que respecta al argumento, *Hail to the King* es una mezcla de la dinámica de *Evil Dead* y de ideas nuevas (la crudeza del final es excelente), todo mejorado con unos buenos gráficos. El juego estuvo cerca de igualar la ferocidad de las películas.

Con un argumento bien fundamentado, una mecánica de juego correcta, unos gráficos aceptables y unos diálogos de Bruce Campbell, *A Fistful of Boomstick* merece una nota más que suficiente en la tradición de *Evil Dead*.

La adición más reciente a la franquicia es *Evil Dead: Regeneration*, un videojuego estrenado en 2005 para PlayStation 2, Xbox y PC. No guarda relación con juegos anteriores y empieza

Evil Dead: Regeneration aporta a la saga unos gráficos impresionantes.

con Ash ingresado en un manicomio. Su doctor se ha apoderado del *Necronomicon Ex-Mortis* (el *Libro de los Muertos*) y, en un intento desesperado por obtener poder, despierta a los muertos. Solo Ash puede detener a las multitudes de Deadites y al doctor trastornado.

Campbell una vez más contribuye con los diálogos (colaborando con Ted Raimi de *Evil Dead 2*). Eso, junto a los gráficos impresionantes y la sencilla jugabilidad hacen que *Regeneration* merezca la pena.

En 1984 hubo otro ejemplo temprano de videojuego de zombis. Se trataba de *Zombie Zombie* de Sandy White para la ZX Spectrum. En él, el jugador va corriendo (o volando en helicóptero) con la única finalidad de acabar con los zombis, cosa que consigue haciendo que los muertos vivientes caigan de los edificios. Es superior a *Evil Dead* para Spectrum pero sigue siendo un juego bastante pobre. El hecho de que Sandy White incluyera una cláusula de exención de responsabilidad donde decía que el juego no reflejaba ningún interés en lo oculto indica que el producto iba dirigido a un público muy joven.

En 1986, el primer juego de Ubisoft, *Zombi*, quizás recibió su nombre por Lucio Fulci, pero su contenido estaba inspirado en George A. Romero. En este juego multiplataforma los zombis infestan un centro comercial de donde han de escapar cuatro protagonistas. En 1990 el juego fue actualizado, aunque ninguna de las dos versiones se puede recomendar hoy en día, ya que tienen unos gráficos muy pobres y una jugabilidad demasiado básica.

En 1990, *Zombie Nation* de Japanese NES presentaba una extraña mezcla de zombis tradicionales (caníbales) y excentricidades japonesas. El jugador controlaba la cabeza de un samurái decapitado que combatía con los enemigos disparando rayos con los ojos o vomitándoles encima. Aparte de este concepto ligeramente desconcertante, los gráficos son pobres y la dinámica de acción simple.

Alone in the Dark fue todo un éxito y sirvió de inspiración para diversas secuelas no tan impresionantes.

En 1992 salió a la venta *Alone in the Dark*, un juego

popular e influyente que combinaba la intensa acción, la estrategia y los enigmas. El jugador pasea por una casa embrujada luchando contra monstruos (entre ellos zombis) al tiempo que intenta resolver el misterio.

Videojuegos como éstos eran el equivalente electrónico de juegos de mesa de estrategia como *Dragones y mazmorras* que se popularizaron a finales de los setenta y principios de los ochenta. Este género también produjo varios juegos relacionados con los zombis, entre ellos el juego oficial de *Dawn of the Dead*, aunque posteriormente pasaron a un segundo plano debido a la popularidad y complejidad que alcanzaron los juegos de ordenadores. Con unos gráficos en 3-D —algo poco habitual por entonces— y una mezcla de estilos, *Alone in the Dark* fue todo un éxito y sirvió de inspiración para diversas secuelas no tan impresionantes (en la segunda parte de 1994 no salían zombis, pero éstos volvieron convertidos en vaqueros en 1995 con *Alone in the Dark 3*). En la nueva versión de 2001 omitieron el elemento zombi, igual que en la película de 2005 y en el quinto episodio del juego que vio la luz en 2008.

Los protagonistas de *Zombies Ate my Neighbors* convertidos en muñecos reales.

En *Zombies Ate my Neighbors* (alias *Zombies*, 1993) los protagonistas son un par de héroes adolescentes que tienen que salvar a sus vecinos de diversos monstruos (no solo zombis, sino también vampiros, demonios y hombres lobo). Se supone que es un juego en clave de humor, aunque como sucede con la mayoría, una vez que se empieza a jugar el valor cómico no tiene el efecto esperado. Al año siguiente apareció una segunda parte titulada *Ghoul Patrol*.

Los juegos de zombis alcanzaron la mayoría de edad en 1996, con el estreno del primer *Resident Evil*. Esta saga ha continuado hasta alcanzar niveles de éxito comercial que ya querrían la mayoría de producciones cinematográficas, y no solo estamos hablando de un montón de secuelas y subproductos, sino de largometrajes, novelas, cómics, dibujos y demás material relacionado. Ninguna película de zombis ha conseguido jamás igualar su popularidad, la cual ha movido unos treinta y cuatro millones de unidades hasta la fecha.

Con *Resident Evil*, en 1996, los juegos de zombis alcanzaron la mayoría de edad.

Conocido en Japón como *Biohazard*, el juego creó con acierto el formato de «supervivencia de terror» (no fue el primero ni mucho menos que utilizó dicho estilo, pero sin duda popularizó las reglas), donde el jugador tiene que luchar contra una sucesión de oponentes zombis para alcanzar su objetivo. Influido claramente por el trabajo de Romero (quien filmó un anuncio para el juego, solo emitido para la televisión japonesa), el videojuego hizo que el terror electrónico alcanzara nueva cotas.

En *Resident Evil*, el jugador controla a uno de los agentes del Equipo Alpha, encargado de investigar los asesinatos caníbales de Racoon City y la desaparición de un equipo anterior que había sido enviado para investigar dicha masacre. La tropa entra en una mansión al parecer desierta, pero seguidamente salen zombis de todas partes. Una investigación posterior revela que la mansión es propiedad de la misteriosa Corporación Umbrella, compañía que ha estado experimentando con un agente biológico ilegal llamado virus T.

Con su mezcla triunfadora y excitante de acción, terror, interactividad y valores de producción de alta calidad, *Resident Evil* fue un éxito inmediato. Le siguió *Resident Evil 2*, donde la acción transcurre en Racoon City después de que la infección de los zombis se haya extendido.

Resident Evil 2 era más de lo mismo, con la novedad de tener dos escenarios diferentes que corresponden a los dos personajes disponibles, cuyas consecuencias recaen en el otro (las acciones de un personaje tienen efecto sobre el otro). Esta vez, la versión japonesa fue la menos violenta (y también menos difícil), ya que estaba enfocada a un público más joven.

La historia original de *Resident Evil* concluye con *Resident Evil 3: Nemesis*, a la venta desde 1999. Se trata de una presaga de *Resident Evil 2* que transcurre dos días antes de los sucesos del juego y concluye tras estos. En esta ocasión, el jugador solo dispone de un personaje —Jill Valentine, agente de S.T.A.R.S.— que lucha por su vida en una Racoon City atestada de zombis y finalmente se enfrenta a Nemesis, un arma biológica mutada. Este episodio fue la inspiración para el argumento de la segunda entrega de *Resident Evil.*

Después, la historia del videojuego *Resident Evil* se va complicando y cayendo cada vez más en el inmoral mundo de la explotación comercial. Capcom llegó a un acuerdo para producir títulos exclusivamente para Nintendo GameCube, lo cual tuvo como resultado una versión moderna del primer juego, *Resident Evil Zero*, y una nueva secuela, *Resident Evil 4*.

Desde 2005, los nuevos videojuegos de *Resident Evil* se han limitado a dispositivos portátiles (aparte de a nuevas plataformas como Wii), produciendo así los videojuegos *Resident Evil: The Missions*, *Resident Evil Confidential Reports* y *Resident Evil: Genesis* para teléfonos móviles, así como un único videojuego para Nintendo DS: *Resident Evil: Deadly Silence*. A pesar de lo mucho que han explotado la historia, la esencia sigue viva.

En 1996 apareció también la otra popular franquicia de zombis: *House of the Dead*. El videojuego se diferenció de *Resident Evil* por sus orígenes arcade. Los jugadores de salones recreativos, bares y discotecas usaban una pistola láser para eliminar a los zombis que les atacaban por una gran pantalla. Los gráficos eran pobres, la jugabilidad simple y el argumento nada excitante, pero la interactividad que implicaba estar de pie con un arma disparando a los muertos vivientes tuvo mucha aceptación entre el público.

House of the Dead, llega la interactividad total en 1996. Los jugadores usaban una pistola láser para eliminar a los zombis que les atacaban.

En 1998 salió *House of the Dead 2*, seguido de *House of the Dead III* cuatro años después y de *House of the Dead 4* en 2005. Los tres videojuegos seguían la misma fórmula básica —con algunas mejoras, como unos gráficos superiores y unas armas mejores— y finalmente todas fueron adaptadas a plataformas domésticas.

CarnEvil apareció en 1998, aunque no para uso doméstico. En este juego de arcade los zombis inundan un carnaval maldito y el jugador tiene que matarlos con una pistola láser. Como sucede con la mayoría de juegos de arcade, se trata de un material muy simple, al fin y al cabo, en un bar o local similar, ¿quién querría pasarse un siglo resolviendo enigmas y cumpliendo complejas normas cuando simplemente se puede apuntar y disparar?

Los polémicos juegos *Carmaggedon* (1997) y *Carmaggedon 2* (1998) de violencia en carretera también contaron con la colaboración de los zombis, aunque solo en las versiones censuradas. En ellas, el jugador debía atropellar a zombis por la calle; en las versiones originales, las víctimas son simples peatones.

El vudú también apareció en *Shadow Man* (basado en una colección de libros de cómic) en el año 1999. En el juego, el jugador debía matar a criaturas quejicosas parecidas a zombis. El personaje principal del juego era un antiguo esclavo hechizado con vudú que se atreve a entrar en Deadside para salvar al mundo de «los Cinco», unos asesinos en serie muertos que intentan desatar su ejército de terror en el mundo.

Michael Le Roi, el personaje principal del juego *Shadow Man*.

Con gráficos excelentes y una mezcla de acción y misterio, el estilo de *Shadow Man* se parece a juegos como *Tomb Raider*, pero probablemente sea más sofisticado. El juego tuvo una secuela, *Shadow Man 2: 2econd Coming* (2002) un éxito nada más salir.

Los zombis aparecían de nuevo en la historia de supervivencia postapocalíptica del juego de acción *Abomination* (1999). En esta ocasión, la mayoría de la población de los Estados Unidos había sido aniquilada por una misteriosa plaga. Sin embargo, a pesar del tema de los zombis, el juego se centra en resucitar a «viejos dioses» lovecraftianos.

La saga japonesa *The Onee Chanbara* se inició en 2004 y hasta el momento ha producido siete episodios o actualizaciones de la historia. La protagonista de estos

Aya, *The Onee Chanbara,* una heroína en biquini, sombrero vaquero y catana.

videojuegos, titulados en Europa *Zombie Zone*, *Zombie Zone 2* y *Zombie Hunters*, es Aya, una heroína que lleva un biquini, un sombrero vaquero y una espada samurai y que convierte en rodajas a los ejércitos de muertos vivientes.

El juego es muy sangriento. La espada de Aya cada vez se va manchando más de sangre, lo cual hace que sus movimientos sean más lentos hasta que la limpia, mientras que los trozos de cadáveres acumulados hacen que la sed de sangre de la protagonista sea cada vez mayor, lo que también ralentiza la acción del personaje.

Estaba previsto que en 2009 la saga hiciera su primera aparición en los Estados Unidos bajo el título de *Bikini Zombie Slayers* y que en 2008 se estrenara una película estilo *live action* en Japón.

En 2005 George A. Romero finalmente dio su bendición a un juego cuando *Land of the Dead: Road to Fiddler's Green* se puso a la venta para coincidir con la película. Los juegos basados en películas rara vez son los mejores, y ésta no fue la excepción, ya que no era más que un videojuego de disparos en primera persona. La historia se presentó como antecedente de la película: un granjero atraviesa el campo en dirección a Fiddler's Green, donde Kaufiman le contrata para que limpie de zombis la zona y haga habitable el edificio.

En 2004 también se anunció otro proyecto para 2006 basado en el trabajo de Romero: *City of Dead*. El juego, inspirado libremente en *El Día de los Muertos*, prometía alcanzar nuevas cotas de violencia sangrienta. Sin embargo, los productores sufriendo problemas financieros y el juego nunca vio la luz.

En 2005 se puso a la venta *Stubbs the Zombie in Rebel Without a Pulse.* Este juego en clave de humor explica la historia de Stubbs, un vendedor ambulante al que asesinan en 1933 tras dejar embarazada a la hija de un granjero. Su hijo crece y se convierte en un poderoso industrial que funda la ciudad de Punchbowl en 1959. Por desgracia para él, el vengativo Stubbs regresa de entre los muertos para apoderarse de dicha ciudad.

Stubbs the Zombie siembra el pánico en la ciudad de Punchbowl.

La correcta jugabilidad, los elementos de humor eficaz y la banda sonora llena de versiones de canciones de los cincuenta cantadas por bandas indie como The Flaming Lips y Death Cab for Cuttie, hacen que *Stubbs the Zombie* sea una aportación entretenida —y por fin original— al catálogo de videojuegos de zombis.

Dead Rising de 2006 fue uno de los juegos de zombis más admirables desde *Resident Evil*, aunque su parecido con este le causó algunos problemas a Capcom. Se juega desde la perspectiva del reportero y fotógrafo Frank West, el cual queda atrapado en un centro comercial atestado de zombis. El protagonista tiene que buscar armas, rescatar supervivientes y evitar ataques (no solo de los muertos) al tiempo que intenta descubrir la causa del brote. Lo más importante es que tiene que cargarse a los zombis de forma absolutamente sangrienta.

Dead Rising es un juego espectacular. Cuenta con una atractiva jugabilidad y con unos gráficos excelentes que ayudaron a que el juego vendiera más de un millón de unidades en sus primeros cinco meses de venta. Su carácter violento provocó que fuera censurado en Alemania y el argumento les costó un juicio con el MKR Group de Richard Rubenstein, poseedor de los derechos de *Zombie de George A. Romero.*

MRK alegó que tanto la película como el juego contienen el mismo «comentario social elaborado sobre la cultura de los centros comerciales» así como «una dosis importante de violencia sensacionalista», y que el centro comercial como escenario era claramente una copia de la película *Zombie de George A. Romero.* Capcom respondió a las acusaciones diciendo: «la idea de humanos luchando

El carácter violento de *Dead Rising* provocó que fuera censurado en Alemania.

contra zombis en un centro comercial es un concepto totalmente extendido y sin dueño». A día de hoy, todavía no se ha llegado a ninguna resolución.

Los zombis también han aparecido en los videojuegos como personajes secundarios o extras en *Castlevania* (1986-2007), la serie *Monkey Island* (1991-2000), *Doom* (1993-2004), *Metal Slug* (1996-2006), *Quake* (1996), *Blood* (1997), *Thief: The Dark Project* (1998), *Hunter: The Reckoning* (2002) y numerosos títulos más. Por lo general, los muertos vivientes suelen utilizarse como una de las diversas amenazas que han de ser eliminadas (normalmente con armas de gran tamaño). El juego de estrategia *Warcraft III* ofrece todo un nivel que versa sobre el tema de los zombis.

Aunque pocas veces han acaparado el principal foco de atención de jugadores y desarrolladoras de juegos, los zombis han tenido una vida larga y próspera en el mundo de los videojuegos y no existe señal alguna de que esto vaya a cambiar. A medida que voy escribiendo este libro, se está programando la salida de *Dead Island* —donde el jugador lucha contra muertos vivientes en una isla remota—, *Left 4 Dead*, que ofrece la opción de jugar con el superviviente o con el zombi, y *Teenage Zombies: Invasion of the Alien Brain Thingys* (para Nintendo DS).

A medida que los zombis han pasado de ser un puñado de píxeles deformes a monstruos realistas de juegos modernos, han demostrado ser una fuerza imparable en el mundo de los videojuegos y, dado que la complejidad de estos juegos va en aumento, parece ser que lo mejor aún está por llegar.

10 VUELVEN LOS MUERTOS VIVIENTES... OTRA VEZ

Los zombis invaden las taquillas

Durante los años noventa, parecía que el cine de zombis volvía a estar en crisis. Los muertos vivientes se limitaban a aparecer en una sucesión aparentemente interminable de vídeos horribles y chapuceros hechos por fans a cuál más incompetente cuyo único objetivo era el de recrearse en la sangre y las vísceras. La idea de que los zombis pudieran volver a las películas de calidad causaba risa. Pero con la llegada del nuevo siglo, los muertos vivientes han regresado a la gran pantalla en busca de venganza.

Los primeros indicios de que algo interesante estaba sucediendo en el subgénero llegaron desde Japón. En la segunda mitad de la década de los noventa, los seguidores más exigentes del cine de terror habían recurrido a las películas del sureste de Asia a fin de obtener la emoción innovadora que les faltaba a las películas de miedo occidentales. Así pues, empezó a nacer un sólido mercado para dicho tipo de películas, tanto en Occidente como en el territorio asiático.

Hong Kong ya había aportado entretenimiento en 1998 con *Bio Zombie*, homenaje, parodia o copia del trabajo de Romero. Se trata de una cinta en que unos vendedores de DVD pirata luchan contra zombis en un centro comercial. Ahora le tocaba reinventar el cine de zombis a los japoneses.

Versus, filmada en el año 2000, es un ejercicio de estilo que compensa la falta de contenido. Con un argumento flojo, la película es deslumbrante desde el punto de vista visual y diferente a todas las películas anteriores de zombis. *Versus* combina el gore, las artes marciales, la acción de la mafia *yakuza* y el elemento sobrenatural en un torbellino visual y visceral que no tiene demasiado sentido, pero que tampoco lo necesita, ya que es una película que se llega al público a través de los sentidos. Tiene un final abierto por si desean añadir una secuela.

También rodada en 2000, *Wild Zero* bien puede ser la película de zombis más desquiciante de la historia. Protagonizada por Guitar Wolf (una banda japonesa de música punk de garaje), *Wild Zero* explica la historia de Ace, un aspirante a roquero que se topa con el amor, la redención y los zombis de camino a un concierto de Guitar Wolf.

Con transexuales, estrellas de rock con superpoderes, tubos de escape llameantes, pelucas fluorescentes y pantalones ajustados (estos dos últimos en el mismo personaje masculino), *Wild Zero*, tal y como indica su título, demuestra ser una película muy salvaje.

Rodada en 2000, *Wild Zero* bien podría ser la película de zombis más desquiciante de la historia.

Los defectos que presenta esta cinta son que la edición está muy descuidada y que el director Tetsuro Takeuchi podría haber acortado algunas escenas (especialmente las del último tercio de la película, que se hacen demasiado largas). El filme trata deliberadamente de crear un producto lleno de excesos y mala calidad, lo cual resulta en un filme sumamente entretenido. Las escenas de zombis son sangrientas en su justa medida, con más cabezas explotando de las que el público habrá visto jamás. Rematada con una explosiva banda sonora de punk japonesa, parece que la película logra capturar algo del espíritu de punk rock. Intensa, estimulante y desastrosa: la película de zombis más excepcional jamás hecha.

Stacy de 2001 —llamada a veces *Attack of the Schoolgirl Zombies*— es otra muestra excelente e innovadora del subgénero. Ambientada a principios del siglo XXI, explica cómo las chicas de entre quince y diecisiete años empiezan a morir de repente para después inexplicablemente volver a la vida convertidas en zombis

Stacy (2001) es un film excelente e innovador del subgénero zombi.

caníbales. Se las conoce por «Stacys» y sus seres queridos reciben el consejo de volver a matarlas. Además, durante las semanas antes del fallecimiento, las chicas experimentan la llamada «felicidad cercana a la muerte», un estado eufórico que les permite aceptar su funesto destino pero que hace que el sufrimiento que sienten sus amigos y familiares por lo que está a punto de suceder sea todavía mayor.

Esta inusual película tiene un hilo narrativo doble. En la primera historia, un estudiante se une al «Romero Re-Kill Squad», —un grupo casi militar cuya tarea es deshacerse de las Stacys salvajes y de sus restos— con la esperanza de salvar a su novia Momo, que se ha convertido en una de las resucitadas. En la segunda historia, una adolescente que está a punto de morir se hace amiga de un titiritero, de donde surge un romance imposible, a pesar de que él sabe que tendrá que «rematarla». En mitad de estas dos historias, también hay un grupo adolescente asesinas de Stacys cuyo modelo a imitar es Drew Barrimore.

Stacy es una película increíblemente extraña que ofrece una mezcla de comedia barata, extrema violencia y escenas conmovedoras y emotivas que exploran la naturaleza del amor. Lo que las Stacys desean es cariño, y para ellas comerse a la gente es un acto de amor. En cierto modo, todo acaba bien y el final ofrece la esperanza de un futuro donde los zombis y los humanos no solo puedan reconciliarse, sino también crear un nuevo híbrido (el siguiente paso en la evolución).

El filme muestra con descaro sus influencias: «Romero Re-Kill Squad», anuncios de «Blue Campbell Right Hand 2» y el uso de una sierra mecánica (copiada claramente de la que utilizó Bruce Campbell en *Terroríficamente muertos*). Durante toda la película, aparecen también numerosas referencias verbales y visuales a las películas de zombis de Romero. Con todo, *Stacy* logra ser totalmente original tanto en estilo como en ideas, convirtiéndose en una cinta bastante memorable.

Mientras que estas películas japonesas no dejaron demasiada huella en Occidente, en 2002 una película que tenía una fuerte vinculación con Japón se convertiría en un exitazo, reactivando y reinventando el género de los zombis para toda una nueva generación. Fue un filme al que todos los admiradores fundamentalistas de los zombis odiaron sin excepción, pero *Resident Evil* en realidad solo fue el pequeño empujón que necesitaba el subgénero para volver a situarse en la corriente principal cinematográfica.

Cuando finalmente se estrenó en 2002, *Resident Evil* recibió todo tipo de críticas negativas previsibles por parte de críticos tradicionales y del género, pero eso daba igual, ya que la película se convirtió en la cinta de zombis con más éxito comercial hasta la fecha. Evidentemente, el público al que iba dirigido la cinta estuvo más que satisfecho con ella y no les importó lo más mínimo lo que pensaran un puñado de escritores elitistas de poca monta.

En realidad, la película no es maravillosa ni mucho menos, pero tiene sus momentos y, como combinación de terror y acción, es más que satisfactoria. Empieza con Alice (Milla Jovovich) despertando en una mansión vacía, sin saber cómo ha llegado hasta allí. A medida que va recuperando la memoria, recuerda que era parte de una organización secreta llamada Corporación Umbrella, la cual investiga sobre armas biológicas en la Colmena, un laboratorio subterráneo donde un brote ha convertido a los científicos en hambrientos zombis. Cuando Alice explora la mansión al parecer desierta, se une a ella una unidad militar cuyo propósito es contener el brote y asegurar el laboratorio antes de que éste se autodestruya. A medida que la película avanza, sus protagonistas tienen que enfrentarse a zombis, a un ordenador central, a monstruos mutantes y a sus propios demonios internos.

Resident Evil se desarrolla de manera parecida a un videojuego: los actores van avanzando por diversos niveles, van apareciendo claves y los personajes tienen que resolver enigmas para llegar a su destino. Criticar la película solo por eso parece absurdo, ¿qué esperaban? La dosis de sangre es, claro está, bastante moderada (y mediante los efectos especiales por ordenador resulta menos visceral), pero la acción es intensa y rápida, y Jovovich interpreta a una enérgica heroína.

Puede resultar una película bastante simple, pero su ritmo y el estilo visual compensan ese defecto. Curiosamente, los críticos del género que menospreciaron *Resident Evil* fueron los mismos que solían adorar las películas de zombis igualmente vacías de los años ochenta, las cuales ni siquiera tenían la virtud de ofrecer entretenimiento a base de gatillo rápido para compensar su falta de sustancia.

De hecho, la reacción ante películas como *Resident Evil* por parte de muchos críticos del género parece ser un deprimente eco generacional de los días en que escritores como Denis Gifford y Alan Frank escribían efusivamente sobre películas de Universal y Hammer con las que habían crecido, al tiempo que despreciaban (o ignoraban) la nueva generación de producciones recientes. Igual que ex jipis viejos que se quejan de la música rock punk, los críticos se habían convertido exactamente en aquello contra lo que antes se habían rebelado.

Milla Jovovich, sexy y salvaje superheroína de *Resident Evil: Apocalypse* (2004).

Resident Evil: Apocalipsis (*Resident Evil: Apocalypse*, 2004) continúa desde el final de la primera entrega, con los zombis fuera de la Colmena y campando a sus anchas por Racoon City, por donde se han extendido rápidamente. Alice y sus compañeros supervivientes vuelven a luchar contra ellos. Por suerte, el ADN de Alice ha sido mejorado y ahora tiene superpoderes, los cuales le vienen muy bien para ayudar a rescatar a un pequeño grupo de personas no infectadas y escapar de la ciudad.

Sin embargo, se trata de una carrera contra reloj, ya que la Corporación Umbrella planea destruir Racoon City para borrar su experimento fallido de la faz de la Tierra. Y, por si eso no fuera suficiente, les persigue Némesis, un enorme súper soldado mutante.

En esta entrega Anderson escribió y produjo el filme, pero entregó las riendas de la dirección a Alexander Witt, un famoso cámara que se estrenó como director con esta película. Witt mantiene el curso de la acción y, al igual que en la primera parte, el resultado es una cinta de ritmo frenético al estilo del videojuego. *Apocalipsis* es pobre en caracterización, intensa en acción y efímera en entretenimiento. Milla Jovovich es todo lo que representa una superheroína de acción y consigue ser sexy y salvaje. A veces el montaje resulta demasiado frenético (un problema que tienen muchas películas de acción de la era de los efectos especiales), por lo que las escenas en ocasiones se convierten en un torbellino de imágenes borrosas. Aun así, el resultado global es el mismo que el de su predecesora: una película entretenida simplemente para pasar el rato.

Una vez más, la crítica la menospreció. Una vez más, el público ignoró a la crítica, y el éxito de esta secuela garantizó una nueva entrega.

Resident Evil: Extinción (*Resident Evil: Extinction*, 2007) se rodó bajo las órdenes de Russell Mulcahy, director de *Los inmortales* (*Highlander*) y transcurre algunos años después de *Apocalipsis*. En esta entrega, los zombis están invadiendo el mundo entero y los únicos supervivientes que quedan se enfrentan a una existencia peligrasa y nómada. Alice está sola, pero pronto tropieza con un grupo de personas que necesitan su ayuda, así que se une a ellos y se dirigen a Las Vegas en busca de provisiones, con la esperanza de refugiarse en Alaska. Mientras tanto, el doctor Isaacs (Iain Glen) de la Corporación Umbrella intenta encontrar la manera de controlar a los zombis y parte de su plan incluye a Alice.

Los fans de *Resident Evil* recibieron con agrado *Resident Evil: Extinction,* 2007.

Con menos acción frenética y un poco más de argumento que *Apolipsis*, *Extinción* es una buena incorporación a la serie. Alice tiene todavía más poderes —cosa que no explican— y el nivel de sangre es un poco más elevado que en las anteriores entregas pero, por lo demás, es más o menos igual. Los fans de la serie recibieron esta nueva parte con gusto (aunque a algunos jugadores les disgustó que se apartaran de los escenarios del juego).

Al igual que *Resident Evil*, *Doom* (2005) también se basó en un videojuego de disparos. Y también fue odiado por la crítica y atacado por los mismos jugadores, quienes se enfadaron con razón porque pensaban que la película no había logrado transmitir muchas de las ideas del juego. Sin embargo, si se mira como lo que es (una película de acción para pasar el rato) es bastante aceptable.

Doom es, básicamente, una película de usar y tirar. Sus personajes son poco más que figuras planas, aunque la trama que envuelve al heroico Sarge (interpretado por el ex luchador The Rock) y que le hace entrar cada vez más en un estado de psicosis resulta interesante. En general, el argumento de *Doom* no está del todo desarrollado, ya que existen pocas explicaciones coherentes para lo que está sucediendo, pero a su director, Andrej Bartkowiak, al parecer lo que le interesaba era llenar su película de imágenes llamativas y de sustos generados por ordenador.

Si no se espera nada de ella, *Doom* es una película divertida e inofensiva, pero poco más. Los zombis no aportan nada a la historia, son utilizados como un medio más para dar sustos y solo porque aparecían en el juego original. Sin embargo, quizás sean recordados como los zombis más inútiles desde los años cuarenta, ya que no infunden ningún temor en absoluto.

Doom (2005) es una buena película de acción para pasar el rato.

La adaptación cinematográfica de videojuegos que menos ha merecido la pena ha sido *House of the Dead*, filmada en 2003 bajo las órdenes del infame Uwe Boll, al que los fans del género a menudo han descrito como «el peor director de cine de terror del mundo», gracias sobre todo a diversas adaptaciones horribles de videojuegos como *Bloodrayne* y *Postal*.

Por su parte, Boll se siente seguro de sus capacidades y desafía a crítica y rivales — incluido Quentin Tarantino y Roger Avery— a combates de boxeo, algunos de los cuales se celebraron en septiembre de 2006 (Boll les ganó a todos; Tarantino y Avery no aceptaron el reto, así que sus oponentes fueron críticos desafortunados de internet). Hace poco, Boll emitió un vídeo en el que decía que los directores Michael Bay y Eli Roth eran «unos jodidos retrasados» y nuevamente les retó a un combate de boxeo. Sin duda, es un personaje de entretenimiento. Por desgracia, sus películas no son tan divertidas.

Dado que *House of the Dead* era un juego de arcade de Sega que únicamente consistía en apuntar a la pantalla con una pistola láser y disparar a zombis, no es de extrañar que la película tuviera poco en común con su material fuente. La cinta explica la historia de un grupo de adolescentes que viajan a una misteriosa isla para asistir a una fiesta clandestina, pero al llegar descubren que no hay nadie. Finalmente, se encuentran con unos amigos, que les explican que la fiesta fue atacada por unos zombis y que éstos mataron a todo el mundo. Cuando los zombis vuelven al ataque, el grupo de chicos les hace frente con un arsenal de armas que les proporciona un contrabandista de la isla. Al mismo tiempo, intentan descubrir las causas del fenómeno.

House of the Dead, filmada en 2003 por el polémico Uwe Boll.

Curiosamente, al parecer ninguna de las personas que participó en el filme quedó especialmente satisfecha con los resultados ni con el trabajo de Boll. Antes incluso del estreno de *House of the Dead*, el productor Mark Altman estuvo diciendo que la próxima entrega de la franquicia sería más una película de terror que de acción (un comentario extraño, dado que se suponía que la primera parte también sería una cinta de terror).

En 2008, parece que Boll por fin aceptó las críticas, o eso es lo que sugiere su insólito *House of the Dead: Director's Cut*, una versión «divertida» del filme que empieza con el director siendo secuestrado y obligado a ver su propia película. La «diversión» continúa con varias tomas cómicas en sustitución de algunas escenas y con mensajes emergentes burlándose de la interpretación, guión o efectos especiales. Por desgracia, tales modificaciones no hicieron que el filme resultara más entretenido que antes.

Aunque fueron pocos los que pidieron una segunda parte de *House of the Dead*, en 2005 apareció su secuela. Para sorpresa de todos, *House of the Dead 2*, dirigida por Michael Hurst, superó considerablemente a su predecesora, lo cual tampoco era demasiado difícil. Pese a contar con un presupuesto muy bajo y ser distribuida directamente en formato de vídeo (tras su estreno en la cadena de televisión Sci-Fi Channel), la película no está del todo mal.

En líneas generales, *House of the Dead 2* funciona bien como entretenimiento: los ataques de los zombis son intensos y rápidos, la dosis de sangre es adecuada y el ritmo bastante regular. Desde el punto de vista argumental, la historia no va a ninguna parte, pero se trata de una cinta de terror seria con interpretaciones aceptables y un final triste pero satisfactorio. El filme aporta incluso un par de innovaciones: la idea obvia pero hasta el momento inexplorada de que el virus zombificador de transmisión sanguínea haya sido propagado por la picadura de un mosquito resulta interesante, así como la teoría del «paciente cero» (si se encuentra el primer individuo infectado se podrá utilizar su sangre para crear una vacuna contra la infección).

Los primeros indicios del resurgimiento del subgénero de los zombis tras *Resident Evil* aparecieron con una película donde técnicamente no salía ningún zombi. La historia apocalíptica británica de *28 Días después* se convirtió en un éxito internacional y generó una oleada de películas nuevas y emocionantes que hicieron que los zombis volvieran a infundirnos temor.

Cillian Murphy en *28 Días después* (2002), de Danny Boyle.

Esta película de Danny Boyle, director de *Trainspotting*, empieza cuando un grupo de defensores de animales entra a la fuerza en un laboratorio donde se ha estado experimentando un virus altamente contagioso llamado *Ira* en chimpancés. El grupo libera a los animales, los cuales les agradecen el favor infectándoles. Veintiocho días después, el virus se ha extendido por todo el país, transformando a la gente en maníacos asesinos parecidos a zombis (pero sin estar muertos).

En un hospital, Jim (Cillian Murphy) se despierta de un coma y se da cuenta de que el edificio —y gran parte de Londres— está desierto. Después de escapar por los pelos de los infectados, se encuentra con unos cuantos supervivientes y juntos abandonan la capital en busca de refugio. Pero en lugar de eso, van a parar a una fortaleza militar cerca de Manchester, donde los soldados violentos, trastornados por el poder y sedientos de sexo se convierten en una amenaza todavía mayor que la que representan los infectados por el virus de la Ira al otro lado de los muros.

28 Días después es, en conjunto, una reinvención del género muy positiva. Las escenas de Londres desierto —con sus lugares emblemáticos vacíos, en lugar de atestados de gente— resultan tremendamente inquietantes, y los infectados, con los ojos inyectados en sangre y una furia implacable, son una variante de zombis aterradora. De hecho, la película en esencia se parece más a *Los Crazies* de Romero y a *Rabia* de David Cronenberg que a *Zombie de George A. Romero*, pero el efecto que causan estos veloces «zombis» es increíblemente impactante. Los zombis de paso lento y torpe ya nunca más volverán a parecernos tan amenazadores.

Sin embargo, en esta película los verdaderos monstruos son los humanos sanos. Explorando más profundamente el subtexto militar presente también en *El día de los muertos* de Romero, el filme muestra que el auténtico peligro no son los infectados —que pronto morirán— sino la banda de militares supervivientes liderada por Christopher Eccleston. El grupo de Eccleston se aferra al poder mientras el mundo a su alrededor se desmorona. Además, los soldados tienen reservados planes desagradables para las dos mujeres supervivientes, Selena (Naomie Harris) y Hannah (Megan Burnss). La conclusión que se saca de todo esto es que si ellos son el futuro de la humanidad entonces quizás sería mejor que todos murieran.

Rodada en vídeo digital —con secuencias a cámara rápida para hacer que los ataques de los infectados parezcan incluso más frenéticos—, la cinta presenta un realismo y un ritmo como nunca antes se había visto. El final británico es optimista, ya que sugiere que la infección puede acabar; el final estadounidense es algo más pesimista. El DVD incluye ambos finales.

28 Semanas después (2007) fue dirigida por el español Juan Carlos Fresnadillo.

El éxito de *28 Días después* hizo posible una segunda parte en 2007 titulada *28 Semanas después* (*28 Weeks Later*), la cual desarrolla la historia por una línea de acción más amplia.

Esta película del director español Juan Carlos Fresnadillo es mucho más espectacular que *28 Días después*. Hay persecuciones de coches, enormes explosiones y escenas de acción memorables. Al mismo tiempo, trasmite la misma tensión y sensación de ansiedad que transmitía la primera entrega. En esta ocasión, la amenaza militar no es tan personal, ya que el ejército solo pretende evitar que la infección se extienda, a pesar de que eso signifique tener que matar a personas sanas. Con una mayor dosis de sangre (sobre todo durante la secuencia inicial), *28 Semanas después* es una película de terror mucho más tradicional que su predecesora, pero no por ello peor.

El anuncio de la nueva versión de *Zombie de George A. Romero* para 2004 fue recibido con indignación por parte de los admiradores del género de terror, muchos de los cuales equiparaban la cinta a *Ciudadano Kane* (*Citizen Kane*). Desde internet se lanzaron peticiones contra el filme, los adeptos al gore participaron furiosos en foros y los escritores influyentes del género propagaron falsos rumores que decían que la película sería una comedia para adolescentes apta para mayores de trece años.

Todo este alboroto resultó bastante absurdo cuando finalmente se estrenó la película. El nuevo filme titulado *Amanecer de los muertos* (*Dawn of the Dead*) fue un trabajo asombroso y tan bueno —y, según qué secuencias, superior— como la película original.

Amanecer de los muertos (*Dawn of the Dead,* 2004).

Su novato director, Zack Snyder, no podía haber empezado mejor: Ana (Sarah Polley) es una enfermera que vuelve a casa después de una dura guardia para relajarse con su marido Luis (Justin Louis). A la mañana siguiente, el hijo de un vecino aparece en su dormitorio y ataca a Luis provocándole la muerte, pero a continuación resucita convertido en un zombi furioso y psicótico. Ana consigue escapar, pero pronto descubre que su vecindario está sumido en un caos debido a la rápida propagación del brote zombi. Así pues, decide huir de la ciudad, pero tiene un accidente de coche y se ve forzada a buscar un lugar seguro a pie.

Ana conoce entonces a un grupo de supervivientes. Entre ellos se encuentra el agente de policía Kenneth (Ving Rhames) y Michael (Jake Weber). Juntos deciden refugiarse en un centro comercial. Llegan más supervivientes y, durante un tiempo, simulan que su vida es normal. Pero el mundo exterior está lleno de muertos vivientes y no se puede evadir la realidad durante tanto tiempo.

Amanecer de los muertos contiene uno de los mejores principios de película de la historia cinematográfica: una presentación con un ritmo tan frenético que deja al público sin aliento. Es la descripción más desconcertante del caos social inmediato jamás plasmada a la que la sigue una impactante secuencia de créditos iniciales (acompañada de la canción apocalíptica «The Man Comes Around» de Johnny Cash).

El ritmo constante de *Amanecer de los muertos* se mantiene durante toda la película, la dosis de sangre y vísceras es más que suficiente (especialmente en la versión sin clasificar del director), la elección de la música es adecuada y las secuencias excelentes. El filme evita los momentos de humor poco convincentes y concluye con un nefasto desenlace que continúa hasta los créditos finales. Cumple todos los requisitos que necesita una película de zombis moderna y se sitúa a la cabeza de la reciente reaparición del cine serio de terror.

El 2004 también fue el año en que volvió a aparecer una bestia poco común: la película británica de zombis. Más que una película de miedo, *Zombies Party* fue una cinta cómica de terror que tuvo una buena acogida. Se convirtió en un taquillazo inesperado que combinaba humor, gore, acción y romance en una historia graciosa sobre un hombre joven cuya madurez vital coincide con un apocalipsis zombi. Shaun (el cómico Simon Pegg) es un gandul de veintinueve años con una vida que no va a ninguna parte. Se siente estancado en un trabajo sin futuro, su novia lo ha dejado porque él se niega a ir a cualquier sitio aparte de su bar favorito y parece que su existencia consista únicamente en salir por ahí con su amigo Ed (Nick Frost), cuyas ambiciones son tan banales como las suyas. Pero cuando los muertos empiezan a resucitar de manera inexplicable, Shaun tiene que dar un giro a su vida: rescatar a su madre y a Liz y encontrar un lugar seguro donde permanecer hasta que «todo haya pasado».

Zombies Party es una muestra ingeniosa del cine de zombis. La idea de que la sociedad moderna es egocéntrica hasta el punto de que la mayoría de gente no notaría la aparición de una plaga de zombis resulta ingeniosa. Shaun visita una tienda, pasa junto a unos zombis (pensando que son vagabundos) y comparte un autobús con muertos vivientes, sin percatarse de lo que está sucediendo. Incluso cuando un zombi se enfrenta a él en su jardín, la reacción inmediata de Shaun es pensar que solo se trata de un borracho. Pero cuando la acción empieza, la película demuestra que es mucho más. Edgar Wright, director del filme y de comedias televisivas, presenta con destreza las secuencias de lucha y también expone las escenas de terror con una habilidad admirable (incluidos los momentos más sangrientos, realmente impactantes).

La cinta también tiene defectos: el personaje de Nick Frost es un poco irritante y resulta difícil imaginar que exista alguien tan tonto. Sin embargo, en conjunto es una película muy divertida y, a diferencia de la ristra de imitaciones en vídeo que surgieron, es el tipo de homenaje cariñoso que hasta George A. Romero apreciaría (más tarde, Wright y Peggs interpretaron pequeños papeles en *La tierra de los muertos vivientes*).

Zombies Party (2004), una divertida película que combinaba humor, gore, acción y romance.

Con menos presupuesto, más mal gusto y menos mérito, la comedia de terror *Los no muertos* (*Undead*, 2003) logró, a pesar de todo, superar los estándares habituales de las películas estrenadas directamente en vídeo participando en varios festivales de cine. Los distribuidores internacionales tuvieron el valor de insinuar que el estilo de la película era parecido a *Mal gusto*. Tenían razón, ya que *Los no muertos* es igual de absurda y tonta. Los directores, los gemelos Michael y Peter Spierig presentan en pantalla una gran dosis de sangre, lenguaje malsonante, efectos visuales y humor burdo, pero el resultado es nimio, puesto que es algo que ya hemos visto antes y además con más destreza. Los efectos especiales —al parecer generados por un ordenador portátil— son, como cabía esperar, de muy mala calidad, la interpretación es terrible y el humor... bueno, habrá a quien le guste el humor escatológico y a quien no.

Con referencias a *Posesión infernal*, George A. Romero y Peter Jackson, *Los no muertos* es un baturrillo en absoluto memorable que apenas se merece haber ascendido al nivel de película casera de vídeo.

La franquicia de *El regreso de los muertos vivientes* volvió a la palestra en el año 2005 con un par de películas rodadas la una detrás de la otra en Europa Oriental. Aunque las dos entregas eran muy diferentes, tenían una cosa en común: ambas eran increíblemente malas.

En *El regreso de los muertos vivientes 4: Necropolis* los zombis no dejan de repetir «¡Cereeebrooos!» como si de un coro se tratara.

El regreso de los muertos vivientes 4: Necropolis (*Return of the Living Dead: Necropolis*) está protagonizada por un Peter Coyote con cara de avergonzado que interpreta a un miembro de una enorme multinacional que abarca de todo un poco, desde cereales hasta estudios armamentísticos. Viaja a Chernobil para localizar el resto de contenedores de trioxina, que luego lleva de vuelta a los Estados Unidos.

Necropolis es una película asombrosamente pobre. Los filmes protagonizados por adolescentes «valientes» rara vez son entretenidos y, en este caso, los actores son tan molestos que el espectador está deseando que se mueran (cosa que no hacen todos los que deberían). Los ataques de los zombis son bastante violentos, pero mal escenificados y repetitivos. Los muertos vivientes parece que no se contentan con arrancarles trozos de cabeza a sus víctimas, sino que además no dejan de decir «Cereeebrooos» como si de un coro se tratara. Este panorama se repite hasta el final, cuando de repente resulta que un adolescente recién convertido en zombi puede mantener una conversión coherente.

Pero lo peor de todo es la total ausencia de originalidad. Los súper soldados zombis son copias exactas de Borg de *Star Trek*, mientras que la Corporación Hyber-Tech es una imitación de la Corporación Umbrella de *Resident Evil*. Los zombis en sí son bastante inútiles, se les puede matar con un disparo en la cabeza (no como en el filme original) y te los quitas de encima con un empujón rápido.

Por muy pobre que sea, *Necropolis* es una obra maestra comparada con *Return of the Living Dead: Rave to the Grave*, la cual probablemente sea una de las peores películas de la historia.

Expresar con palabras lo horrible que es *Rave to the Grave* representa todo un reto. Los momentos de humor son penosos, la dirección es terrible, la interpretación pésima y la idea absurda. Al igual que su predecesora, ni siquiera intenta explicar por qué la mitad del reparto habla con acento de Europa del Este y el argumento tiene tantas lagunas que da a entender que a ningún miembro de la producción le importaba un bledo la trama. *Rave to the Grave* es un insulto imperdonable incluso para el intelecto más conformista.

Igual que sucedió con *House of the Dead 2*, ambas cintas se estrenaron en Sci-Fi Channel en lugar de en salas de cine o DVD.

Otra película también bastante pobre fue *Fido*, dirigida en 2006 por Andrew Currie y protagonizada por Billy Connolly en el papel de un zombi manso al que tratan (como indica el título) como si fuese un perro. En la década de los cincuenta, época en que los muertos vivientes han sido domesticados, Fido es la mascota de Timmy Robinson (K'Sun Ray) y la película narra sus aventuras al estilo de *Lassie*. Se trata de una comedia poco divertida con escasos momentos que recordar (el pastiche basado en la conformidad de un pequeño pueblo de los años cincuenta es aceptable, pero ya está muy visto) y que enseguida pierda la gracia.

La película de animación *City of Rott* (2006).

La película de animación de bajo presupuesto *City of Rott* (2006) intentó hacer algo ligeramente diferente. Explica la historia de un anciano que se adentra en una ciudad infestada de zombis en búsqueda de un nuevo par de zapatillas. Por desgracia, la cinta se hace larga, a pesar de durar solo setenta y ocho minutos. Ver al viejo refunfuñón de Fred luchando contra zombis con su andador hace gracia solo un ratito, y la mala calidad de la animación Flash hace que sufras dolor de cabeza después de un rato, por muy sangrienta que sea la acción.

El equipo formado únicamente por Frank Sudol (que dirigió, escribió, produjo, editó, compuso la música y aportó las voces) debería recibir la enhorabuena por conseguir estrenar una película de este tipo, aunque quizás habría sido mejor presentarla en internet como un corto de diez minutos.

Los zombis se introdujeron en el cine porno en 2005, con una película basada en el breve relato de Edward Lee y en la tira cómica de *Grub Girl*. El filme, dirigido por Craven Moorehead, se mantiene fiel a la historia escrita por Lee de la chica «grub» (es decir, cadáver), interpretada por Brittney Skye, que fallece debido a una lluvia radiactiva y que más tarde resucita cuando dos empleados del depósito de cadáveres practican las necrofilia con ella, cosa que les cuesta su sangrienta muerte. La chica continúa con su trabajo como prostituta, con la ventaja de que los muertos no padecen ninguna enfermedad ni sienten dolor, lo cual les viene perfecto a sus clientes más pervertidos. Tras cargarse a su chulo durante un acto de felación/castración y comerse sus vísceras (ambas escenas conseguidas con efectos cutres y baratos, no muy especiales, que causan risa), crea su propio burdel para amigas muertas y admiradoras.

Naturalmente *Grub Girl* no obtendrá ningún premio por su sutileza, pero sin duda es una de las producciones para adultos más curiosas. La yuxtaposición del gore (Skye tiene la piel gris cubierta de cicatrices y las escenas más viscerales no son muy normales para este tipo de cine de explotación sexual, donde la sangre y las vísceras suelen considerarse todo lo opuesto a la excitación) y el porno resulta un poco incongruente, pero en el fondo funciona, y el trabajo de Moorehead como director es bastante bueno. Producido por Verotik Publishing, empresa de la estrella de rock Glenn Danzig, el filme tiene una banda sonora de música metal industrial, incluida una versión inédita de Danzig.

Porn of the Dead (2007) se estrenó en España como *Sexo mortal* .

No obstante, había más zombis porno y más heavy metal en *Sexo mortal* (*Porn of the Dead*, 2007), un título dirigido por Rob Rotten que seguramente se retrasó años. Esta producción filmada en vídeo tiene un asombroso comienzo: una mujer zombi camina arrastrándose por una calle polvorienta en una escena absolutamente extraña, lo cual indica que la película será una mezcla excitante de sexo y terror.

Sin embargo, Rotten (director también de *Anal Swine*) no se complica demasiado y, en lugar de crear una insólita combinación, se conforma con rodar una simple película porno y, en según qué escenas, desagradable. Solo dos de sus secuencias mezclan sangre y sexo: al principio, en una escena muy gráfica donde una zombi practica una felación/castración grotesca (aunque con mucho más efecto que en *Grub Girl*), y al final, cuando una zombi destripa a su pareja después de explorar un amplio abanico de posturas sexuales.

Los valores de producción de *Sexo mortal* son pobres, la caracterización bastante mala (a una zombi se le empieza a correr el maquillaje durante una escena de sexo) y, en general, la cinta no es más que una serie de viñetas inconexas. Hace que te preguntes a qué tipo de personas va dirigida. A los espectadores habituales del porno seguramente no les estimule ver cómo le cortan el pene o destripan a un hombre, mientras que a los fans del gore probablemente les cansen las escenas porno (ya que suelen ser tan largas como en el resto de películas porno habituales).

Lo único que se salva es la banda sonora compuesta por varios grupos de música metal extremo como Deicide, Decapitated y Gorerotted. No es el tipo de música habitual en películas pornográficas, pero funciona muy bien. En resumen, *Sexo mortal* puede considerarse como una cinta que no supo aprovechar la oportunidad de unir sexo y terror.

Demostrando que el porno zombi se está convirtiendo en un subgénero extraño pero sólido, en 2008 también se estrenó *Night of the Giving Head* de Rodney Moore, donde una virgen se toma un vaso de semen engañada por sus promiscuas amigas y luego se convierte en una «zombi esperma». Enseguida infecta a varias actrices porno en ciernes que se pasean sin camiseta, arrastrando los pies y atacando a hombres indefensos en búsqueda de «pollas» y «semen». Aunque sus valores de producción son pobres, la película de Moore resulta una parodia medianamente divertida para admiradores de los zombis que tengan la mente muy abierta.

Night of the Giving Head (2008), de Rodney Moore.

Los zombis se juntan con los libertinos en *The Stink of Flesh* (2005), una torpe mezcla de gore y porno blando rodada bajo las órdenes del director Scott Phillips. Aquí, los supervivientes de un holocausto zombi no solo tienen que enfrentarse a los problemas corrientes que conlleva un mundo lleno de monstruos caníbales, sino que además tienen que aceptar que su abanico de posibles parejas sexuales haya disminuido drásticamente. Aunque la película en el fondo podría haber sido divertida, el bajo presupuesto, la mala interpretación y un reparto que, sinceramente, hubiese sido mejor que no se quitara la ropa, la echaron a perder.

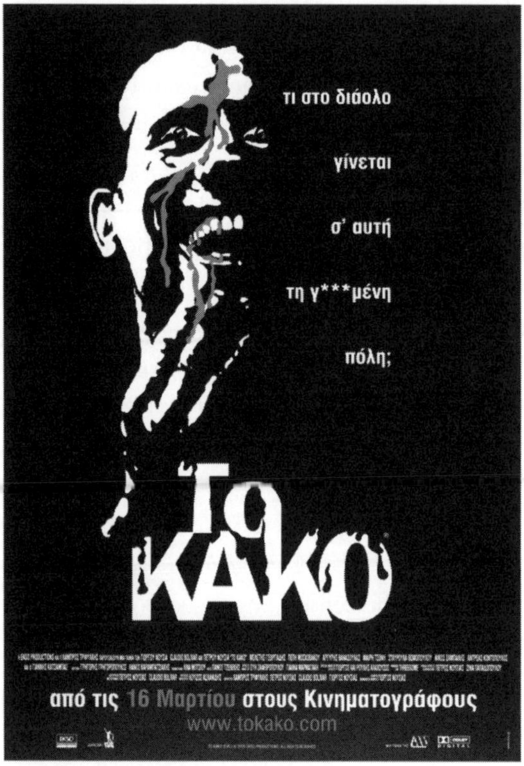

To Kako (2005) es un debut aceptable del director y guionista griego Yorgos Noussias.

Los muertos vivientes se fueron arrastrando hasta la insólita localización en Grecia para rodar *To Kako* (2005), titulada *Evil* en los países de habla inglesa. Aunque normalmente no destaca por sus películas de terror, Grecia ha contribuido al género con varios ejemplos durante los años setenta y ochenta, a menudo de la mano del director Nico Mastorakis. Pero hasta la llegada de *To Kako*, los cineastas griegos nunca antes habían explorado el mundo de los zombis.

Inspirada en Romero, en *28 Días después* y en cualquier otra película de culto sobre zombis que le venga a la cabeza, *To Kako* no es ninguna obra maestra, pero sí resulta entretenida para espectadores que no sean demasiado exigentes. Con abundante sangre y vísceras, gags sencillos y unos valores de producción firmes (aunque nada extraordinarios), la cinta es un debut aceptable del director y guionista Yorgos Noussias.

La película británica *The Zombie Diaries* (2006) destaca principalmente por utilizar el formato de falso documental que más tarde adaptaría George A. Romero en *El diario de los muertos*. Sin embargo, no fue algo innovador ni mucho menos —*El proyecto de la bruja de Blair* ya había popularizado ese concepto— y la película decepcionó debido a sus malas interpretaciones y a sus pobres valores de producción. Sin embargo, es bastante mejor que los trabajos en la misma línea que hizo Romero.

Hell's Ground (*Zibahkhana*, 2007) responde a una de las cuestiones más candentes: ¿Podría mejorarse *La matanza de Texas* si transcurriera en Pakistán y si se introdujeran zombis innecesarios en el argumento?

Como no es de extrañar, la respuesta es «no», pero hasta descubrirlo, uno se puede divertir mucho. La película desde luego reúne un montón de clichés del cine de terror: cinco adolescentes que se dirigen a un concierto de rock se pierden en el bosque después de coger un atajo y un asesino pirado empieza a perseguirlos (el Cara de Cuero de esta película es un maníaco con burka que empuña una maza). De modo inexplicable, treinta minutos después del inicio de la cinta, la camioneta de los adolescentes es atacada por un grupo de zombis, los cuales provocan unos minutos de histeria, muerden a uno de los miembros del grupo y ya no vuelven a salir.

A medida que los zombis estadounidenses seguían reapareciendo, se estrenó una extensa selección de películas nuevas. La más destacable fue *Flight of the Living Dead* (también conocida como *Plane Dead*), una mezcla atrevida de clichés extraídos de películas apocalípticas de los años setenta y de títulos modernos de acción y zombis. El filme se parecía mucho a *Serpientes en el avión* (*Snakes on a Plane*, protagonizada por Samuel L. Jackson), aunque *Flight of the Living Dead* se encontraba ya en proceso de preproducción cuando se estrenó *Serpientes en el avión*.

¿Podría mejorarse *La matanza de Texas* si transcurriera en Pakistán y si se introdujeran zombis innecesarios en el argumento?

Con un avión transatlántico dirección a París como escenario, *Flight of the Living Dead* avanza poco a poco hasta las escenas de acción y zombis, estableciendo así una *dramatis personae* mediante diversas presentaciones de personajes estereotípicos de las películas de aviones (a bordo va hasta una monja). En la bodega está el cuerpo criogenizado de un científico que ha sido infectado con un nuevo virus.

Su director Scott Thomas hace un gran trabajo mezclando humor y terror, y sus veloces zombis son prácticamente imposibles de detener (con reventarles el cerebro solo se consigue ganar un poco de tiempo, ya que todos sus órganos se

Lo más gracioso de *Wanted: Vivos o no muertos* (*Undead or Alive*, 2007) es probablemente el título.

regeneran). Con un final en que los zombis todavía se muestran fuertes, parece posible una secuela, siempre y cuando las ventas de DVD sean satisfactorias.

La parte más graciosa de *Wanted: Vivos o no muertos* (*Undead or Alive*, 2007) probablemente sea el título. Esta comedia occidental de zombis (o «zomedia») explica la historia de un par de vaqueros que escapan de la ciudad tras robar a un sheriff corrupto. A la pareja se les une una mujer apache que desea vengarse del ejército del hombre blanco. El trío se dirige a un puesto militar de avanzada y por el camino aprovechan para hacer gags de mala calidad. Sin embargo, la maldición de Gerónimo ha devuelto la vida a los muertos, los cuales están hambrientos.

Con un reparto encabezado por Chris Kattan, la estrella de *Saturday Night Live* (y de numerosas películas sin éxito), *Wanted: Vivos o no muertos* por desgracia no hace gracia ni da miedo; repleta de zombis de aspecto patético y de humor para adolescentes, parece dar un salto hacia atrás, concretamente hasta los ochenta.

A cualquiera que le apasione la combinación de zombis y lejano oeste debería saber que, a pesar del título y de las implicaciones gráficas, la producción *The Quick and the Undead* de 2006 no es un western de zombis, sino más bien una película australiana postapocalíptica de acción sobre unos cazarrecompensas que van en busca de zombis después de un brote viral.

Tobe Hooper, director de *La matanza de Texas*, ha participado en varias ocasiones en proyectos de zombis —siendo *El regreso de los muertos vivientes* el más importante— y dirigió durante poco tiempo *Zombies* (*Wicked Little Things*). En la película, un grupo de niños zombis atrapados en una mina desde 1913 escapan y aterrorizan a una familia del pueblo. Finalmente Hooper fue sustituido por J. S. Cardone, director que dejó su pequeña huella en 1982 con *El asesino de la isla* (*The Slayer*) y representó a los Estados Unidos en el festival de terror de «8 Films To Die For» Horrorfest.

Hooper tuvo su primer pinchazo en el subgénero en 2005 con *Mortuorio* (*Mortuary*). Por desgracia, hacía tiempo que la cúspide creativa del director había terminado y la película fue un esfuerzo en vano. La historia empieza cuando una familia se muda a una pequeña ciudad de California para hacerse cargo de una morgue. Enseguida descubren que el lugar es objeto de rumores y supersticiones locales que dicen que está embrujado. Esas historias resultan ser ciertas, ya que un misterioso hongo que hay en las paredes hace que los muertos resuciten.

Tobe Hooper dirigió *Dance of the Dead* para la televisión norteamericana.

Al año siguiente, Hooper lo hizo un poco mejor con *Dance of the Dead*, parte de la serie *Masters of Horror*. Filmada para la televisión por cable estadounidense, *Masters of Horror* presentaba minipelículas inéditas de diversos directores famosos como John Carpenter, Takashi Miike y John Landis, las cuales solían ser mejores que sus trabajos en la gran pantalla.

La película de Hooper no fue de las mejores. Basada en un relato corto de Richard Matheson, esta historia postapocalíptica presenta a Peggy (Jessica Lowndes), al rebelde Jak (Jonathan Tucker) y a sus amigos cuando asisten a *The Doom Room*, un local nocturno donde los cadáveres resucitados son obligados a bailar para entretener al público.

La película presenta una clara alegoría sobre la deshumanización de los supervivientes y Robert Englund ofrece una actuación divertida, pero *Dance of the Dead* es demasiado suave para suscitar interés. La minipelícula de *Homecoming* de Joe Dante la superó con creces.

Más conocido quizás por dirigir películas familiares como *Gremlins* o *El chip prodigioso* (*Innerspace*), Dante no es un director al que se le relacione con el cine serio y oscuro, pero ése es el tipo de género que abarca *Homecoming*. Es una sátira, pero trasmite furia, amargura y hastío. El filme de Dante no se anda con rodeos en cuanto a su postura. Todos los personajes de derechas son inmorales, detestables y corruptos, mucho menos humanos que los zombis. Dante parodia sin ningún reparo a la comentarista de extrema derecha Ann Coulter, a George W. Bush y a otros, convirtiéndoles en los verdaderos monstruos de la historia. *Homecoming* posee el contenido moral de los episodios más memorables de *Twilight*

Zone y el humor negro de las tiras de EC Comics. Es uno de los mejores trabajos del director.

Troma se hizo un nombre a mediados de los ochenta gracias a sátiras sangrientas de películas de terror como *El vengador tóxico* (*The Toxic Avenger*) y en 2006 reapareció con su trabajo «más logrado» hasta la fecha (lo cual tampoco era difícil): *Poultrygeist: Night of the Chicken Dead*. Ésta desastrosa película cuenta la historia de Arbie, un fracasado en el amor que empieza a trabajar en el restaurante de comida rápida American Chicken Bunker que acaban de abrir. Por desgracia, el local está construido sobre un cementerio indio, así que al poco tiempo los zombis poseen a los pollos y se convierten en híbridos mitad humanos-mitad pollos. Burlándose de lesbianas, musulmanes, vegetarianos y cualquier otra vaca sagrada, *Poultrygeist* evidencia su pésima calidad. La película está llena de sangre, vísceras y desnudos gratuitos, incluye un guión escrito mal a propósito y varias canciones. Burda, tosca y de mal gusto, *Poultrygeist* también es bastante divertida, a diferencia de las anteriores producciones de Troma. Su director, Lloyd Kaufman, sale en la película interpretando a Arbie de mayor, intentando sin éxito actuar como mentor para su yo joven.

La película de zombis de 2007 más esperada fue *Planet Terror* de Robert Rodríguez. Sin embargo, pocas fueron las personas que pudieron verla tal y como había sido ideada en un principio.

Planet Terror empezó como parte de *Grindhouse*, un ambicioso programa doble que también incluía *Death Proof* de Quentin Tarantino y diversos trailers falsos de películas de terror creados por los directores Rob Zombie, Eli Roth y Edgar Wright. Simulando rayitas en la pantalla y otros efectos visuales, *Grindhouse* pretendía recrear los días de gloria del cine de los setenta, cuando las ruinosas salas ofrecían de manera regular sexo y violencia en programas dobles. Por desgracia, a los espectadores de la época moderna les pareció una experiencia demasiado desconcertante. Hubo casos en que la gente salió del cine antes de que empezara la siguiente película, ya que al parecer no entendían el concepto de programa doble y, en general, el público dejó de ir a verla. A los productores de Miramax les entró el pánico, retiraron la película y separaron las dos cintas integrantes, estrenando versiones más largas para cada una de ellas.

El remake en 2008 de *El día de los muertos* estaba condenado al fracaso desde el principio, o eso era lo que decían los fanáticos del cine de terror. Demostrando

Planet Terror, de Robert Rodríguez, la película de zombis más esperada de 2007.

que no habían aprendido nada con la nueva versión de *Amanecer de los muertos*, los airados admiradores de Romero empezaron otra ciber-cruzada sin sentido en contra de la película (pese a que ninguna productora estaría dispuesta a detener un proyecto solo porque se lo pidiera un puñado de idiotas enfadados).

Tal furor perjudicial casualmente olvidó el hecho de que el filme original de Romero de 1985 era espantoso y que esta nueva versión —la cual, gracias a Dios, ignora gran parte del material fuente— no fue tan mala. Naturalmente, tampoco es una obra maestra (está llena de fallos), pero considerándola como lo que es, la película es bastante entretenida.

El día de los muertos empieza en un pequeño pueblo de Colorado, donde un virus que al principio parecía ser una variante grave de la gripe resultar ser una infección mucho más peligrosa: mata a los infectados y luego los resucita como zombis, quienes a su vez contagian a los demás. La soldado Sarah Bowman (Mena Suvari) lidera a un grupo de supervivientes en su lucha contra los muertos.

¿Los defectos? La interpretación de Mena Suvari es aceptable, pero no convence del todo en el papel de soldado exigente, y la presencia de Ving Rhames resulta innecesaria y confusa, ya que aquí no está interpretando al mismo personaje que en la nueva versión de *Amanecer de los muertos* y su papel en esta película (el capitán Rhodes) es poco más que un pretencioso cameo. La idea de que Bub (o Bud, como aparece en esta versión) sea un zombi inofensivo por el hecho de haber sido vegetariano en vida resulta un poco absurda, y los zombis que escalan muros y corren por el techo parece algo excesiva (más que nada porque están generados por efectos especiales de ordenador poco convincentes). A pesar de estos fallos, *El día de los muertos* es una versión aceptable y mejorada del mediocre filme original.

Para ver un remake totalmente innecesario, los espectadores no tienen más que ver *Night of the Living Dead 3-D*, película estrenada en 2007 y que no generó la histeria fanática característica de otros remakes de Romero. Lo cual es extraño, no solo porque *La noche de los muertos vivientes* es el episodio más sagrado de la trilogía original, sino porque esta nueva versión es increíblemente pobre.

Night of the Living Dead 3-D (2007).

Night of the Living Dead 3-D es un material deprimiente. Un remake de Romero que sin duda es tan malo como lo que todos esperaban de las nuevas versiones de *Amanecer de los muertos* o *El día de los Muertos*. Actualmente, parece que Broadstreet está dispuesto a seguir destruyendo el pasado con una nueva versión de la única e irrepetible *Spider Baby*.

En 2007 apareció otro remake, en esta ocasión de Richard Matheson. *Soy leyenda* fue una película respaldada por un gran presupuesto y una gran productora. Esta versión fue la primera en utilizar el título de la novela, aunque paradójicamente le restó todo su significado, ya que despojó al protagonista (interpretado por un Will Smith inusualmente calmado) de su ambigüedad moral y transformó a los «vampiros» (la mayoría de las veces con aspecto de mutantes creados por ordenador y nada convincentes) en monstruos bastante estúpidos.

El filme también ignora prácticamente cualquier otro detalle interesante del libro de Matheson (incluido el momento en que la mujer del antihéroe Neville regresa de entre los muertos para enfrentarse a su marido) y en lugar de eso, se conforma con ser una película de acción moderna, potente y en el fondo vacía que imita a *28 Días después*. Como tal, ofrece muchos momentos de entretenimiento y, de hecho, es bastante correcta, pero no deja de ser una oportunidad perdida.

American Zombie (2007), de la cineasta independiente Grace Lee, es un falso documental sobre cómo los muertos vivientes están «viviendo» en la sociedad. Aquí, los zombis son convincentes, obstinados e incluso inconformistas (al preguntarle a uno de los personajes si hay zombis caníbales, este replica «¿hay humanos caníbales?»). La idea de la película es parecida a la serie de internet *Dead End Days* y a la serie de televisión *Babylon Fields* ya retirada, donde los vivos y los no muertos no tienen más remedio que llevarse bien. El formato de falso documental es interesante y le da a la película cierto encanto. No es ninguna obra maestra, pero *American Zombie* demuestra que todavía se pueden crear cosas nuevas dentro del subgénero.

Zombie Strippers (2008) es un filme al que claramente no le interesa nada explorar los sutiles matices del subgénero. Se trata de una película desastrosa pero sumamente entretenida que probablemente sea la mejor película que Troma haya hecho jamás.

Mostrando con orgullo sus credenciales de cine de explotación, *Zombie Strippers* es mucho mejor de lo que sugiere el título. Robert Englund está estupendo en el papel de director del sórdido club, mientras que la ex reina del porno Jenna Jameson y la estrella de rock gótico Roxie Saint estén geniales interpretando a las protagonistas strippers. El argumento es mínimo, pero el director y guionista Jay Lee consiguen introducir algunos gags sobre la política exterior estadounidense o sobre la industria del sexo a lo largo de la acción, que sobre todo consiste en chicas semidesnudas bailando y grandes dosis de gore.

La película está repleta de momentos divertidos y diálogos, y la idea de que a

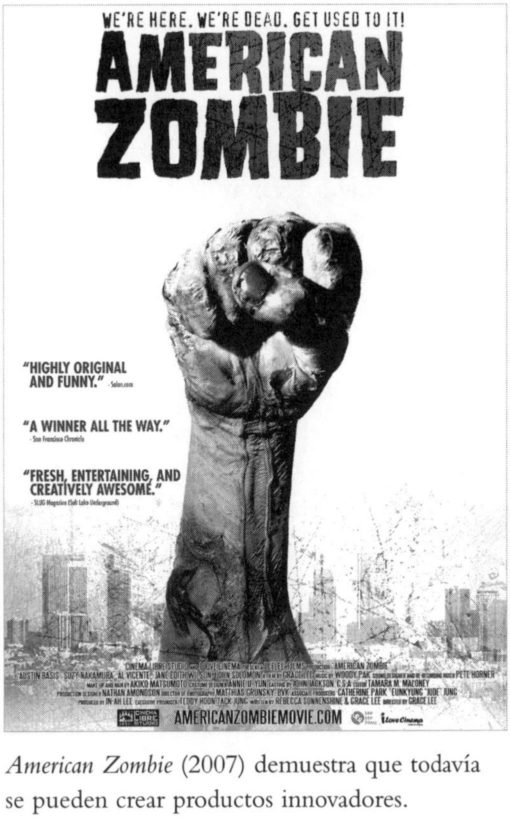

American Zombie (2007) demuestra que todavía se pueden crear productos innovadores.

los clientes de locales de striptease les excitan tremendamente las bailarinas zombis (a pesar de acabar convirtiéndose en comida para ellas en los «bailes privados» entre bastidores) resulta absurda pero graciosa. El filme tiene un tono claro de broma, así que aquellos espectadores que se lo tomen en serio no lo entenderán. Para todos los demás, *Zombie Strippers* es una inesperada sorpresa.

Por extraño que parezca, en 2008 también se estrenó una película sobre zombis y strippers. *Zombies! Zombies! Zombies!* (titulada también *Strippers vs. Zombies*) tenía escondidos en un club de striptease a bailarinas, novios y un proxeneta después de que una droga experimental utilizada por prostitutas yonquis del lugar los convirtieran en zombis caníbales. La dirección a cargo de Jason Murphy es floja y la cinta es, lamentablemente, muchos menos ingeniosa de lo que pretende.

La enorme ola de películas de zombis no muestra indicios de disminución. A medida que este libro avanza, el rodaje de *Army of the Dead* —película producida por Zack Snyder que, según nos cuentan, no es una secuela de *Amanecer de los muertos*— está a punto de empezar bajo las órdenes del director Matthijs van Heijningen. La película afirma ser la cinta de zombis más ambiciosa y épica de la historia, aunque eso aún está por ver.

Los productores de la exitosa franquicia *Saw* también están planeando crear una nueva versión de *Yo Anduve con un Zombie*, un filme que ya fue versionado (sin éxito) en 2001 con el título de *Tales from the Crypt: Ritual*, resultando en una película de escasa distribución y totalmente intrascendente.

Gallowwalker es el extraño título de un western de zombis que protagoniza Wesley Snipes en el papel de pistolero maldito que lucha contra sus víctimas resucitadas. El rodaje de la película empezó en 2006, pero se interrumpió cuando detuvieron a Snipes por evasión de impuestos. El filme completado ya bajo las órdenes del director Andrew Goth tiene previsto su estreno en 2009.

A la espera del estreno de nuevas películas de George A. Romero y del ansioso John Russo, y con las adaptaciones de *Guerra Mundial Z* de Max Brooks y de *Autumn* de David Moody en producción, parece que a los muertos todavía les queda mucha vida por delante.

11 LOS ZOMBIS INVADEN LOS HOGARES

Los muertos vivientes en televisión e internet

Los zombis han realizado numerosas apariciones como invitados en programas de televisión, pero a diferencia de los vampiros, hombres lobo y otros monstruos nunca han ocupado el centro del escenario, aunque parece que esto puede estar a punto de cambiar.

Una de las primeras apariciones televisivas de los muertos vivientes —además de las realizadas en películas para televisión— fue *Kolchak: The Night Stalker*, una efímera serie de detectives de 1974 con elementos sobrenaturales que en muchos aspectos fue la precursora de *Espediente X* (*The X-Files*). *Kolchak* surgió del éxito de dos filmes para televisión: *The Night of Stalker* y su secuela *The Night Strangler*, los cuales batieron récords de audiencia en los Estados Unidos. En ambas películas el reportero oprimido de un periódico, Carl Kochak, se enfrentaba a enemigos sobrenaturales, y la serie seguía más o menos el mismo formato. Lamentablemente, la serie ofrecía poca variedad aparte de un monstruo diferente cada semana y finalmente fue cancelada a mitad de la primera temporada

Kolchak: The Night Stalker (1974).

después de una disputa salarial con Darren McGavin, la estrella principal. El segundo episodio de la serie se tituló «The Zombie». En esta ocasión, Kolchak investigaba las misteriosas muertes de miembros de una banda criminal, los cuales habían sido hallados con la columna vertebral rota. Sus indagaciones lo llevan a unos practicantes de vudú haitianos y descubre que están resucitando a un hombre injustamente acusado de asesinato para que pueda vengarse de los responsables.

«The Zombie» es un episodio muy entretenido de una serie bastante irregular, pero también sufrió las restricciones fijadas por las cadenas de televisión de la década de los setenta, por lo que el tipo de terror que ofrece es muy light.

Una década y media después, *Kolchak* sirvió de inspiración para *Expediente X* de Chris Carter, la cual se convirtió en una serie de detectives de sucesos sobrenaturales o paranormales con mucho más éxito, alargándose durante toda la década de los noventa y generando dos películas. Aunque normalmente trataba el tema de las abducciones alienígenas y las conductas incorrectas del gobierno, la serie ofreció muchos capítulos absolutamente terroríficos. Aunque en un par de episodios se trató el tema de los muertos vivientes, los zombis no participaron en las historias más importantes de la popular serie y solían recurrir a ellos solò de manera ocasional.

Reparto de la serie de TV *Buffy, la Cazavampiros.*

En los años setenta y ochenta, las películas buenas solían convertirse en series malas de televisión. A finales de los noventa, sucedió todo lo contrario. Un buen ejemplo fue *Buffy, la Cazavampiros*, serie que empezó en 1997. Basada en una película de terror cómica bastante mala de 1992, pronto se convirtió en un espectáculo gracioso, emocionante y cada vez más inquietante, con Buffy (Sarah Michelle Gellar) y sus amigos luchando contra el mal y descubriendo poco a poco que era un concepto poco claro.

La serie *Ángel* (*Angel*), derivada de *Buffy* también contó con la colaboración de los muertos vivientes. Diseñada como una versión de *Buffy* para un público más adulto, *Ángel* fue protagonizada por David Boreanaz en el papel del vampiro con alma, el cual se había mudado a Los Ángeles donde dirigía una agencia de investigación y luchaba contra el mal.

En Gran Bretaña, el reaparecido *Doctor Who* se enfrentó a los zombis en «The Unquiet Dead», el tercer episodio de la nueva serie. En él, el doctor (Christopher Eccleston) y Rose (Billie Piper), —junto a Charles Dickens (Simon Callow)— luchan contra los cadáveres que unos invasores alienígenas han devuelto a la vida. Noventa y un espectadores —al parecer demasiado consumidos por su desmedido orgullo moral como para recordar su propia infancia— se quejaron a la BBC sobre el contenido de la serie, afirmando que «daba demasiado miedo» para que los niños lo vieran.

En realidad, es uno de los episodios más espeluznantes, pero no resulta exactamente aterrador. Previamente, el productor de la serie, Russell T. Davies, le pidió al guionista, Mark Gatiss, que suavizara el estilo «crudo» del guión original.

Naturalmente, Scooby Doo y sus curiosos colegas protagonizaron varios episodios de zombis, aunque —siguiendo con la línea de la serie— al final todos resultaban ser delincuentes disfrazados. Los dibujos (que empezaron en 1967 y que desde entonces han experimentando varias encarnaciones) fueron modernizados en 1998 para su adaptación a la gran pantalla con *Scooby Doo en la isla de los zombies* (*Scooby Doo on Zombie Island*), donde por primera vez las amenazas resultaron tener realmente un origen sobrenatural.

Los Simpson (*The Simpsons*) ha presentado zombis en un par de ocasiones, más concretamente en «La casa árbol del terror III» («Tree House of Horror III»). Se trata del episodio anual de Halloween titulado «Marque Z para zombies» («Dial Z for Zombie»), donde Bart y Lisa logran resucitar a los muertos («Prefieren que se les llame los decrépitos vivientes», explica Bart). Los zombis se mueren por comer cerebros, cosa que salva a Homer, ya que cuando le dan golpecitos en la cabeza comprueban que está vacía y se marchan decepcionados.

South Park también hizo referencias a los muertos vivientes en varios episodios, especialmente en «Conjuntivitis» («Pinkeye»), donde Kenny, el personaje que muere tantas veces, resucita convertido en

Los Simpson (*The Simpsons*) también han sucumbido alguna vez al influjo de los zombis.

zombi y empieza a infectar a los demás habitantes de la ciudad, y en «La noche de los sin-techo vivientes» («Night of the Living Homeless»), donde indigentes sustituyen a los zombis (pidiendo «cambio» en lugar de «cerebros») en una parodia de *Zombie de George A. Romero.*

Fuera de los límites del mundo de la animación, el episodio de *Fraiser* titulado «Historias de la cripta» («Tales from the Crypt») presenta al protagonista que da nombre a la serie implicado en varias bromas enrevesadas, las cuales culminan en un «ataque de zombis».

El tercer episodio de la serie humorística británica *Spaced* sirve como precursor para *Zombies Party* cuando el personaje interpretado por Simon Pegg sueña que está atrapado en un videojuego al estilo de *Resident Evil.* Además, durante toda la serie se puede ver claramente un póster de *Amanecer de los muertos.*

Los zombis, de una u otra manera, también han aparecido en series como *El agente de CIPOL* —en el capítulo «El asunto del zombi importante» («The Very Important Zombie Affair») de la segunda temporada los agentes Solo y Kurayakin se enfrentan al vudú, a zombis y a políticos corruptos en una isla caribeña—, *Alias* —en el episodio «Antes del diluvio» («Before the Flood») salen zombis al estilo de *28 Días después*— y *Sobrenatural* (*Supernatural*), serie inspirada en *Expediente X*, que tiene un episodio de 2006 titulado «Los niños no deben jugar con cosas muertas» («Children Shouldn't Play with Dead Things»), donde la nigromancia resucita a una chica enferma de amor convertida en zombi.

Como demostración de lo normales que llegaron a ser los zombis para la corriente dominante hacia finales de siglo, los dibujos animados para niños *The Angry Beavers* incluso tuvo un episodio llamado «Open Wide for Zombies», en el cual los castores luchan contra los muertos vivientes en un espeluznante pantano. Del mismo modo, *Zombie Hotel* era, tal y como indica el título, una serie de dibujos animados sobre una familia de zombis que dirigen un hotel y cuyas protagonistas centrales son Fungus y Maggot, dos hermanas que fingen ser humanas para poder ir a la escuela.

Fungus y Maggot, las dos zombis de *Zombie Hotel.*

Los programas de cámara oculta se han popularizado muchísimo en los últimos años, así que no es de extrañar que en un par de ocasiones hayan gastado bromas de zombis. En *Spy TV* de 2001 le hicieron una broma con cámara oculta a un guarda de seguridad en su primer turno de noche que debía vigilar unas obras situadas en lo que antes era un cementerio. Su reacción cuando vio a «los zombis» salir de la tumba y atacar a su compañero no tiene precio.

Scare Tactics también tuvo su *sketch* de zombis, con un empleado de cementarlo recién contratado que acabó peleándose con un zombi especialmente furioso. Resulta fácil reírse de las víctimas de estas bromas, pero, ¿quién no se asustaría si viese a estos «cadáveres» saliendo de sus tumbas?

Tras años a la sombra, por fin los zombis ocupaban el foco principal en la televisión, por fin los productores se daban cuenta de su potencial. Sin embargo, lamentablemente el primer intento no fue capaz de salvar el primer obstáculo.

Babylon Fields fue un proyecto piloto encargado por la CBS para la temporada de verano de 2007, pero no fue emitido y ahora es casi imposible que salga adelante, a pesar de la campaña de internet a favor de su emisión. Una pena, ya que *Babylon Fields* tenía potencial para convertirse en un espectáculo único y fascinante.

El episodio piloto tiene un argumento parecido al de la película francesa *La resurrección de los muertos* (*Les revenants*, 2004), aunque supuestamente, a medida que avanzara la serie, habría adquirido una identidad diferente. Pero eso es lo triste, porque nunca tendremos la oportunidad de comprobarlo.

Ver el episodio piloto de *Babylon Fields* resulta una experiencia frustrante. El programa establece su premisa, presente a los personajes y a continuación empieza historias que nunca continuarán. Por ejemplo, un zombi (un ex agente policía que muere a manos de su mujer e hija a las que había estado maltratando) denuncia su propio asesinato a la policía y solicita una investigación. Y ahí acaba.

Babylon Fields significó una de las grandes pérdidas para la televisión. Sin embargo, *Alive* adaptó un tema de zombis más tradicional a la pequeña pantalla.

En el momento de escribir este libro, *Alive* todavía no ha sido estrenada, pero su eficaz campaña de marketing centrada en un virus —con videoclips originales en *www.fightingthedead.com* que muestran reportajes informativos y transmisiones de Protección Civil— ha logrado suscitar gran expectación. Creada por los guionistas de *Star Trek*, Judith y Garfield Reeves Stevens en colaboración con

Matt Vancil, la serie transcurre en un búnker militar llamado Falcon Rock, donde se esconden los supervivientes de una apocalispsis zombi después de que los zombis invadieran el mundo en solo seis días.

Los vídeos también tocan un tema ignorado por pura conveniencia en otras películas de zombis donde la infección se transmite por vía sanguínea; es decir, el hecho de que los mordiscos no sean el único objeto de preocupación. Un ejemplo claro de esto puede hallarse en *House of the Dead 2*, donde los protagonistas suelen ser alcanzados en la cara por salpicaduras de sangre de los zombis sin sufrir ninguna consecuencia. Esto suscita dudas sobre la infección a través de los ojos, boca o nariz. *Alive* parece que lo tendrá en cuenta.

Mientras el mundo esperaba el estreno de *Alive*, la cadena británica Channel Four, o más concretamente su filial digital E4, se adelantó con *Dead Set: Muerte en directo* (*Dead Set*), una mini serie de terror de cinco capítulos emitida la semana anterior a Halloween 2008.

Dead Set: Muerte en directo (2008), una mini serie de terror escrita por Charlie Brooker.

Escrita por Charlie Brooker, columnista de *Guardian*, la serie ofrece un nuevo giro de tuerca al tema tradicional de las películas de zombis sobre supervivientes acorralados. En la historia de Brooker, los participantes del reality show *Gran Hermano* de Channel Four resultan ser son los únicos supervivientes tras una plaga de zombis sobre la que no explican los motivos.

Su director, Yann Demange, está excesivamente influenciado por *28 Días después*, ya que imita sus escenas a cámara rápida y las rayitas propias del estilo documental (esto no es un pseudo-documental como *El proyecto de la bruja de Blair*, así que no existe ninguna excusa real para que las imágenes salgan desenfocadas). Se trata de unos efectos visuales inútiles que simplemente no funcionan.

No obstante, *Dead Set: Muerte en directo* también tiene muchas cosas buenas. Una vez que empieza la acción no cesa en ningún momento y el humor se mantiene bajo control y en la dosis correcta. Aunque se anunció como una comedia de terror, en realidad es bastante seria y no convierte en cómico lo absurdo de la situación ni la estupidez de los personajes.

No solo las cadenas de televisión están utilizando internet para ampliar el rango de los zombis. Hay varios sitios web donde aparecen vídeos y animaciones originales y creativos, muchos de ellos superiores a las películas de DVD filmadas en vídeo que todavía siguen proliferando.

Un buen ejemplo es la serie canadiense *Dead End Days*. Este serial de cuarenta y ocho capítulos se estrenó en 2003 y trata sobre los problemas de la sociedad a los que tienen que enfrentarse los difuntos que han regresado a la vida. Las peleas entre los vivos y los muertos son cosa del pasado y ahora los dos grupos conviven el uno junto al otro, a pesar de que los últimos todavía anhelen comer cerebros.

Dead End Days mezcla terror, humor, comedia, sátira social y romance a partes iguales. Es mejor que la gran mayoría de películas de zombis rodadas en cámara de vídeo, lo cual demuestra que se puede innovar con un presupuesto mínimo. La idea de que los zombis pueden convertirse en un importante grupo de consumidores resulta interesante (al parecer, les impresiona fácilmente cualquier producto que utilice la palabra «cerebro») y la serie supera al mismo Romero cuando se trata de criticar a la sociedad moderna.

Z.E.R.O. una ambiciosa serie en alta definición que aún no ha sido emitida.

La serie de animación *Xombie* [*www.xombified.com*], dividida en diez episodios, es un trabajo correctamente diseñado e inspirado en libros de cómics e incluso en una novela. Ambientada en 2042, narra las aventuras de una chica llamada Zoe y de su amigo zombi, Dirge, durante su viaje por Destiny City tras una plaga que ha devuelto los muertos a la vida. Dirge es una «variante» de zombi, ya que conserva su inteligencia, al contrario que la mayoría de maníacos sedientos de sangre.

Con una caracterización aceptable y un potente argumento, *Xombie* es mucho mejor que la mayoría de series animadas y merece la pena verla. Su creador James Farr sigue dando forma a su mundo de zombis en diferentes formatos y con un poco de suerte *Xombie* llegará a un público más amplio.

War of the Dead - Z.E.R.O. [*www.warofthedead.com*], es un proyecto más tradicional. Esta ambiciosa serie en alta definición parece haberse estancado después de un par de episodios en 2007. Para perjuicio del proyecto, parece como si su guionista y director Mike Disario estuviera tan aferrado al cine y a los formatos de televisión tradicionales que no pudiera explorar la libertad narrativa que permite una serie basada en la red. También tiene puntos a favor: los valores de producción son buenos y es una de las series de internet con mejor aspecto. Pero da la sensación de que la historia, incluso después de dos episodios, no lleva a ninguna parte.

En internet también han aparecido varias películas de zombis inéditas. Desgraciadamente, la mayoría son poco más que versiones cortas de producciones de vídeo de mala calidad ya inventadas. Suelen ser filmes en blanco y negro (por influencia de *La noche de los muertos vivientes*), como *Zombie Muffin Munchers, Zombie Party, The Survivor, Gay Zombie* y otros títulos en absoluto memorables. *Amid the Dead* es un proyecto ligeramente más ambicioso, pero no más atractivo, ya que es una mezcla confusa de malas interpretaciones, ataques de zombis y existencialismo.

Sin embargo, resulta interesante el cortometraje mudo en blanco y negro *Le Retour du Zombie*, que recrea una escena de resurrección con bastante brillantez, y *Zombie Tales*, que presenta un anuncio falso de «Zombie Fresh», un spray para todo aquel que tenga que compartir su vida (o cama) con un muerto viviente.

Por todas partes de internet hay varios cómics *online* que versan sobre los zombis. *Zombies?,* de Eric Maziade, tiene mucho humor pero poca trascendencia, mientras que *My Living Dead Girl* es una historieta tremendamente entretenida sobre Courtney, una colegiala preadolescente que casualmente es una zombi. *The Zombie Hunters* tiene una dosis mayor de acción y terror, con los cazadores del título luchando contra muertos vivientes en viñetas publicadas una vez por semana. Entre otros cómics se encuentran los excelentes títulos *Kristy vs. The Zombie Army, Hockey Zombie, Marv the Zombie, Zombie Panic, Tales from Suburbia, Rex Target: Freelance Zombie Hunter* y muchos más.

En realidad, el enorme volumen de material *online* relacionado con los zombis —desde páginas de críticas hasta redes sociales— resulta imposible de calcular. Pero una cosa es segura: a los fans de los zombis no les faltan sitios de internet donde buscar.

12 EL RENACIMIENTO DE LOS ZOMBIS

Los muertos vivientes devoran la cultura pop

Una vez que se consolida un personaje de terror, no pasa demasiado tiempo hasta que es asimilado por la cultura pop. Cuando el monstruo de Frankenstein apareció por primera vez en pantalla, el público gritó de miedo; al cabo de unos años, la criatura apareció en películas cómicas como *Loquilandia* (*Hellzapoppin'*) y seguiría apareciendo en todas partes, ya fuese en envolturas de helados, libros de cómic o juguetes.

Lo mismo le ha sucedido al zombi. Y mientras los muertos vivientes han conservado su habilidad para aterrorizar y atemorizar al público —básicamente porque, a diferencia de otros arquetipos de terror, los zombis son una masa anónima que evoca nuestros más profundos temores sobre la muerte (y más concretamente los muertos que vuelven para atacar a los vivos)—, también se han convertido en iconos de diversión.

Del mismo modo, los zombis han dejado huella en el mundo de la música, y no me refiero solo a la banda de los años sesenta (el conjunto The Zombis formado por Rod Argent y Colin Blunstone no fue nada terrorífico). Cantantes y grupos musicales han encontrado en los muertos vivientes un terreno fértil sobre el que trabajar.

En 1960 se editó el disco *Rocking' Zombie* de The Crewnecks, una historia desenfadada sobre un tipo que conoce a una descarada mujer zombi cuando pasa junta a un cementerio y asiste a una fiesta de muertos vivientes. No fue precisamente un éxito, pero a día de hoy sigue siendo una melodía popular en la época de Halloween.

Girl Group the Magics intentó (sin éxito) crear un nuevo baile de moda con «The Zombie Walk», una canción muy contagiosa, mientras que The Revels combinaron el «duduá» (doo-wop) y los zombis en «Dead Man's Scroll», y The Poets mezclaron a los zombis con casi todos los monstruos bajo el conciso título de «Dead».

En Gran Bretaña, Screaming Lord Sutch recurrió a los temas de terror (con referencias al vudú en su siniestro espectáculo al estilo de Alice Cooper) mientras que Screaming Jay Howkins hizo lo mismo en América.

Sin embargo, ha sido en los últimos años cuando la música relacionada con los zombis se ha convertido en algo más normal, gracias sobre todo a las bandas de metal y punk. Ya en 1983, la banda de punk Peter and the Test Tube Babies editaron el single «Zombie Creeping Flesh» (aunque la imagen de la portada había sido extraída de la película *Nueva York bajo el terror de los zombies*), y la banda sonora de *El Regreso de los Muertos Vivientes* ofrecía una selección de temas punk de terror, entre ellos «Surfin' Dead» de The Cramps, «Dead Beat Dance» de The Damned o canciones de 45 Grave o Roky Erickson (aunque, por desgracia, no fue su clásico «I Walked with a Zombie») entre otros. Los ex componentes de New York Dolls, Arthur Kane y Rick Rivers, formaron la banda Corpse Grinders, la cual utilizaba maquillaje al estilo zombi en los conciertos, y la subcultura gótica hizo alusiones al aspecto de los zombis con bandas cadavéricas como Alien Sex Fiend.

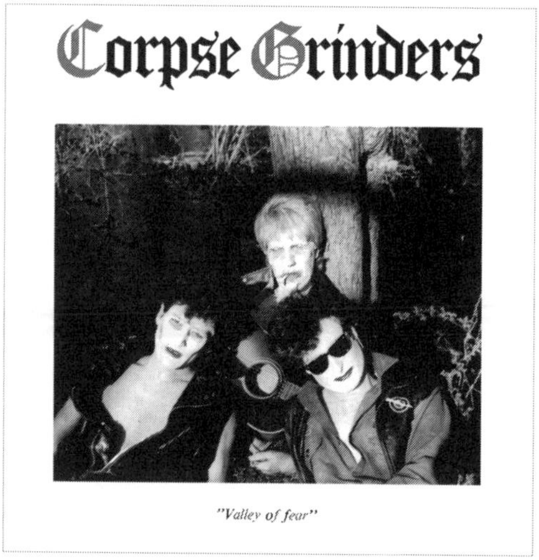

Corpse Grinders utilizaban maquillaje al estilo zombi en sus conciertos.

Las bandas como Necrophagia demostraron recibir influencias de las películas de terror con canciones como «And You Will Live in Terror» (acompañada de un vídeo que contenía metraje de *El más allá* de Lucio Fulci) y «Embalmed Yet I Breathe». Send More Paramedics dio un paso más allá: la ruidosa banda no solo tomó el nombre de una frase de *El regreso de los muertos vivientes*, sino que además sus componentes salían al escenario disfrazados de zombis.

La banda de horror punk The Misfits también hizo sus pinitos en el mundo de los zombis, especialmente en el videoclip de «Scream», dirigido por George A. Romero, y en canciones como «Astro Zombies». El antiguo líder del grupo, Glenn Danzig, más tarde siguió demostrando su admiración por el terror editando el cómic Verotik y participando en la película *Grub Girl* de 2005.

The Misfits, la banda de *horror punk*, encargaron a George A. Romero el videoclip de su tema «Scream».

La banda japonesa Electric Eel Shock grabó «Zombie Rock'n'Roll», mientras que Recently Vacated Graves califica su música de «true zombie metal» (auténtico zombi metal), y es que, con canciones como «Forever to Hunger for Brains», ¿quién puede decir lo contrario? Otros artistas que han utilizado la imaginería zombi o cantado sobre los muertos vivientes son: Sum 41 (en la portada de su álbum *Does This Look Infected?* se puede ver a los integrantes de la banda maquillados como zombis), Peaches en colaboración con Iggy Pop (utilizando zombis en el videoclip de «Kick it»), Lordi (ganadores del concurso de Eurovisión), Alien Sex Fiend, The Fleshtones, Phantom Planet y muchos más. Merece especial mención Jonathan Coulton por su divertido tema «Re: Your Brains», un ruego apasionado de un zombi a un colega que se muestra reacio a compartir

También Sum 41 fueron infectados por la cultura zombi en su álbum *Does This Look Infected?*

su cerebro. El videoclip de esta canción se puede ver en YouTube (así como varias versiones alternativas).

La banda de punk electrónico Zombie Girl también dejó claras sus ideas con su álbum debut *Blood, Brains and Rock'n'Roll* en 2007, en el que se incluyen canciones como «Jesus Was a Zombie» y «Living Dead Superstar». El grupo musical hizo todo lo posible para editar una portada claramente explícita para ese primer álbum (donde aparecía su cantante Renee C. Komor, sangre y cerebros). Al parecer les encanta el terror, la muerte y el gore, y unen música espeluznante con letras macabras.

Rob Zombie, líder de la banda White Zombie, ha dirigido grandes películas del subgénero.

White Zombie también mostró con orgullo sus influencias del género del terror, y el líder de la banda, Rob Zombie (Robert Cummings), continuó por la misma línea en sus proyectos en solitario, con canciones como «Living Dead Girl». Actualmente Zombie es uno de los directores de películas de terror más impresionantes, con títulos a sus espaldas como *La casa de los 1000 cadáveres* (*House of a 1000 Corpses*), *Los renegados del diablo* (*The Devil's Rejects*) y la reinvención de *Halloween*. Todavía está por ver si hará alguna película de zombis.

El mayor éxito relacionado con los zombis llegó de la mano de alguien impensable: Michael Jackson. El tema que dio título al álbum *Thriller* de 1893 (trabajo que alcanzó ventas multimillonarias) era bastante insípido, pero a la hora de rodar el videoclip, Jackson se salió. **2**

Jackson no fue la única persona que ofreció al mundo zombis cantando y bailando a coro. Los muertos vivientes se han subido a los escenarios en diversos espectáculos. *Zombie Prom* fue un musical que pretendía —pero generalmente no conseguía— capturar el espíritu de *The Rocky Horror Picture Show* con unos personajes y una historia al estilo de los años cincuenta deliberadamente kitsch. Representado por primera vez en 1993, el musical se adaptó a cortometraje en 2006.

Sin embargo, fue todavía más extraño *Evil Dead: The Musical*, estrenado en Canadá en 2006. Antes del segundo acto, se entregaba a los espectadores un delantal y se les avisaba de que acabarían empapados de sangre. Se trataba de un reclamo publicitario que formaba parte del espectáculo. En 2007, se representó en Illinois *Night of the Living Dead: The Musical*, el cual hacía la misma advertencia sobre la sangre (mientras escribo esto, hay una película de igual nombre en proceso de producción, aunque no guarda relación alguna con el musical).

Parece que los zombis no encajan demasiado bien en el mundo de la publicidad, pero en los últimos años los muertos vivientes han sido utilizados como reclamo para la venta de gran variedad de productos. El anuncio del refresco Lucozade en el que salían personas huyendo de un ataque de zombis en un centro comercial fue retirado del horario de mayor audiencia por provocar una pequeña ola de pánico moral. Tras fracasar en su intento por atrapar a las víctimas, los zombis cogían un refresco y se ponían a ver un partido de baloncesto.

JC Penney promocionó ropa con un anuncio en el que unos estudiantes eran atacados por «ropa zombi» que les quitaban sus modernos atavíos. Al parecer, la moraleja era que no había que ser una *fashion victim.*

En Reino Unido, Specsavers también contó con los zombis para vender más gafas de sol, mientras que Samaritans los utilizó para promocionar una línea de teléfono de asistencia al suicida y Mini Coopers anunció vehículos a prueba de zombis.

Cualquiera que quiera iniciar a sus hijos en la cultura zombi ya puede hacerlo mediante un amplio abanico de juguetes, aunque la colección de *Attack of the Living Dead* podría traumatizarlos más que una película de Lucio Fulci. Dirigidas a coleccionistas, estas minuciosas figuras —y extremadamente sangrientas—

La colección de figuras de *Attack of the Living Dead* ha tenido gran éxito entre los fans coleccionistas.

tienen su propia historia zombi (se trata básicamente del caso habitual de infección biológica) y hay disponible una gran variedad de personajes. Los fans de películas como *La tierra de los muertos vivientes* o *Zombies Party* entre otras también pueden adquirir sus figuras.

Estos macabros juguetes —basados en películas para adultos— pasaron más o menos desapercibidos por los presuntos jueces de la moralidad hasta que apareció una colección para *Planet Terror*, momento en que saltaron todas las alarmas. ¿Cuál era el problema? Una figura basada en el personaje de Quentin Tarantino, con el nombre nada sutil de «Violador número uno». A pesar de que ése fuera simplemente el «nombre» del personaje y de que tales «juguetes» no estuvieran dirigidos a los niños realmente, las tiendas lo prohibieron al tiempo que las feministas pusieron el grito en el cielo.

Las populares muñecas Living Dead Dolls ofrecen una alternativa para aquellos niños con inclinaciones góticas.

Las populares muñecas de Living Dead Dolls no son tan macabras ni radicales, ofreciendo así una alternativa a las muñecas tradicionales para aquellos niños con inclinaciones góticas. Esta colección, actualmente a la venta, es graciosa a la vez que espeluznante, aunque posiblemente no más que los muñecos que se hacen pis encima.

Entre otros juguetes del mercado se encuentran Animated Crawling Zombie (un monstruo verde parlante sin piernas que es descrito como un «vampiro que produce risa») y varios juegos de mesa, incluido *Zombies!*, *Zombie Town* y *Last Night on Earth*.

Los aficionados a las maquetas pueden escoger entre diversos modelos de zombis, entre ellos los que salen en películas como *Nueva York bajo el terror de los zombies*, *La noche de los muertos vivientes* y *La maldición de los zombies*, mientras que las caretas de zombis varían entre modelos genéricos y específicos (como una máscara absolutamente realista de Bub de *El día de los muertos*, otra del zombi del cementerio que sale en *Nueva York bajo el terror de los zombies* o de Flyboy de *Amanecer de los muertos*).

Uno de los movimientos culturales más raros de los últimos años relacionados con los zombis han sido las multitudes instantáneas y marchas zombis. Éstas se organizan juntando a muchas personas, las cuales se visten y actúan como zombis en lugares públicos, a veces para promocionar un evento, otras simplemente porque les apetece. Este fenómeno indica la preeminencia de los zombis de entre todos los arquetipos del género de terror, ya que nadie organiza marchas de vampiros, hombres lobo ni alienígenas.

Al parecer, la primera marcha zombi tuvo lugar en Sacramento en 2001, donde se celebró un «desfile de zombis» con el fin de promocionar una película local. En 2005, las marchas zombis se habían extendido por todo los Estados Unidos. En San Francisco, llegaron a congregarse unos doscientos «zombis», mientras que en el año 2007 se reunieron cerca de mil en el centro comercial de Monroeville, Pittsburgh (ciudad donde se rodó *Zombie de George A. Romero*). Para no quedarse atrás, en Brisbane, Australia, se celebró una marcha que reunió a mil quinientos «zombis». En Halloween del año 2008 yo mismo me uní a 1.227 personas más en Nottingham's Market Square para batir el nuevo récord mundial del mayor número de «zombis» congregados en un lugar.

Parece evidente que los zombis actualmente son una parte intrínseca de la cultura popular y que están destinados a seguir siéndolo durante algún tiempo. Mientras que otros monstruos han desaparecido, los zombis siguen estando tan presentes como siempre, o quizás incluso más, dada la creciente incertidumbre del mundo en que vivimos, donde la idea de la destrucción de la humanidad mediante un ataque biológico, nuclear o químico parece cada día más factible, con la idea del Apocalipsis rondando por la cabeza de todo el mundo.

¿Quién se atreve a apostar que los zombis no dominarán el género de terror en el siglo XXI de la misma manera que ascendieron arrastrándose hasta la cima en el siglo pasado?

CULTURA GÓTICA
Gavin Baddeley

Un paseo crepuscular por un mundo consagrado al sexo, la belleza, la melancolía y la muerte.
Como manual que desafía y atrapa al más experimentado veterano y enseña los trazos fundamentales de este movimiento al neófito, *Cultura gótica* es un viaje al corazón de la oscuridad. Envueltos en siglos de historia y tradición antiguas, los valores y estética góticos ponen de manifiesto una oscura pasión por los extremos de la existencia. Este reino sombrío, en el que el sexo y la muerte se entrelazan, es infinitamente atractivo; el fantasma de la máquina de la cultura popular que se niega a descansar.

MUNDO GÓTICO
Gavin Baddeley

Un viaje por un mundo ignoto y fascinante que va más allá de los tópicos del fetichismo, la blasfemia y la sangre.
La continucación de *Cultura Gótica*. Lejos de ser un fruto más del estallido del punk a finales de los setenta o una moda prefabricada para adolescentes ingenuos, la cultura gótica se ha convertido, con el paso de los años, en un fenómeno que ha superado los márgenes estrictamente musicales para convertirse en una corriente integrada en la cultura popular en la que confluyen un sinfín de referentes tomados de diversos ámbitos: desde las manifestaciones más elitistas (en especial, de la literatura y la pintura de finales del siglo XIX) hasta las más frívolas y desenfadadas (como la televisión, la estética del cabaret y el cine de serie B).

EL SONIDO DE LA BESTIA
Ian Christe

La historia del heavy metal.
A partir de unas notas extrañas y letras retorcidas, el heavy metal formó un día una fuerza musical nueva y sorprendentemente poderosa que supo granjearse unas innumerables legiones de fans. *EL SONIDO DE LA BESTIA*, la biblia definitiva del heavy metal, es una obra de lectura obligaroria tanto para los seguidores más acérrimos como para los nuevos conversos y todas aquellas personas en busca de fuertes emociones musicales. Un libro que hace justicia a esta forma musical oscura, esquiva y ensordecedora.

PELÍCULAS CLAVE DEL CINE DE CIENCIA-FICCIÓN
Sergi Sánchez

Los directores, los actores, los argumentos y las anécdotas más interesantes.
Alimentado por las visiones literarias de escritores como Jules Verne o H.G. Wells, el cine de ciencia-ficción puede considerarse una celebración de la imaginación. Este libro pretende dar un repaso a la historia del género a través de cien de sus títulos imprescindibles, ordenados cronológicamente. Cada uno de los textos incluye ficha técnica, sinopsis, destacados, anécdotas y comentarios que ayudan a entender la relevancia de cada película.

PELÍCULAS CLAVE DEL CINE DE TERROR
Desirée de Fez

Uno de los géneros más subestimados, pero también uno de los más prolíficos, ricos y variados
Escrita por la crítica y periodista Desirée de Fez, la presente publicación repasa con tanta atención como mimo la evolución del cine de terror. Para ello, la autora se detiene en cien de sus películas más importantes, algunas muy populares y otras menos conocidas pero también excelentes y necesarias para esbozar una panorámica completa del género. Apunta su origen y señala su relevancia y su legado. A través de sus páginas, el lector podrá hacer visible lo invisible, comprender significados herméticos.

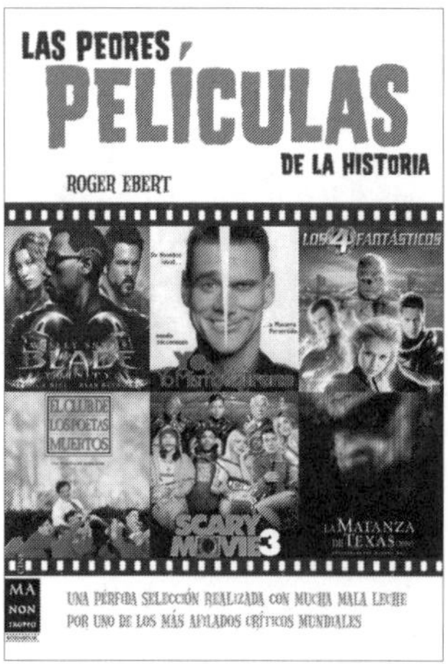

LAS PEORES PELÍCULAS DE LA HISTORIA
Roger Ebert

Una pérfida selección realizada por uno de los más afilados críticos mundiales.
Rogert Ebert es una de las mentes más afiladas de la crítica. Si la película apesta, él se lo dirá sin tapujos: ¡El Dr. House del cine! Es el crítico cinematográfico de los Estados Unidos. Después de haber leído *Las peores películas de la historia*, entenderá que sea también uno de los más temidos (y odiados) por la industria de Hollywood. Y es que cuarenta años en primera línea del periodismo crítico y un premio Pulitzer avalan la trayectoria del más influyente de los periodistas del cine en Estados Unidos.